Uni-Taschenbücher 1144

UTB

Eine Arbeitsgemeinschaft der Verlage

Birkhäuser Verlag Basel und Stuttgart
Wilhelm Fink Verlag München
Gustav Fischer Verlag Stuttgart
Francke Verlag München
Harper & Row New York
Paul Haupt Verlag Bern und Stuttgart
Dr. Alfred Hüthig Verlag Heidelberg
Leske Verlag + Budrich GmbH Opladen
J. C. B. Mohr (Paul Siebeck) Tübingen
C. F. Müller Juristischer Verlag – R. v. Decker's Verlag Heidelberg
Quelle & Meyer Heidelberg
Ernst Reinhardt Verlag München und Basel
K. G. Saur München · New York · London · Paris
F. K. Schattauer Verlag Stuttgart · New York
Ferdinand Schöningh Verlag Paderborn · München · Wien · Zürich
Dr. Dietrich Steinkopff Verlag Darmstadt
Eugen Ulmer Verlag Stuttgart
Vandenhoeck & Ruprecht in Göttingen und Zürich

Eberhard Büssem · Michael Neher
(Herausgeber)

Arbeitsbuch Geschichte

Neuzeit 3

1871–1914
Die imperialistische Expansion

Repetitorium

Zweiter Teil

Bearbeitet von Gerd Höhler
Mitarbeit: Eberhard Büssem, Anselm Faust, Klaus Koch, Thomas Morawski, Michael Neher, Franz Stark

K · G · Saur
München · New York · London · Paris 1982

Eberhard BÜSSEM ist 1941 in Stettin geboren. Studium der Geschichte, Politischen Wissenschaften in Freiburg, Köln und München. 1972 Promotion, arbeitet jetzt beim Fernsehen. Publikation: Die Karlsbader Beschlüsse von 1819. – Hildesheim 1974.

Michael NEHER ist 1942 in Trier geboren. Studium der Geschichte, Germanistik und Geographie in München. Publikationen: Zur Verwendung statistischen Materials im Geschichts- und Sozialkundeunterricht der Kollegstufe, in: ATZERODT, Albin, FRANZE, Manfred und NEHER, Michael: Quelle und Statistik im Kollegstufenunterricht, München 1977; NEHER, Michael: Der Imperialismus, Würzburg 1974

CIP-Kurztitelaufnahme der Deutschen Bibliothek

Arbeitsbuch Geschichte / Eberhard Büssem ; Michael Neher (hrsg.). – München ; New York ; London ; Paris : Saur

Früher mit d. Verlagsangabe: Verl. Dokumentation, München (früherer Name d. Saur-Verl.)

Früher u.d.T.: Repetitorium der deutschen Geschichte

NE: Büssem, Eberhard [Hrsg.]

Neuzeit.
3. 1871 – 1914 : d. imperialist. Expansion.
Repetitorium / bearb. von Gerd Höhler. Mitarb.: Eberhard Büssem . . .
Teil 2. – 2., völlig überarb. Aufl. – 1982.
(Uni-Taschenbücher ; 1144)
ISBN 3-598-02633-1

NE: Höhler, Gerd [Hrsg.]; GT

2., völlig überarbeitete Auflage

Einbandgestaltung: A. Krugmann, Stuttgart
Satz: Schwetzinger Verlagsdruckerei GmbH, Schwetzingen
Druck: Hain-Druck GmbH, Meisenheim/Glan
Aufbindung: Sigloch, Leonberg-Ramtel
Printed in the Federal Republic of Germany

Inhaltsübersicht der beiden Teilbände

INHALTSVERZEICHNIS Teil 1 (Bd. 1: UTB 1143)

INHALTSVERZEICHNIS Teil 2 (Bd. 2: UTB 1144)

Fortsetzung: Zweiter Teil

Arbeitsbuch Geschichte
Neuzeit 3
Repetitorium
Teil 2
UTB 1144

8 WILHELMINISCHE INNENPOLITIK ALS FORTSETZUNG DER BISMARCKSCHEN POLITIK

8.0 Das Problem

Anhand ungelöster Probleme in den inneren Verhältnissen des Reiches in der Zeit der Regentschaft WILHELMS II. soll nun die Entwicklung einer Politik gezeichnet werden, die die Literatur gemeinhin mit der Ettikette „wilhelminisch" gekennzeichnet hat. Wir behalten diese Kennzeichnung bei, weisen aber gleichzeitig darauf hin, daß damit natürlich nicht gemeint sein kann, für Erfolg oder Mißerfolg der deutschen Politik könnten allein die Entscheidungen des Kaisers oder auch der politischen Führungsspitze des Reiches verantwortlich gemacht werden. „Wilhelminisch" steht vielmehr für eine bestimmte politische Verhaltensweise, für den Gesamtcharakter einer Politik, die auf das engste mit der sozioökonomischen Entwicklung zu korrelieren ist. Als „wilhelminisch" wird also tendenziell jede politische Entscheidung bezeichnet, die unter den Bedingungen sozioökonomischen Aufstieg und gleichzeitiger Verunsicherung getroffen wird. Sie wird am ersten charakterisiert sein durch die Zwiespältigkeit hinsichtlich der Einschätzung des eigenen Ranges. Übersteigertes Selbstbewußtsein wechselt unvermittelt mit dem Bewußtsein der eigenen Schwäche, ja gelegentlich mit Anflügen von Verfolgungswahn; Hilflosigkeit und Konzeptlosigkeit wird mit markigen Reden überspielt. Das Bild des in der Dunkelheit laut singenden Kindes trifft durchaus die Situation. Der Kaiser war zugleich Prototyp und erster Repräsentant des Wilhelminismus.
Methodisch werden wir uns auch in diesem Kapitel soweit dies möglich ist, des internationalen Vergleichs bedienen, und zwar speziell des Vergleichs der deutschen Entwicklung zu der in England und Frankreich, um einerseits die strukturelle Gleichartigkeit der inneren Probleme gleich hoch entwickelter Industriestaaten aufzuzeigen, und andererseits aus der durchaus verschiedenartigen Behandlung dieser Probleme durch die einzelnen nationalen Entscheidungsinstanzen Schlüsse auf deren politisches Bewußtsein zu ziehen. Abschließend soll in einem eigenen Abschnitt die innere Problematik Österreich-Ungarns und Rußlands verfolgt werden, die in ihrer Entwicklung noch zurückhingen, deren Schwierigkeiten aber entscheidend zur verhängnisvollen Konstellation vom Juli 1914 beigetragen haben.

8.1 Probleme der Steuerpolitik

Mit dem – nie befriedigend gelösten – Problem der Finanzierung der steigenden Staatsausgaben hatte sich das Deutsche Reich seit seiner Gründung beinahe permanent auseinanderzusetzen. Dabei war die

Konstruktion der Verteilung der Einnahmen zwischen Reich und Bundesstaaten (sowie den Gemeinden) beinahe ebenso kompliziert wie die des förderativen Kräftegleichgewichts. Nach der Verfassung flossen dem Reich die Einnahmen aus den indirekten (Verbrauchs) Steuern und den Zöllen zu, den Bundesstaaten diejenigen aus den direkten (Einkommen-, Umsatz- usw.) Steuern. Zusätzlich war das Reich auf die Matrikularbeiträge der Bundesstaaten angewiesen, deren Höhe jährlich vom Bundesrat und Reichstag neu beschlossen wurde. Damit war das Reich faktisch „Kostgänger der Länder".

Mit der Zollerhöhung des Jahres 1879, von der erhebliche Mehreinnahmen zu erwarten waren, hatte BISMARCK auch die Absicht verfolgt, das Reich über den Fortfall der **Matrikularbeiträge** finanzpolitisch unabhängiger zu machen. Damit indessen stieß er auf den energischen Widerstand des Zentrums, das zwar für die Zollerhöhung, aber gegen die Ausschaltung der Bundesstaaten (Bundesrats) aus der Reichsfinanzpolitik war, sowie der Nationalliberalen, die zu Recht einen Machtverlust des Reichstags befürchteten, da die Zölle nicht jährlich neu festgelegt zu werden brauchten. Somit kam die Zollgesetzgebung 1879 nur um den Preis der **Franckensteinschen Klausel** zustande, die das Zollaufkommen zwischen Reich und Bundesstaaten teilte und es beim Matrikularsystem beließ. BISMARCK berücksichtigte die Zentrumswünsche auch, um die neue Phase der antiliberalen Politik und der Entspannung im Kulturkampf einzuleiten. Immerhin aber glaubte er auch die sachlichen Vorzüge der neuen Regelung so hoch einschätzen zu dürfen, daß er sagen konnte: „Das Reich ist nicht mehr ein lästiger Kostgänger, sondern ... ein Kostgänger wie ein König, der bei einem Privatmann wohnt ...". Tatsächlich hatte die Finanzreform eine Erhöhung der Reichseinnahmen zur Folge. Aber von den Matrikularbeiträgen der Länder blieb das Reich weiterhin abhängig. Und wie ein König konnte es schon gar nicht auftreten. Denn die Ausgaben für die hochschnellenden Rüstungskosten belasteten den staatlichen Haushalt stark.

Vollends trat diese negative Entwicklung in der wilhelminischen Zeit zutage. Seit 1895 stieg die Verschuldung des Reiches, zwischen 1906 und 1908 allein von 3,5 auf 4,5 Milliarden Mark. Eine Reichsfinanzreform war unumgänglich geworden. Bülows Staatssekretär des Reichsamtes für Finanzen, SYDOW, legte dem Reichstag 1909 einen Entwurf vor, der einen jährlichen Steuermehrbetrag von 500 Mill. Mark vorsah. Der Hauptanteil dieses Betrages sollte dabei aus indirekten (!) Steuern, ein Fünftel dadurch aufgebracht werden, daß die Erbschaftssteuer auch auf Ehegatten ausgedehnt werden sollte.

Sofort setzte eine wilde Agitation der Konservativen ein, die durch die Erbschaftsteuer den großen Grundbesitz gefährdet sahen. Sie ließen durch ihren Führer, v. HEYDEBRAND, erklären, daß sie das Vermögen der Besitzenden einem Reichstag des allgemeinen Wahlrechts niemals auszuliefern gedächten. Sie schlügen dagegen eine Besteuerung des Immobilienkapitals in Form einer Wertzuwachssteuer vor.

Damit aber wäre nun das kommerzielle und industrielle Vermögen stär-

Vgl. auch Zeittafel 1896–1914, S. 273 ff.!

REICH:
„KOSTGÄNGER DER LÄNDER“

MATRIKULARBEITRÄGE

FRANCKENSTEINSCHE KLAUSEL

Erläuterung 25: Matrikularbeiträge und Franckensteinsche Klausel

Der Anteil der einzelnen Bundesstaaten an den Matrikularbeiträgen erfolgte „nach Maßgabe ihrer Bevölkerung“ (Art. 70 Reichsverfassung).
Nach der Franckensteinschen Klausel (benannt nach dem Zentrumsabgeordneten Frhr. v. FRANCKENSTEIN) verblieben dem Reich aus den Zöllen (und der Tabaksteuer) ein Höchstbetrag von 130 Mill. Mark jährlich, darüber hinausgehende Erträge waren an die Bundesstaaten abzuführen.
Vgl. HUBER Ernst Rudolf, Deutsche Verfassungsgeschichte seit 1879, Bd. 3, Stuttgart, Berlin, Köln, Mainz 1963, S. 950 ff.

ABHÄNGIGKEIT DES REICHES VON DEN LÄNDERN

REICHSFINANZREFORM

PROBLEM ERBSCHAFTSSTEUER

AGITATION DER KONSERVATIVEN

ker belastet worden. Um dies zu verhindern, schufen die Nationalliberalen den **Hansabund** als neue pressure group des Besitzbürgertums. Zusammen mit den beiden Parteien der Linksliberalen, der Freisinnigen Volkspartei und der Freisinnigen Vereinigung, standen die Interessenvertreter des Industriestaates den Agrariern wieder einmal schroff gegenüber.
Zünglein an der Waage spielte einmal mehr das Zentrum, das 1906 mit der Bildung des konservativ-liberalen BÜLOW-Blocks auf die Oppositionsbank verwiesen war und sich nun, um neue parlamentarische Entfaltungsmöglichkeiten zu eröffnen, auf die Seite der Konservativen schlug. Sie und die Fraktion der Polen bildeten die Reichstagsmehrheit für das Steuergesetz vom Juni 1909, in dem die Erbschaftsteuer gestrichen war. Daß ⅘ der neuen Steuermasse weiterhin durch indirekte Steuern, d. h. in der Hauptsache auf Kosten der Verbraucher aufzubringen waren, davon war in der Debatte überhaupt nicht die Rede gewesen.
Die Folgen dieser Auseinandersetzung waren weitreichender, als es die Geringfügigkeit der umstrittenen Beträge gerechtfertigt hätten. Der konservativ-liberale BÜLOW-Block existierte nach dieser Niederlage im Reichstag nicht mehr. Der Reichskanzler mußte gehen, als ihm nach dem Vertrauen des Kaisers im Gefolge der Daily-Telegraph-Affäre (s. S. 412) nun auch noch die parlamentarische Stütze seiner Politik entzogen wurde. Als Nachfolger BÜLOWS trat kurz darauf der bisherige Staatssekretär des Reichsamts des Innern, v. BETHMANN HOLLWEG, das Amt des Reichskanzlers an.
Angesichts der inneren Gärung der folgenden Jahre (Wahlrechtsdemonstrationen 1910, Ruhrbergarbeiterstreik 1912) und des überwältigenden Erfolges der SPD bei den Reichstagswahlen 1912 (s. S. 408ff.), wagte es die Reichstagsmehrheit nicht noch einmal, die für die weitere Aufrüstung notwendigen Steuern vor allem den unteren Volksschichten allein aufzubürden. Erstmals wurden die Kosten für die erneuten Heeresvermehrungen von 1912 und 1913 vorwiegend den besitzenden Schichten auferlegt. Den konservativen und bürgerlichen Politikern dabei allerdings den Willen zur Reform zu unterstellen, hieße ihnen Unrecht tun. Die außerordentlich gespannte außenpolitische Situation duldete ebensowenig eine Verzögerung der militärischen Aufrüstung wie die innere Lage eine Zersplitterung der Kräfte. „Sammlung" hieß erneut die Parole.

Vergleich zu England und Frankreich

Bezeichnenderweise bieten nun die beiden westlichen Nachbarländer Frankreich und England eine interessante Vergleichsmöglichkeit. Auch sie waren durch Sozialreformen und vermehrte Rüstungsausgaben in Budgetschwierigkeiten geraten, auch sie standen vor der Frage, wie „demokratisch" die notwendigen finanzpolitischen Maßnahmen ausfallen dürften. Freilich ist bei einem solchen Vorgehen – neben der oft doch sehr stark divergierenden sozialen Basis – die verschiedene politi-

HANSABUND

Erläuterung 26: Hansabund (1909–1933)

Präsidenten: 1909–1920 J. RIESSER
1920–1933 H. FISCHER

1909 wurde der Hansabund in Berlin als Interessenvertretung von Handel, Gewerbe und Industrie gegründet. 89 Handelskammern und 147 Verbände von Handel und Industrie waren in ihm zusammengeschlossen. Der Hansabund richtete sich gegen den agrarischen Konservativismus und mußte sich deshalb mit dem Bund der Landwirte anlegen, der die starke Bevorzugung der Landwirtschaft durch fast alle politischen Instanzen durchzusetzen versuchte. Der Hansabund lehnte auch Sozialismus und Planwirtschaft ab. Sein Ziel war, die liberalen Parteien auf eine gemeinsame wirtschaftspolitische Linie festzulegen, was ihm zum Teil mit dem Wahlbündnis gelang, das er 1912 zwischen der linksliberalen Fortschrittlichen Volkspartei und der Nationalliberalen Partei zustande brachte. Die angestrebte Sammlung des gewerblichen Bürgertums gelang ihm jedoch nicht. Zunehmender staatlicher Interventionismus in die Wirtschaftspolitik der Kriegs- und Nachkriegszeit schränkten seinen Wirkungsbereich stark ein.

STEUERGESETZ 1909

BÜLOWS NACHFOLGER V. BETHMANN HOLLWEG

HEERESVERMEHRUNG 1912 UND 1913

BUDGETSCHWIERIGKEITEN IN ENGLAND UND FRANKREICH

sche Lage zu berücksichtigen, die durch das politische System gegeben ist. Der deutschen konstitutionellen Monarchie stand hierbei das parlamentarische System der beiden „westlichen Demokratien“ gegenüber. Auch damit kann die unterschiedliche Behandlung strukturell gleichartiger Probleme begründet werden.
Mit den ersten Jahren des neuen Jahrhunderts war die Konsolidierungsphase der Dritten Republik in Frankreich abgeschlossen. Sie hatte alle ihre Gegner aus der politischen Rechten zurückschlagen können, Mac Mahon zuerst, dann Boulanger und schließlich im Gefolge der Dreyfus-Affäre (s. S. 416) in mehrjährigem Ringen die gesamte Armee. Auch mit Rom hatte man inzwischen gebrochen. (Dazu S. 532)
Eine Reihe von linkgsbürgerlichen Kabinetten versuchte nun, die Dritte Republik auf den Weg des sozialen Ausbaus zu lenken. Ihre Ministerpräsidenten – COMBES, CLEMENCEAU, BRIAND – nannten sich zwar alle Sozialisten oder Radikalsozialisten und behaupteten, links von ihnen stünde niemand, die rechtliche und gesellschaftliche Institution des Privateigentums aber wagten sie nicht anzutasten. Verständlich, daß die geplante stark progressive Einkommensteuer und die reine Vermögensteuer auf sich warten ließen. Einzig CAILLAUX, unter CLEMENCEAU Finanzminister und 1911 selbst Ministerpräsident, versuchte mit Nachdruck, ein soziales Besteuerungssystem einzuführen. Er wurde aber von seinen eigenen politischen „Freunden“ (CLEMENCEAU) gestürzt, als ihnen bekannt wurde, daß CAILLAUX während der Marokkokrise eigenmächtig in Verhandlungen mit dem deutschen Botschafter VON DER LANCKEN eingetreten war, um unter allen Umständen den Frieden zu erhalten.
Die unmittelbare Kriegsgefahr führte auf der politischen Szene Frankreichs zu einem scharfen Rechtsruck, was der Bevölkerung nun ebenfalls ein „großes“ Kabinett und erhöhte Rüstungskosten bescherte.
Etwa zur gleichen Zeit wie in Deutschland und Frankreich, aber mit wesentlich mehr Energie, wurde in England das gleiche Problem in Angriff genommen und mit einer auf den sozialen Rechtsstaat weisenden Lösung beendet.
Hier hatten die Konservativen nach zwanzigjähriger fast ununterbrochener Herrschaft 1906 eine schwere Wahlniederlage erlitten. Die neue liberale Regierung unter CAMPBELL-BANNERMAN trat sogleich mit einer Fülle von Reformmaßnahmen an die Öffentlichkeit, die zwar sehr wohl notwendig waren – besonders auf sozialpolitischem Gebiet-, die aber den Staatshaushalt stärker belasteten als früher. Zugleich verschlang die Ausstattung der Kriegsflotte mit Dreadnoughts (s. S. 470 ff.) immense Summen. Schon 1907/08 hatte daher das Budget des Schatzkanzlers ASQUITH erhöhten Umfang angenommen und gleichzeitig waren dabei die großen Vermögen relativ stärker besteuert worden als vordem. Die besitzenden Schichten politisch vertreten durch die Konservativen und vor allem durch das Oberhaus, befürchteten mit Recht, daß das sozialere Prinzip der Besteuerung eine ausgeglichenere Vermögensstruktur herbeiführen werde und begannen mit der systematischen

Notizen:

KONSOLIDIE-
RUNG DER
DRITTEN
REPUBLIK

LINKSBÜR-
GERLICHE
KABINETTE

RECHTSRUCK
DURCH
KRIEGS-
GEFAHR

LIBERALE
REGIERUNG
CAMPBELL-
BANNERMAN

REFORM-
VORHABEN

Blockierung der Gesetzgebung der liberalen Unterhausmehrheit, indem das Oberhaus von seinem Vetorecht Gebrauch machte.
Das Unterhaus benützte nun die 1908 beschlossene staatliche Altersversorgung als Hebel, um den Konflikt auf die Spitze zu treiben. Der neue Schatzkanzler Lloyd GEORGE – ASQUITH war inzwischen Premierminister geworden – legte für 1909/10 ein immens hohes Budget – und ein neues Steuergesetz vor, das die kleinen Einkommen niedriger besteuerte und erstmals eine Steuerermäßigung für Kinder vorsah, dafür aber die Einkommensteuer stark progressiv staffelte. Darüber hinaus sollten noch Erbschaften und Schenkungen, ja sogar Grundbesitz stärker als bisher herangezogen werden. Die eindeutige Absicht der liberalen Regierung bestand darin, das Oberhaus zur Ablehnung dieses „sozialistischen" Budgets und damit zu einem Verfassungsbruch, nämlich der Ablehnung eines reinen Finanzgesetzes zu provozieren. Als die erhoffte Reaktion der Lords tatsächlich eingetreten war, konnten die liberalen Führer von König EDUARD VII. die Auflösung des Unterhauses verlangen und unter günstigsten Bedingungen Neuwahlen ansetzen.
Wie zu erwarten, zog eine große liberale Mehrheit in das Unterhaus ein. Sie setzte ihrerseits 1911 einen demonstrativen Schlußstrich unter den Verfassungskonflikt, indem sie dem Oberhaus in der Parliamentary Bill das Recht absprach, gegen reine Finanzvorlagen zu stimmen. Zudem erlosch mit der **Parliamentary Bill** das absolute Vetorecht des Oberhauses. Seine Vetos hatten in Zukunft nur noch suspensive Wirkung, d. h. nach zweimaliger Ablehnung durch das Oberhaus gewannen Gesetzesvorlagen dennoch Gültigkeit, wenn sie ein weiteres Mal vom Unterhaus beschlossen wurden. Auch das Oberhaus mußte schließlich notgedrungen dieser Regelung zustimmen.

8.2 Ungelöste Verfassungsprobleme

8.2.1 Die Sonderstellung Preußens und ihre Auswirkungen auf das Reich

Vor allem zwei Hauptprobleme des Verhältnisses Reich – Preußen machte die geschichtliche Entwicklung schon den Zeitgenossen bewußt: die Verwicklungen, die aus dem verschiedenartigen Wahlrecht entstanden und – damit verbunden – die quasiautonome Politik, die das Land Preußen aufgrund seiner starken verfassungsrechtlichen Stellung, seiner ökonomischen Potenz und seiner Herrschaftsstruktur betreiben konnte. Nicht ohne Grund hat BISMARCK diese Position des größten und gleichzeitig konservativsten aller deutschen Länder nicht angetastet. In seinem System der vielfältigen Kräfte und Institutionen, die sich hemmten und ausbalancierten, mehr noch aber benützen und gegeneinander ins Feld führen ließen, bedeutete Preußen und seine festgefügte politische Ordnung für BISMARCK ein Äquivalent zu der durchaus ungewissen politischen Entwicklung des Reiches, die am ehesten in der Zusammensetzung und politischen Orientierung des Reichstages wieder zu

VETO DES OBERHAUSES

ASQUITH'S „SOZIALISTISCHES" BUDGET

LIBERALER WAHLSIEG

PARLIAMENTARY BILL

PREUSSENS FUNKTION IN BISMARCKS SYSTEM

Erläuterung 27: Parliamentary Bill

Schon CAMPELL-BANNERMANN veröffentlichte 1907 Vorschläge, um das absolute Veto des House of Lords zu beschränken, da es die Konservativen zu parteipolitischen Zwecken mißbrauchten und außer den populären Sozialgesetzen die liberalen Gesetzesinitiativen blockierten. Zur Verfassungskrise kam es 1909, als die Lords das berühmte Budget Lloyd GEORGES ablehnten, das erstmals direkte Steuern für den sozialen Ausgleich verwendete, in dem es progressive Einkommens-, Erbschafts- und Schenkungssteuern vorsah und im Ganzen die großen Vermögen stärker be- und die kleineren Einkommen entlastete. Entgegen einem ungeschriebenen Gesetz lehnten die Lords den Finanzhaushalt ab. Das Unterhaus wurde aufgelöst und die Neuwahlen erbrachten eine Mehrheit für die Regierung Herbert ASQUITHS, der jetzt nicht nur den Haushaltsplan durchsetzte, sondern auch die Parliamentary Bill einbrachte, die festlegte, daß das Oberhaus Finanzvorlagen weder ablehnen noch ändern dürfe, und daß ein vom Unterhaus dreimal verabschiedetes Gesetz trotz weiterer Ablehnung durch die Lords, was im Höchstfall einen Aufschub von zwei Jahren bedeutete, trotzdem Gesetzeskraft erlangt. Mit der durch Androhung eines Pairsschubs erzwungenen Annahme des Gesetzes ging symbolisch die Regierungsgewalt an das vom Volk gewählte Unterhaus über.

Tage treten mußte. Wenn also BISMARCK sich auch innenpolitisch um ein Kräftegleichgewicht bemühte, so war es ein Gleichgewicht, das sich nicht selbst austarierte, sondern von ihm aus kontrolliert und beherrscht werden konnte. Die häufig diskutierte Frage, ob BISMARCK preußisch oder deutsch gedacht habe, hat demnach völlig in den Hintergrund zu treten. Nicht preußisch oder deutsch ist das Problem, sondern wann zentralistische, wann eigenstaatliche Institutionen für den Ausbau des bonapartistischen Systems herangezogen werden mußten.
Natürlich hat BISMARCK im preußischen Abgeordnetenhaus, das aufgrund des Dreiklassenwahlrechts voraussichtlich immer konservativ orientiert sein würde, so etwas wie eine Hausmacht gesehen. Genau auf dieser Ebene bewegt sich auch die Verwaltungs- und Behördenreorganisation Ende der 70er und Anfang der 80er Jahre. Es ging dabei nicht um „Verreichlichung Preußens" oder „Verpreußung Deutschlands", sondern um zentralisierte oder föderalistische, „collegiale" Regierungsweise. Von nun an sollte auch das wirtschafts- und sozialpolitische Gebiet stärker BISMARCKS Kontrolle unterworfen werden. Das „collegialische" Prinzip, das Opposition ihm gegenüber erlaube, sei auszuschalten. Daß bei dieser Gelegenheit Preußen als Entscheidungsmacht auch auf Reichsebene stärker in den Vordergrund geschoben wurde, hielt BISMARCK für notwendig, solange der Reichstag „als conservatives Instrument" nicht „brauchbar war". Das preußische, nunmehr „homogenisierte Staatsministerium" durfte er dagegen sehr wohl für ein Instrument halten, mit dem die Reichsentwicklung gegebenenfalls in erwünschte Bahnen zu lenken war.
Allein, die Geister, die BISMARCK rief, wurde er nicht mehr los. Er geriet schließlich selbst zwischen die Fronten, die er aufgebaut hatte, um zwei feindliche Heere gleichzeitig befehligen zu können. Die Parteien des Reichstags verweigerten ihm die Gefolgschaft in der Frage der Verlängerung des Sozialistengesetzes, die militante Gruppe der preußischen Reaktion ließ ihn über seine Außenpolitik stürzen. Theodor BARTH und Max WEBER vor allem und, ihnen nachfolgend, ein großer Teil der Fachliteratur haben BISMARCK den Vorwurf gemacht, er habe dem Reich keinen geeigneten Nachfolger hinterlassen. Dieser Vorwurf ist nur bedingt aufrechtzuerhalten. Sicherlich hat BISMARCK eifersüchtig darüber gewacht, seine quasiplebiszitäre Stellung mit niemandem teilen zu müssen. Andererseits sah selbst er sich zunehmend außerstande, die Schwierigkeiten in seinem Sinne zu meistern. Wer aber sollte für diese Aufgabe in Frage kommen? Konnte BISMARCK überhaupt sein Lebenswerk guten Gewissens übergeben?
Der Nachlaß Bismarcks war ungeordnet und konnte auch in Zukunft nicht geordnet werden. Besonders als unter CAPRIVI die Personalunion der beiden Ämter des Reichskanzlers und des preußischen Ministerpräsidenten gelöst wurde, begann Preußen eigene Wege zu gehen. Aber auch als 1894 mit dem neuen Kanzler HOHENLOHE-SCHILLINGSFÜRST die beiden Ämter wieder in einer Hand vereint wurden, sahen sich zukünftige Kanzler gezwungen, entweder für eines der beiden

BISMARCKS KRÄFTE-GLEICHGE-WICHT

Notizen:

BISMARCKS HAUSMACHT: DAS ABGE-ORDNETEN-HAUS

VERWAL-TUNGS- UND BEHÖRDEN-REORGANISA-TION

ZENTRALI-SIERTE ODER „COLLEGIA-LE“ REGIE-RUNGSWEISE?

DIE REICHS-KANZLER ZWISCHEN REICHSTAG UND ABGE-ORDNETEN-HAUS

Parlamente zu optieren oder – was sie zumeist versuchten – zwischen ihnen zu balancieren. Immer aber ging dieser Balanceakt über ihre Kraft. Denn die politische Zusammensetzung der beiden Parlamente war von vornherein extrem verschieden und wurde es im Laufe der Zeit immer mehr. Während nämlich im Reichstag die demokratisch-republikanischen Kräfte, hauptsächlich aufgrund des rapiden Anwachsens der SPD, an Gewicht – nicht an Macht! – zunahmen, verstärkte sich im preußischen Abgeordnetenhaus die monarchisch-konservative Mehrheit.

Diese Entwicklung wurde nicht zuletzt durch die Steuerreform des preußischen Finanzministers MIQUEL begünstigt. Das neue Steuersystem mit der begrenzt progressiv gestaffelten Einkommensteuer auf der Grundlage der Selbsteinschätzung steigerte nämlich infolge der starken Einkommensdifferenzierung – eine Folge des Industrialisierungsprozesses – den plutokratischen Charakter des Dreiklassenwahlrechts und damit des Abgeordnetenhauses. Damit aber die traditionell führende Schicht, der Großgrundbesitz, gegenüber dem neureichen Bürgertum nicht an politischem Einfluß verliere, gewährte MIQUEL großzügig Konzessionen. Diese speziell preußisch gemischte Herrschaft aus Elementen der Monarchie, Aristokratie und Plutokratie blieb bis zum Zusammenbruch 1918 erhalten. Zwar wagte BETHMANN HOLLWEG 1910 unter dem Druck großer Wahlrechtsdemonstrationen den leisen Versuch einer Reform, fand damit aber keine Gegenliebe bei den Konservativen. Obwohl der Entwurf das Dreiklassenwahlrecht beibehielt und nur an einzelnen Punkten unbedeutende Modifikationen anbrachte, mithin also unzureichend war, strichen ihn die Konservativen noch so zusammen, daß es Bethmann mit Recht unterließ, ihn weiter zu verfolgen.

Die preußische Reaktion hatte sich jedoch nicht zu allen Zeiten damit begnügen wollen, das Dreiklassenwahlrecht allein zu erhalten. Staatsstreichpläne aus dem preußischen Staatsministerium oder dem Militär mit dem Ziel, das Reichstagswahlrecht dem preußischen anzugleichen, tauchten immer wieder auf, zum ersten Mal, als Caprivi sich mit seiner liberalen Handelsvertragspolitik (s. S. 284 ff.) und seiner Weigerung, der Arbeiterbewegung gegenüber wieder stärkere Töne anzuschlagen, bei den Konservativen unbeliebt gemacht hatte. Der „Bund der Landwirte“, der außerordentlich mächtige Interessenverband der preußischen Großgrundbesitzer, inszenierte eine lautstarke, theatralische Kampagne gegen CAPRIVIS Handelspolitik; der Kaiser, der preußische Ministerpräsident Botho Graf zu EULENBURG (seit 1892, als CAPRIVI dieses Amt abgab, weil seine preußischen Reformpläne gescheitert waren) und der General Graf v. WALDERSEE, der schon maßgeblich am Sturz BISMARCKS beteiligt gewesen war, forderten vom Kanzler die Durchsetzung eines neuen Sozialistengesetzes im Reichstag: „Kampf gegen die Parteien des Umsturzes“. EULENBURGS diesbezüglicher Gesetzentwurf richtete sich so einschneidend gegen jede Opposition, daß er nur als Provokation zu einem offenen

BALANCE ZWISCHEN PREUSSEN UND REICH

Notizen:

DIE WAHLRECHTSFRAGE

PREUSSISCHE STAATSSTREICHPLÄNE

PLÄNE FÜR NEUES SOZIALISTENGESETZ

Konflikt mit nachfolgendem Staatsstreich gedacht sein konnte. Es gelang CAPRIVI, das Staatsministerium von diesem Entwurf abzubringen, womit sich erneut erwiesen hatte, daß Caprivi für ein Reich unter preußischer Hegemonie untragbar war. Im Oktober 1894 wurde er durch Chlodwig Fürst zu HOHENLOHE-SCHILLINGSFÜRST ersetzt.
Unter HOHENLOHE, kam es zu einer Reihe von reaktionären Vorlagen im Reichstag, die aber allesamt wegen ihrer antiliberalen Tendenz abgelehnt wurden.
Als erste Vorlage lehnte der Reichstag im Mai 1895 die sog. **Umsturzvorlage,** ab. WILHELMS Reaktion auf die Ablehnung dieser Neuauflage des Sozialistengesetzes wird im folgenden Telegramm an den Kanzler deutlich: „Es bleiben uns somit noch die Feuerspritzen für gewöhnlich und Kartätschen für die letzte Instanz übrig."
Als Ersatz für die gescheiterte Umsturzvorlage hatte der preußische Innenminister v. KOELLER Vorschläge für eine Verschärfung des preußischen Vereins- und Versammlungsrechts vorgelegt, die aber Hohenlohe angesichts der kaum verdauten Niederlage im Reichstag nicht weiterverfolgte. Da versuchte von KOELLER im Alleingang ein neues Vereinsgesetz zu erzwingen, indem er vollendete Tatsachen schuf. Nach einer Verhaftungs- und Haussuchungswelle verfügte er die Schließung des Büros des Parteivorstandes der SPD, weil „er als politischer Verein ... mit anderen Vereinen gleicher Art ... in Verbindung getreten" sei. Das preußische Staatsministerium jedoch zog nicht mit. v. KOELLER mußte entlassen werden.
Damit war das neue Vereinsgesetz jedoch noch nicht endgültig ad acta gelegt. Nachdem in Sachsen 1896 zur Abwehr der Sozialdemokratie auch das Dreiklassenwahlrecht eingeführt worden war, mochten die Konservativen in Preußen nicht länger zurückstehen. Ihr Gesetzentwurf von 1897 sah vor, daß alle Versammlungen und Vereine, die „die öffentliche Sicherheit, insbesondere die Sicherheit des Staates oder den öffentlichen Frieden gefährden", aufzulösen seien. Die SPD, die damals wegen des Dreiklassenwahlrechts in Preußen Wahlboykott übte und deshalb im Abgeordnetenhaus nicht vertreten war, versuchte durch Organisierung von Kundgebungen die bürgerlichen Parteien vom antiliberalen Charakter dieses Entwurfs zu überzeugen, nach dem tatsächlich alles hätte verboten werden können. Diese Absicht gelang. Mit einer Mehrheit von 4 Stimmen (209 : 205) brachte das Abgeordnetenhaus die Vereinsgesetznovelle zu Fall.
Als vorläufig letzter Versuch in dieser Reihe antiliberaler Gesetzentwürfe lag dem Reichstag im Juni 1899 der Gesetzentwurf der Regierung „zum Schutz des gewerblichen Arbeitsverhältnisses" vor. Die sog. **Zuchthausvorlage** bezweckte unter dem eigentlich liberalen Vorwand, Druck zum Zusammenschluß bei Streikkämpfen sei unzulässig, die faktische Aufhebung des Streik- und Koalitionsrechtes. Die Organisation gemeinsamer wirtschaftlicher Interessen war aber seit langem auf Arbeitnehmer- und Arbeitgeberseite in vollem Gange.

ABLÖSUNG CAPRIVIS DURCH HOHENLOHE-SCHILLINGSFÜRST

UMSTURZ-VORLAGE

Erläuterung 28: „Umsturzvorlage“

Entwurf eines Gesetzes, betr. Änderungen und Ergänzungen des Strafgesetzbuches, des Militärstrafgesetzbuchs und des Gesetzes über die Presse, 17. 12. 1894.
In der Mehrzahl seiner Bestimmungen verschärfte der Entwurf die strafgesetzlichen Normen, die dem Schutz des öffentlichen Friedens, des militärischen Gehorsams und der Verfassung dienten. Trotz des Verzichts auf die konkrete Benennung der abzuwehrenden Umsturzbestrebungen war die Tendenz, die Sozialdemokratie zu treffen, unverkennbar. Gleichwohl ergab sich aus der allgemeinen Fassung des Entwurfs die Gefahr, daß das Gesetz auch gegen andere Richtungen angewandt werden könnte.
HUBER Ernst Rudolf, Dokumente zur deutschen Verfassungsgeschichte, Bd. 2, Stuttgart 1964, S. 429 ff.

VEREINS-GESETZ-NOVELLE

Erläuterung 29: „Zuchthausvorlage“

Gesetzentwurf zum Schutz des gewerblichen Arbeitsverhältnisses, 6. 4. 1899.
Der Entwurf sah eine Verschärfung der in § 153 Reichsgewerbeordnung gegen den Koalitionszwang ausgesprochene Strafandrohung (3 Monate Gefängnis) auf 1 Jahr Gefängnis vor. Es dehnte diese Strafandrohung auch auf die Fälle aus, in denen durch körperlichen Zwang, Drohung, Ehrverletzung oder Verrufserklärung ein Arbeitnehmer durch andere zum Streik bestimmt werden sollte. Dem körperlichen Zwang stellte er die planmäßige Überwachung, also vor allem das Aufstellen von Streikposten, gleich. Die praktische Bedeutung des Entwurfs lag vor allem darin, daß er das Aufstellen von Streikposten per se für eine strafbare Drohung erklärte.
RASSOW Peter, BORN Karl Erich (Hg.), Akten zur staatlichen Sozialpolitik in Deutschland 1890–1914, Wiesbaden 1959, S. 113 ff.

SPD-AGITATION

ZUCHTHAUS-VORLAGE

Dieser Prozeß ließ sich jetzt nicht mehr aufhalten. Dieser Einsicht verschloß sich auch die Mehrheit des Reichstages nicht und stimmte gegen die Vorlage, obwohl der Regierung allein von der Fa. Krupp 5000 DM für Agitationszwecke zur Durchsetzung dieses Entwurfs zur Verfügung gestellt worden waren.
War es also BISMARCK keineswegs darauf angekommen, Deutschland zu verpreußen, als er daran ging, sein System der Herrschaft auszubauen, so hat seine Konstruktion – die Akzentuierung Preußens im Reichsmaßstab – objektiv doch einen politischen Tatbestand geschaffen, der zuerst ihn und später seine Nachfolger vor unüberwindliche Schwierigkeiten stellte. Die Interessen Preußens, d. h. die Interessen derer, die Preußen beherrschten, mußten in einem Maße berücksichtigt werden, das der besseren Einsicht widersprach. So geschah es in der Sammlungspolitik (s. S. 434 ff.). Sich Preußens Hegemonialbestrebungen stärker zu widersetzen hieß: das Schicksal CAPRIVIS teilen.

8.2.2 Die Rolle des Parlaments und der Parteien

In der verfassungsrechtlichen Stellung des Reichstages des Deutschen Reiches verkörperte sich Erfolg und Mißerfolg der bürgerlich-demokratischen Bewegung zugleich. Zusammen mit dem Bundesrat hatte er Legislative und Budgetrecht inne; insofern repräsentierte er bürgerlich-demokratische Freiheit. Im Vergleich zum Bundesrat stellte er zudem das Moment der nationalen Einheit dar. Seine Schwäche lag im Verhältnis zur Exekutive. Der Reichskanzler war dem Reichstag nicht verantwortlich. Der Kaiser allein konnte ihn ein- oder absetzen, ein Mißtrauensvotum war daher nicht vorgesehen.
Bismarck stand dem Reichstag und den Parteien immer mit Mißtrauen gegenüber. „Parlamentarisierung“ im Sinne einer Ausweitung der Rechte des Reichstags lehnte er stets mit Emphase und der ganzen Demagogie, deren er fähig war, ab. Er stand oberhalb des „Haders der Parteien“ und entsprach damit der Neigung des deutschen Bürgers, im Parlament eine „Schwatzbude“ zu sehen.
In der politischen Praxis verfolgte Bismarck auch den Parteien gegenüber das Prinzip der Anziehung und Abstoßung (s. S. 216 f.). Er korrumpierte dabei die Nationalliberalen, verurteilte die Linksliberalen zu einem bedeutungslosen Sektiererdasein, versuchte, Zentrum und Sozialdemokratie aus der Politik überhaupt hinauszukatapultieren, die Parteien der nationalen Minderheiten waren vor Diffamierung nie sicher. Einzig die beiden konservativen Parteien verbanden mit Bismarck nach gewissen Anfangsschwierigkeiten ein relativ dauerhaftes Verhältnis.
BISMARCK selbst hat nun eine Entwicklung innerhalb des Parteiwesens prognostiziert, die gerade durch den unter ihm vollzogenen Übergang vom Laissez-faire-Staat zum Interventionsstaat stark gefördert wurde: „Die Gelehrten ohne Gewerbe, ohne Besitz, ohne Handel, ohne

Notizen:

FOLGEN DER AKZENTU-IERUNG PREUSSENS

VERFAS-SUNGSRECHT-LICHE STEL-LUNG DES REICHSTAGS

BISMARCKS VERHÄLTNIS ZU DEN PARTEIEN

ENTWICK-LUNG DES PARTEI-WESENS

Industrie ... werden sich im Laufe der Jahre den wirtschaftlichen Forderungen des produzierenden Volkes unterwerfen oder ihre parlamentarischen Sitze räumen müssen", schrieb er 1878. Daß die Honoratiorenpartei werde weichen müssen, daß Interessenpolitik die Prinzipienpolitik ersetzen werde, sah BISMARCK also deutlich voraus. Dennoch vermochte er nicht seine Politik, den voraussichtlichen Notwendigkeiten anzupassen. Zwar gelang es ihm, 1887 mit dem „Kartell" aus Konservativen und Nationalliberalen, noch einmal eine große Mehrheit hinter sich zu versammeln. Aber schon 1890 folgte ihm niemand mehr. BISMARCK hatte den Parteien bisher mehr die Peitsche als das Zuckerbrot gezeigt; er ließ sie wissen, daß er im Falle von unangemessener Renitenz das genaue Gegenteil von dem herbeiführen werde, was die Partei befürworte. Druck verschaffte ihm bisher die nötigen Mehrheitsverhältnisse. Womit aber hätte er die Parteien kaufen sollen? 1890 reichte das System der taktischen Bündnisse nicht mehr aus, um die Sozialdemokratie zu unterdrücken. Wenn es überhaupt noch möglich war, die Arbeiterschaft weiterhin aus der Politik auszuschalten, so war dazu ein so enges Bündnis mit dem Bürgertum nötig, daß es damit zugleich zu entscheidenen Macht im Reich aufsteigen mußte, d. h. „die konservative Vorherrschaft, die nach BISMARCKS Auffassung die Grundlage der Reichsverfassung von 1871 war, wäre verlorengegangen" (SAUER).

Für CAPRIVI bedeutete BISMARCKS Mißerfolg eine deutliche Warnung. Er war bemüht, dem Reichstag und seinen einzelnen politischen Gruppierungen mehr Spielraum zuzugestehen. Von Fall zu Fall sammelte er seine Mehrheiten, wobei er allerdings auf die Sozialdemokraten nicht rechnen konnte (im übrigen auch nicht rechnen wollte). Ebenso abseits von der Regierungslinie standen zum größten Teil das Zentrum, die Süddeutsche Volkspartei und der Freisinn (Linksliberale), der sich 1893 in der Auseinandersetzung um CAPRIVIS Militärvorlage in die kleinere „Freisinnige Vereinigung" (Befürworter) und die stärkere „Freisinnige Volkspartei" (Gegner, weiterhin unter Führung RICHTERS) aufspaltete. Die erneute Aufsplitterung verurteilte den Linksliberalismus im Reichstag zu einem Schattendasein. In der Öffentlichkeit allerdings, vor allem der publizistischen, behauptete er weiterhin starken Einfluß.

Die Reichstagswahlen von 1893, die den Linksliberalen so entscheidende Stimmenverluste eingebracht hatten, wirkten auch auf den zukünftigen Kurs des Zentrums richtungsändernd. Der agrarische Flügel der schlesischen Gutsbesitzer war entscheidend dezimiert worden. Als TIRPITZ 1897/1898 die deutsche Flottenrüstung (s. S. 470ff.) inaugurierte, konnte das Zentrum, ohne sich der Gefahr der Spaltung auszusetzen, die Flottenpolitik vorbehaltlos unterstützen. Im Bestreben, sich vom Geruch des Reichsfeindes zu befreien, sicherte das Zentrum zusammen mit den Konservativen, Freikonservativen und Nationalliberalen die Politik Bülows parlamentarisch ab.

Zum Bruch kam es 1905 über eine Frage der Kolonialpolitik. Seit 1904 standen die Hereros und Hottentotten des deutschen südwestafrikani-

Notizen:

HONORATIO-
RENPARTEI –
MASSEN-
PARTEI

CAPRIVIS
PARTEIEN-
POLITIK

SPALTUNG
DES FREISINNS

DIE ANNÄHE-
RUNG DES
ZENTRUMS AN
DEN STAAT

schen Schutzgebietes im Aufstand gegen das Reich. Die Praxis der deutschen Kolonialverwaltung, von der Fraktion der SPD bisher schon oft kritisiert, vom Reichstag aber geflissentlich überhört, wurde nun auch vom Zentrumsabgeordneten ERZBERGER einer gründlichen Untersuchung unterzogen. Erzberger deckte zahlreiche Korruptionsfälle auf, was einerseits zur Folge hatte, daß der Leiter der Kolonialverwaltung HOHENLOHE-LANGENBURG seines Amtes enthoben wurde und andererseits, daß das Zentrum die Zustimmung zu den Krediten für die Fortsetzung des Kolonialkrieges verweigerte.

Die Regierung nahm dies zum Anlaß, den Reichstag aufzulösen und in einer berüchtigten nationalistischen Agitationswelle die „Hottentottenwahlen" (Januar 1907) vorzubereiten. Ihr Ergebnis ist in zweierlei Hinsicht überraschend: Die Oppositionsparteien, also SPD und Zentrum, errangen eine klare Mehrheit. Bei der Mandatsverteilung aber erhielt die SPD, deren absolute Stimmenzahl von 3,0 auf 3,3 Mill. gestiegen und die relativ zu den Wahlen von 1903 von 31,7% auf 29% des Stimmenanteils abgesunken war, 43 Sitze gegenüber 81 im Jahre 1903. Den Konservativen, Freikonservativen und Nationalliberalen dagegen, die zusammen nicht einmal ganz die Wählerzahl der SPD erreicht hatten, gestanden die veraltete Wahlkreiseinteilung und bürgerliche Stichwahlbündnisse insgesamt 141 Sitze zu.

Auf diese Weise kam der BÜLOW-Block zustande. Das Zentrum aß seit seinem Ausscheren wieder das harte Brot der Opposition. Aber es brannte darauf, wieder in die Schar der Vertrauenswürdigen aufgenommen zu werden. Unter BÜLOW jedoch war das kaum denkbar. Die Gelegenheit, die innenpolitische Szenerie grundlegend zu verändern, ergab sich 1909 im Steuerkonflikt.

Nachdem das Scheitern des Bülowschen Block-„Experiments" hierbei die „Unberechenbarkeit" und „Unzuverlässigkeit" der Parteien erwiesen hatte, ging der nachfolgende Kanzler v. BETHMANN HOLLWEG wieder zu einem bürokratisch-autoritären Kurs oberhalb der Parteien über, allerdings wirkte sich das letztlich zu seinem eigenen Nachteil aus. Denn die traditionellen „Nebenregierungen" des preußisch-deutschen Staates, der Kaiser und seine Umgebung, die bürokratische Spitze und nicht zuletzt das Militär, schoben sich immer stärker in den Vordergrund und schränkten die politische Bewegungsfreiheit des Kanzlers in bedenklichem Maße ein. Zu den außenpolitischen Mißerfolgen der Regierung gesellten sich innenpolitische Schwierigkeiten, wie die Frage des preußischen und elsaß-lothringischen Wahlrechts oder die beängstigende Streikbewegung. Unter diesen Umständen kann der Erdrutsch bei den Reichstagswahlen im Januar 1912 eigentlich kaum verwundern. Die Absage an die Politik der Regierung und an die Parteien, die diese Politik jeweils unterstützt hatten, konnte nicht deutlicher ausfallen. Die Konservativen retteten noch 43, die Freikonservativen (= Deutsche Reichspartei) 14 Sitze; die Nationalliberalen kamen auf 45, die Fortschrittliche Volkspartei auf 42 und das Zentrum auf 90 Mandate. Als eindeutiger Sieger ging die SPD aus den Wahlen hervor: Mit 4,2 Mill.,

Notizen:

BRUCH MIT DER REGIE-RUNG: DIE KOLONIAL-VERWAL-TUNGS-AFFÄRE

HOTTEN-TOTTEN-WAHLEN

BÜLOW-BLOCK

BETHMANNS KURS OBER-HALB DER PARTEIEN

REICHSTAGS-WAHLEN 1912

das sind 34,8% aller abgegebenen Stimmen, erreichte sie ihr bestes Wahlergebnis vor dem Ersten Weltkrieg.
Mit 110 Abgeordneten stellte sie nun auch die weitaus stärkste Fraktion im Reichstag. Ihre Mitgliedszahl war inzwischen auf über 800 000 angewachsen. Und dennoch blieben ihre Einflußmöglichkeiten auf die offizielle Politik nach wie vor gering. Die bürgerlichen Parteien schlossen sich nur um so stärker an die herrschenden Gewalten an und diese wiederum konnten somit die SPD-Fraktion einfach übergehen.
Zwei Ereignisse – Affären bezeichnenderweise – der Wilhelminischen Innenpolitik sollen in diesem Zusammenhang noch erwähnt werden, weil sie die verfassungsrechtliche Stellung des Reichstages und sein Verhalten im Konfliktfall verdeutlichen können.
Das vielberufene „persönliche Regiment des Kaisers" (vgl. RÖHL, John: Deutschland ohne Bismarck..., Literaturverzeichnis, S. 456) wurde vor allem aus vier Gründen möglich: Die impulsive und nach Prestige und persönlichem Ansehen strebende Art WILHELMS II., die verfassungsrechtliche Stellung des Kaisers und Kanzlers gegenüber dem Reichstag wurde durch den politischen Spielraum verbessert, den der Kaiser zusätzlich gewann, weil der Kanzler infolge der Preußenakzentuierung zu dauerndem Lavieren gezwungen war, und nicht zuletzt weil Wilhelm die Fortführung der autoritär-plebiszitären Komponente des sozialen Systems des BISMARCKreichs anstrebte. Allerdings, die Rollen waren jetzt vertauscht: „Der Kaiser führte, und der Kanzler mühte sich, Schritt zu halten" (STÜRMER). Bonapartismus und liberaler Parlamentarismus aber konkurrierten weiterhin im Reich und dies war zudem noch eine sehr ungleiche Auseinandersetzung, denn ohne Zweifel hätte man zum Staatsstreich Zuflucht genommen, wenn das Parlament zu mächtig zu werden drohte. „Um angesichts der sich wandelnden gesellschaftlichen Gewichte die bestehenden Machtverhältnisse zu sichern, mußte der deutsche Konstitutionalismus seine Form verändern: indem die Ratgeber des Kaisers sich des Bismarckschen Rezeptes entsannen, trieben sie im Zeichen von Flottenrüstung und „Weltpolitik" den parlamentarischen Teufel durch den plebiszitären Beelzebub aus in der Hoffnung, die Kräfte stets bändigen zu können, die sie entfesselten" (STÜRMER).
WILHELM II. trat in das Machtvakuum, als Caprivi mit seinem Versuch, die deutsche Politik sozial und wirtschaftlich neu zu akzentuieren, gescheitert war, weil er das Gewicht der preußisch-agrarischen Machtbastion unterschätzt und das staatsrechtliche Zentralproblem – die Hegemonie Preußens – ignoriert hatte (vgl. S. 284ff. und S. 396ff.).
Gerade ab 1897, als die Bismarcksche Regierungsbasis von Großgrundbesitz und Industrie wieder mühsam zusammengezimmert worden war, stellten der Ruf nach dem „Platz an der Sonne" und die Inaugurierung von „Weltpolitik" und Flottenbau eine Möglichkeit dar, auf plebiszitäre Weise die brüchige Regierungsmehrheit zu stützen.
Der Kaiser wollte die Chance nützen, die ihm das Versagen CAPRIVIS, seine verfassungsrechtliche Stellung und die plebiszitäre Tradition

HOHER WAHL-
SIEG DER SPD
1912

Notizen:

DAS PERSÖN-
LICHE
REGIMENT
WILHELMS II.

WILHELM II
ALS „ERSATZ-
BISMARCK“

boten, sich als Ersatz-Bismarck aufzubauen. Zu diesem Zweck aber mußte er versuchen, als der souveräne Leiter der Politik des Reiches zu erscheinen. Dabei mußte er aber eine Reihe spektakulärer Niederlagen einstecken, ohne von den einzelnen Reichsämtern gedeckt zu sein.
In dieser Richtung hinterließ die Daily-Telegraph-Affäre 1908 bei den Zeitgenossen den nachhaltigsten Eindruck. Dieses englische Blatt hatte Gespräche des Kaisers mit einem englischen Gastfreund veröffentlicht, in denen WILHELM sich für eine Wiederannäherung der beiden Nationen aussprach. Die Gefühle, die das deutsche Volk gegenüber England hege, seien jedoch nicht gerade freundschaftlich. Ähnlich undiplomatische und taktlose Äußerungen gab WILHELM in der Frage des Burenkrieges von sich. Er habe damals einen eigenen Feldzugsplan nach England gesandt und der vom britischen Oberkommandierenden Lord ROBERTS dann tatsächlich erfolgreich beendete Feldzug habe merkwürdig mit seinen Plänen übereingestimmt.
Die Öffentlichkeit beider Länder war entrüstet. Der Reichstag sparte nicht mit Kritik an WILHELMS politischer Instinktlosigkeit. BÜLOW, der das Interview zur Veröffentlichung freigegeben hatte, schwenkte unter diesem Eindruck in die Front der Kaiserkritiker ein und gab vor dem Reichstag eine Erklärung ab des Inhalts, daß Seine Majestät sich in Zukunft mehr Zurückhaltung auferlegen werde. WILHELM fühlte sich von BÜLOW hintergangen und wartete darauf, ihn bei passender Gelegenheit fallenzulassen (s. S. 392).
Das Parlament hatte sich mit Bülows Zusicherung zufriedengegeben. An der politischen Struktur hatte sich nichts geändert. Zwar diskutierte man die Frage, wie der Artikel 14 der Reichsverfassung, also die Verantwortlichkeit des Reichskanzlers, endlich konkretisiert werden könne. Eine eindeutige Haltung, nämlich Übergang zum parlamentarischen System nach westeuropäischem Vorbild, nahmen dabei nur Sozialdemokraten und Linksliberale ein. Die Nationalliberalen hielten justizförmige Verantwortlichkeit für ausreichend und die Konservativen wehrten sich prinzipiell gegen irgendeine Verfassungsänderung, die den Kaiser in seinen Rechten beschneiden konnte (ihm allein war bisher der Kanzler ja verantwortlich). Das Zentrum lavierte sich geschickt durch alle Fährnisse, indem es die Frage des Verhältnisses Kaiser-Kanzler aufwarf und damit das grundsätzliche Problem Kanzler-Reichstag umging. Eine Verfassungsänderung kam nicht zustande.
Noch schwerer wiegen die Unterlassungssünden, die anläßlich der Zabern-Affäre 1913 begangen wurden.
In der elsässischen Stadt Zabern hatten Zivilisten öffentlich gegen die rüden Methoden protestiert, mit denen ein Leutnant VON FORSTNER elsässische Rekruten traktierte. V. Forstner ließ daraufhin – gedeckt von seinem Regimentskommandeur Oberst V. REUTER – wahllos Passanten festnehmen und über Nacht im Gefängnis einsitzen, ohne dabei die dazu allein befugte Zivilbehörde einzuschalten. Der flammende Protest der Bevölkerung des Reichslandes fiel bei den neurotisch empfindlichen Militärs auf unfruchtbaren Boden.

Notizen:

DAILY-
TELEGRAPH-
AFFÄRE

REAKTION
DER ÖFFENT-
LICHKEIT
BÜLOWS
ROLLE

HALTUNG DER
PARTEIEN IN
DER VERANT-
WORTLICH-
KEITSFRAGE

ZABERN-
AFFÄRE

Um das Ansehen der Armee zu retten, schoben sie den Zivilbehörden die Schuld in die Schuhe, die nicht rechtzeitig Maßnahmen zur Aufrechterhaltung von Ruhe und Ordnung ergriffen habe. Sie wußten dabei den Kaiser auf ihrer Seite, der den Vorfall zu den reinen Militärangelegenheiten zählte, wo allein er Kommandogewalt ausüben durfte, obwohl natürlich auch ihm nicht entgangen sein konnte, daß das Problem eigentlich ein hochpolitisches war, nämlich die Abgrenzung von militärischer und ziviler Gewalt.
Auf BETHMANNS markige Bemerkung vor dem Reichstag, daß „der Rock des Königs unter allen Umständen respektiert werden müsse", antwortete der Reichstag zum ersten Mal mit einem förmlichen Mißtrauensvotum. 293 Abgeordnete erklärten sich gegen, nur 54 für die Regierungspolitik. In den Augen der Linken kam das Votum einer verfassungsrechtlichen Neuerung gleich. Des Reichstags wegen aber brauchte sich Bethmann nicht zu sorgen. Da sie es gewagt hatten, zusammen mit den Sozialdemokraten gegen die Regierung zu stimmen, mußten sich die bürgerlichen Parteien den Vorwurf des Verrats der nationalen Interessen gefallen lassen. So weit wollten sie aber denn doch nicht gegangen sein. Niemals, so verlautete aus den Reihen des Zentrums und der Nationalliberalen, habe man so vermessen sein wollen, die kaiserliche Kommandogewalt anzutasten. Man sei durchaus zufrieden, wenn die Affäre jetzt in der Weise beigelegt werde, daß die Regierung die Grundlagen militärischer und ziviler Zuständigkeit zu überprüfen verspreche.
Soweit die eine Seite. Die andere, BETHMANN HOLLWEG betreffend, war folgenreicher. Man hatte es unterlassen, die kaiserliche Kommandogewalt einzugrenzen. Das Selbstbewußtsein und der Einfluß der Militärs waren weiter gewachsen. Entscheidungen des Kanzlers bei militärischen Angelegenheiten schienen überhaupt grundsätzlich in Frage gestellt. Immer kleiner wurde der Spielraum BETHMANN HOLLWEGS. Vom Odium, daß er in nächster Zukunft stürzen werde, konnte sich der Kanzler nie mehr ganz befreien.

Bürgerlich-parlamentarische Öffentlichkeit und Militär in Frankreich

Auseinandersetzungen mit der Armee in noch weit größerem Ausmaß hatte auch das Parlament der „großbürgerlichen" Dritten Republik zu bestehen. Im Gegensatz zu Deutschland hat es sie wirklich bestanden. Eingangs der Dritten Republik (proklamiert 1875) steht eine Serie von schweren Erschütterungen. Häufiger Wechsel der Führungsspitze infolge eines instabilen Parteiensystems, Affären und die Folgen des verlorenen Krieges wird man dafür als Gründe nennen müssen. Hinzu kamen die außenpolitischen Verwicklungen im Zuge des Aufbaus des Empire français (s. S. 482).
Besonders die politische Rechte versuchte hartnäckig, die Verfassung in bonapartistischem Sinne umzubauen. Nachdem 1877 der Staatsstreich des Generals Mac MAHON, des Präsidenten (!) der Republik, geschei-

Notizen:

PROBLEM: ABGRENZUNG VON MILITÄRISCHER UND ZIVILER GEWALT

MISSTRAUENSVOTUM DES REICHSTAGS

RÜCKZUG DES PARLAMENTS

FOLGE: VERENGUNG DES SPIELRAUMS BETHMANNS

STAATSSTREICHVERSUCHE MAC MAHONS UND BOULANGERS

tert war, wurde General BOULANGER systematisch als neuer NAPOLEON aufgebaut. Seine nationalistischen Parolen gewannen außerordentlich an Popularität, als sie sich nach dem Zusammenbruch der Panama-Gesellschaft 1888 mit Antisemitismus und einem kleinbürgerlichen antikapitalistischen Syndrom verbinden ließen:
Bestechung, Betrug und die Sucht nach Prestige hatten 400 000 französische Kleinsparer um ihr ganzes Vermögen gebracht. 1889 als Kriegsminister entlassen, schickte sich BOULANGER nunmehr an, die allgemeinen Wahlen in ein Plebiszit für sich umzumünzen, indem er sich in allen Wahlkreisen gleichzeitig wählen ließ. Die Kammer jedoch änderte das Wahlrecht und BOULANGER ging ins Exil nach Belgien.
In der DREYFUS-Affäre wurde der Konflikt dann endgültig ausgetragen. Jahrelang beschäftigte sie die französische Öffentlichkeit, Straßenschlachten zwischen den Gegnern waren an der Tagesordnung. 1894 hatte ein Militärgericht den französischen Hauptmann jüdischer Abstammung, Alfred DREYFUS, der Spionage für Deutschland für überführt gehalten und lebenslänglich in die Verbannung geschickt. DREYFUS' Freunde, die sog. Dreyfusards, bemühten sich um ein Wiederaufnahmeverfahren und hielten das Mißtrauen der französischen Öffentlichkeit wach. Berühmt wurde Emile ZOLAS Artikel „J'accuse", der der Öffentlichkeit mitteilte, daß der französische Generalstab sehr wohl wußte, daß nicht DREYFUS, sondern ein Major ESTERHAZY den Geheimnisverrat begangen hatte.
Die Öffentlichkeit spaltete sich in zwei Lager: eines, das sich hinter die Armee stellte und glaubte, eine Revision des Urteils von 1894 sei mit der Ehre der Armee und der Nation unvereinbar, und die Linke, die zu verhindern suchte, daß das Land der Reaktion ausgeliefert würde. Als Oberst HENRY, der die Dokumente, die DREYFUS entlastet hatten, gefälscht hatte, nun im Gefängnis Selbstmord beging, mußte dem Wiederaufnahmeantrag schließlich doch stattgegeben werden.
Damit war die Sache freilich noch nicht aus der Welt. Die Ligue des Patriotes organisierte nationalistische Straßendemonstrationen. Ein Putschversuch des Führers der Ligue, DÉROULÈDE, scheiterte. Zwei Regierungen, die das Verfahren endlich in Gang setzen wollten, wurden von der Armee verschlissen. Und schließlich verweigerte das Kriegsgericht dennoch 1899 DREYFUS den Freispruch, obwohl ESTERHAZY im Londoner Exil sich inzwischen zu seiner Tat bekannt hatte. Als letzter Ausweg blieb die Begnadigung durch den Präsidenten der Republik.
Für die zukünftige Parteienkonstellation der Republik hatte die Affäre schwerwiegende Folgen. Die Rechte war schwer angeschlagen und wenn sie auch nicht ganz aus der Politik ausschied, so wurde sie doch immer – anders als in Deutschland – mit genügend großem Mißtrauen beobachtet. Die bürgerliche Linke stellte von nun an zusammen mit den Sozialisten die erste Kraft in der französischen Politik dar.

ZUSAMMEN-
BRUCH DER
PANAMA-GE-
SELLSCHAFT

Notizen:

DREYFUS-
AFFÄRE

ZOLAS
ARTIKEL
„J'ACCUSE"

SPALTUNG
DER ÖFFENT-
LICHKEIT

WIEDER-
AUFNAHME-
VERFAHREN

PUTSCH-
VERSUCH
DEROULEDES

BEGNADI-
GUNG
DREYFUS'

8.3 Der unbewältigte Militarismus

„Der Militarismus hatte in Preußen das Erstgeburtsrecht, und alles andere waren Zusätze, bestimmt, ihn zu stärken, nicht, ihn einzuschränken oder zu ersetzen“ (Wolfgang SAUER). In der Zeit der preußischen Reformen hatte sich auch für die preußische Armee die Möglichkeit geboten, aus ihrer „Staat-im-Staats-Tradition“ herauszufinden und sich einzugliedern. 1849 aber dokumentierte sie, daß sie sich nicht, wie BOYEN es beabsichtigt hatte, zu einer Schule zur „Nationalerziehung“ hatte machen lassen, sondern zu einer Schule zur Disziplinierung der Nation. Das konservative Lager konnte ihrer Unterstützung sicher sein, als es ihr die preußische Heeresreform gesichert hatte.
Zugleich werden zu diesem Zeitpunkt erstmals Ansätze zur Ausbildung einer militärischen Nebenregierung erkennbar. Im Schutze und mit Billigung der Krone führten Militärkabinett und wenig später auch Generalstab ein Eigenleben, das sich jeglicher Kontrolle entzog. Als BISMARCK sich durchgesetzt hatte, schwächte sich diese Verselbständigungstendenz ab, ein Abhängigkeitsverhältnis zu den „Einigungskriegern“ aber bestand weiterhin. Denn nur das Bündnis mit dem Militärstaat erlaubte, ununterbrochen Krieg im Innern zu führen. BISMARCK fiel, als ihn die Militärs fallengelassen hatten. Von nun ab traten die Militärs wieder in „echte“ Konkurrenz mit den Politikern. Das mußte Caprivi ebenso wie Hohenlohe erfahren. Diese Entwicklung kulminierte unter BETHMANN HOLLWEG, der sich zuerst der Nebenregierung TIRPITZ gegenübersah, später der kaum verschleierten Diktatur LUDENDORFFS. Auch er kapitulierte und räumte die Stellung.
Hinter diesem autonomen Faktor der preußisch-deutschen Politik standen natürlich keineswegs nur die Tradition oder das durch Kriegserfolge gesammelte Prestige der Militärkaste. Seine ganz konkrete Macht drückte sich in der stets erhöhten Zahl von Rekruten und in den vermehrten finanziellen Forderungen der Militärvorlagen aus.
Während des preußischen Verfassungskonflikts zu Beginn der 60er Jahre hatte der Konservatismus mit Erfolg die Unabhängigkeit der königlichen Kommandogewalt gegenüber dem Parlament verteidigt, doch stand das Problem der parlamentarischen Kontrolle des Militärbereichs mit der Gründung des Norddeutschen Bundes erneut auf der politischen Tagesordnung.
Der Regierungsentwurf der Norddeutschen Bundesverfassung wollte die Friedenspräsensstärke des Heeres auf 1% der Bevölkerung von 1867 festlegen; der wachsenden Bevölkerung entsprechend sollte sie alle zehn Jahre neu berechnet werden. Für die Heeresausgaben war eine jährliche Pauschale von 225 Talern pro Mann vorgesehen (Pauschquantum). Mit dieser Dauerfeststellung der Heeresstärke und der mit ihr verbundenen Dauerbewilligung der Militärausgaben (Äternat) sollten Reichstag und Bundesrat bei der Wahrnehmung ihres Budgetrechts an feste Größen gebunden werden. Wegen des Einspruchs der Linksliberalen, die auf

Notizen:

STAAT-IM-
STAATS-
TRADITION

SCHULE ZUR
DISZIPLINIE-
RUNG DER
NATION

BÜNDNIS MIT
DEM MILITÄR-
STAAT

PAUSCH-
QUANTUM

dem umfassenden jährlichen Budgetrecht des Parlaments bestanden, kam zunächst ein Kompromiß zustande, der den Regierungsentwurf als Provisorium bis 1871 befristete.
Eine endgültige Lösung des Konflikts wurde indessen bis 1918 nicht gefunden.
Die Regierung erklärte sich zunächst mit der Verlängerung des Provisoriums, bis 1874 einverstanden, nützte aber diese Zeit, um einerseits mit den französischen Kriegskontributionen den militärischen Ausbau voranzutreiben und andererseits bereits die Auseinandersetzung von 1874 politisch vorzubereiten. So konnte Bismarck die Nationalliberalen auf seine Seite ziehen und durch Druck auch den Kaiser dazu bewegen, dem Septennat zuzustimmen. Für sieben Jahre hatte der Reichstag auf die Heeresstärke keinen Einfluß und mußte notwendig auch die finanziellen Mittel bewilligen, die der Ausbau erforderte. Weder materiell noch personell konnte der Reichstag also die Entwicklung des Heeres kontrollieren. Und dazu kam: „Was sieben Jahre gesetzlich bestanden hat, das kann man hinterher nicht abstreifen wie einen Handschuh“ (ROON).
1880 ging im Reichstag die 2. Septennatsvorlage durch, die die Friedenspräsenzstärke des Heeres um 26000 Mann erhöhte.
Die 3. Vorlage 1886 sah eine Erhöhung um über 41000 Mann vor, bei der damaligen Gesamtheeresstärke also etwa um 10% oder, auf die Bevölkerung übertragen, 1% der Bevölkerung des deutschen Reiches von 1885 sollte stets Militärdienst leisten. Der Linksliberale Eugen RICHTER berechnete die dadurch verursachten Mehrkosten mit 24 Mill. DM jährlich. Der Reichstag wollte zahlen, aber nur für drei Jahre. BISMARCK ließ ihn auflösen. Außenpolitische Spannungen mit Frankreich verhalfen BISMARCK zur Kartellmehrheit (s. S. 234), die dann 1887 die Militärvorlage genehmigte.
Im gleichen Jahre revidierte die Regierung mit Billigung des Reichstags die Heeresverfassung. Durch die Verlängerung der Dienstzeit vom 42. auf das 45. Lebensjahr und andere organisatorische Änderungen wurde erreicht, daß Deutschland jetzt im Kriegsfalle über 3,5 Mill. Soldaten verfügte.
Die nächste Heeresvermehrung kam 1892/1893 unter CAPRIVI. Eine Erhöhung um 72000 Mann auf über 570000 Soldaten war zunächst vorgesehen. Dafür wollte man zweijährige Dienstzeit (statt bisher 3 Jahre) und den Quinquennat konzedieren. Der Reichstag jedoch riskierte lieber die Auflösung. Die neuen Mehrheitsverhältnisse allerdings gestatteten dann doch die Durchsetzung der Vorlage.
In der Folgezeit begab sich Deutschland mit der Inaugurierung der Flottenpolitik auf militärpolitisch neues Gebiet. Zwar wurden weiterhin große Heeresvermehrungen durchgesetzt, das Hauptaugenmerk aber richtete sich nun auf Weltpolitik und vom militärischen Standpunkt aus hieß das Aufrüstung der Flotte. Die deutsche Flottenpolitik hatte nun aber vor allem auch einen außenpolitischen Aspekt. Ihre Entwicklung wird deshalb an anderem Ort abgehandelt (s. S. 470).
Man wird dem Reichstag und den außerparlamentarischen politischen

PROVISORI-
SCHE LÖSUNG
DER HEERES
FINANZIE-
RUNG

Notizen:

SEPTENNAT

HEERESVER-
MEHRUNGEN

ÄNDERUNG
DER HEERES-
VERFASSUNG

QUIN-
QUENNAT

FLOTTEN-
POLITIK

Kräften des deutschen Reiches kaum pauschal zum Vorwurf machen können, daß er sich dieser Entwicklung zum Militärstaat nicht widersetzt habe.
Die bürgerlich-demokratische Bewegung wußte aus eigener Erfahrung am besten, auf welcher Seite im Zweifelsfall das Militär stand. Deshalb haben Linksliberale und zunächst auch der linke Flügel der Nationalliberalen, vor allem LASKER und STAUFFENBERG, sich verzweifelt gegen die Etablierung des Militärstaates gewehrt. Aber ebenso aus der Tradition der deutschen bürgerlich-demokratischen Bewegung stammte ihre Taktik, sich bei Gefahr den herrschenden Gewalten in die Arme zu werfen, auf die eigene politische Emanzipation zu verzichten, um die Emanzipation des 4. Standes zu verhindern. Die Nationalliberalen durften bald zu den festen Stützen einer „kraftvollen" Politik gezählt werden; die wenigen Linken in ihren Reihen wurden ohne Schwierigkeit absorbiert. Die Linksliberalen schlugen sich tapfer, spalteten sich aber 1892 genau über der Militärfrage.
Einzig die Parteien der Minderheiten, Polen, Elsaß-Lothringer, Welfen und ohne Einschränkung die Sozialdemokraten, bildeten eine konstante Opposition, wenn es um die Erweiterung des Militäretats ging. Eine relativ unberechenbare Haltung nahm dagegen das Zentrum ein. Während des Kulturkampfes in entschiedener Opposition, billigte eine Minderheit der Fraktion bereits CAPRIVIS Vorlage. Sodann engagierte es sich stark in der Flottenpolitik, stellte sich 1905 aber wieder quer, als es Gelder für eine aggressive Kolonialpolitik bewilligen sollte.
Die SPD hatte sich MARX' Charakterisierung des neuen Reiches zu eigen gemacht, der 1875 schrieb, das Reich sei „ein vermischter, schon von der Bourgeoisie beeinflußter, bürokratisch gezimmerter, polizeilich gehüteter Militärdespotismus". Die SPD folgerte daraus: „Mit dem Militarisimus, welcher ein notwendiger Auswuchs des herrschenden Staats- und Gesellschaftssystems ist, gibt es für die Sozialdemokratie ebensowenig eine Aussöhnung, wie mit diesem System selbst." Sie fand dabei die Unterstützung von Friedrich ENGELS, der in seiner Schrift „Kann Europa abrüsten?" die These vertrat, daß „vom rein militärischen Standpunkt der allmählichen Abschaffung der stehenden Heere absolut nichts im Wege stehe" und wenn dies nicht geschehe, so deswegen, weil sich die Armeen „nicht so sehr gegen den äußeren wie gegen den inneren Feind" richteten.
Die II. Internationale verabschiedete auf ihrem Gründungskongreß 1889 in Paris eine Resolution, in der es hieß, daß eine stehende Armee im Dienste der herrschenden oder besitzenden Klasse jeder demokratischen oder republikanischen Regierungsform feindlich gegenübersteht, weil es der Ausdruck militärischer, monarchistischer oder oligarchischer und kapitalistischer Herrschaft und damit ein Werkzeug reaktionärer Staatsstreiche und sozialer Unterdrückung ist.
Karl LIEBKNECHT veröffentlichte 1907 seine Schrift „Militarismus und Antimilitarismus", in der es angesichts des nationalistischen Gedankenguts, das auch in die Arbeiterbewegung einzudringen begann, war-

Notizen:

OPPOSITION GEGEN DEN MILITÄR-STAAT

SPALTUNG DER LINKSLI-BERALEN

HALTUNG DER SPD

ENGELS

KARL LIEB-KNECHT: „MILITARIS-MUS UND ANTIMILITA-RISMUS“

nend hieß, „daß gegenüber den gemeinsamen Interessen des internationalen Proletariats alle nationalen Interessen zurücktreten und der internationalen Koalition des Ausbeutertums und der Knechtschaft die internationale Koalition der Ausgebeuteten, der Geknechteten gegenübergestellt werden muß". Die Schrift brachte LIEBKNECHT 1½ Jahre Festung ein.

Parallel zur 2. Haager Friedenskonferenz, auf der es den Regierungsvertretern von 47 Ländern nicht gelang, die Großmächte zur Einschränkung ihrer Aufrüstung und Anerkennung eines Schiedsgerichts zur Schlichtung internationaler Konflikte zu bewegen, tagte 1907 in Stuttgart der Internationale Sozialistenkongreß. Er verabschiedete eine von Rosa LUXEMBURG und LENIN vorgeschlagene Resolution, in der es hieß: „Droht der Ausbruch eines Krieges, so sind die arbeitenden Klassen und deren parlamentarische Vertretungen in den beteiligten Ländern verpflichtet, ... alles aufzubieten, um ... den Ausbruch des Krieges zu verhindern ... Falls der Krieg dennoch ausbrechen sollte, ist es die Pflicht, für dessen rasche Beendigung einzutreten und mit allen Kräften dahin zu streben, die durch den Krieg herbeigeführte wirtschaftliche und politische Krise zur Aufrüttelung des Volkes auszunutzen und dadurch die Beseitigung der kapitalistischen Klassenherrschaft zu beschleunigen."

Nach den Heeresvermehrungen von 1911 und 1912 betrug die Friedensstärke des deutschen Heeres 660 000 Mann. Die Heeresvorlage von 1913 sah 800 000 Mann für Herbst 1914 und eine weitere Steigerung auf knapp 900 000 bis zum Herbst 1915 vor. Die sozialdemokratische Fraktion stimmte wie immer gegen die Vorlage, konnte aber deren Annahme durch den Reichstag nicht verhindern. In der Frage der Finanzierung stimmte sie, um wenigstens nicht auch noch die unteren Schichten mit dem Hauptanteil der Kosten zu belasten, für die einmalige Vermögensabgabe, den sogenannten Wehrbeitrag und auch für die Vermögenszuwachssteuer. Beide waren damit angenommen. Zum ersten Mal hatte die Sozialdemokratie ihr Prinzip „diesem System keinen Mann und keinen Groschen" aufgegeben. Auf dem Parteitag 1913 in Jena deutete Rosa LUXEMBURG die Konsequenzen – den 4. August 1914 – bereits an: „Wenn Sie sich nun auf den Boden des Mehrheitsbeschlusses unserer Fraktion stellen, dann kommen Sie in die Lage, wenn der Krieg ausbricht und wir an dieser Tatsache nichts mehr ändern können und wenn dann die Frage kommt, ob die Kosten durch indirekte oder direkte Steuern zu decken sind, daß Sie dann folgerichtig für die Bewilligung der Kriegskosten eintreten ... Das ist eine schiefe Ebene ..., auf der es keinen Halt mehr gibt."

8.4 Minderheitenpolitik

Als „Anachronismus im Zeitalter der Nationalstaaten" haben kritische

SOLIDARITÄT DER AUSGEBEUTETEN

Notizen:

INTERNATIONALER SOZIALISTENKONGRESS

ÄNDERUNG DER TAKTIK DER SPD

ROSA LUXEMBURGS WARNUNG

Zeitgenossen die Politik imperialistischer Staaten gegenüber ihren nationalen Minderheiten, die zwangsweise in einem fremden Staatsverband ausharren mußten, bezeichnet und gegen sie Stellung bezogen. Solche Stimmen blieben aber entschieden in der Minderheit, um Selbstbestimmungsrecht hat sich die imperialistische Politik nie gekümmert, außer es konnten damit eigene Ansprüche begründet werden. Im deutschen Reich bildeten vor allem Polen und Elsaß-Lothringen ein Pulverfaß, an das die Lunte zu legen, man anscheinend bei der Vielzahl hervorstechenderer Möglichkeiten vergessen hat. Die Annexion polnischen Territoriums hatte damals noch Preußen bewerkstelligt und konnte beim besten Willen nicht anders als allein aus Gründen des preußischen Staatsinteresses begründet werden, die Elsaß-Lothringens – diesmal sprachnationalistisch „legitimiert" – hat man gern als das „Faustpfand des Sieges" von 1871 bezeichnet.
Über die preußisch-deutsche Polenpolitik ist viel gerätselt worden. Nationalen Chauvinismus hat man schließlich in der Hauptsache für die vielen Fehlleistungen verantwortlich gemacht.
Dieser Ansicht widerspricht zunächst einmal die Tatsache, daß BISMARCK „Professorenideen" wie Nationalität sehr skeptisch gegenüberstand. Man kann ihm durchaus glauben, daß er die provinzialen Sprachverordnungen von 1872/1873, mit denen die deutsche Sprachenpolitik eingeleitet wurde, deshalb befürwortete, weil er glaubte, „daß unsere bisher nicht deutsch sprechenden Landsleute Deutsch lernen" sollten, damit sie „durch Presse, durch Reden und Verkehr ... der Wahrheit zugänglich", d. h. also, treue Untertanen würden. Das stets mit einem Schuß Demokratie und Republikanisierung versetzte Nationalitätenprinzip mußte dem konservativen Programm Bismarcks immer suspekt bleiben, auch wenn es unter dem Schlagwort „Germanisierung" den einstigen liberalen Grundgedanken der nationalen Selbstbestimmung bereits längst ausgeschieden hatte.
Die eingeleitete Politik setzte sich fort im preußischen „Gesetz betreffend die Geschäftssprache der Behörden, Beamten und politischen Körperschaften des Staats" von 1876, im Gerichtsverfassungsgesetz 1877, in der Strafprozeßordnung und im Sprachenparagraphen des Reichsvereinsgesetzes von 1908, wobei freilich die ideologische Begründung der irrationalen Entwicklung des Imperialismus entgegenkam und immer stärker das angebliche Recht der überlegenen Staatsmacht und Kultur betonte. Dieser Aufgabe widmete sich vor allem der „Verein zur Förderung des Deutschtums in den Ostmarken", der seit 1894 „Volks- und Staatswillen zur Beseitigung des Polentums" mobilisierte.
Der zweite Strang der Polenpolitik, die preußische Ansiedlungsgesetzgebung seit 1886, deckt sozusagen die materielle Basis dieser Politik auf. Die großen landwirtschaftlichen Betriebe gerieten infolge der schlechten Wirtschaftsentwicklung in Zahlungsschwierigkeiten. Auf bis zu 50% des Gesamtwertes und darüber belief sich oft ihre Schuldenlast. Selbsthilfemaßnahmen der Gutsbesitzer mit beträchtlicher Unterstützung des Staates hatten keine Abhilfe geschaffen. Unter dem Schlagwort Germanisie-

Notizen:

MINDER-
HEITEN-
POLITIK

DEUTSCHE
POLENPOLITIK
BISMARCKS
MOTIVE

SPRACHEN-
POLITIK

VEREIN ZUR
FÖRDERUNG
DES DEUTSCH-
TUMS IN DEN
OSTMARKEN
PREUSSISCHE
ANSIED-
LUNGSGE-
SETZGEBUNG

rung konnte nun auf Staatskosten, d. h. mit Steuergeldern die Sanierung der preußischen Landwirtschaft in großem Stil betrieben werden.
Zunächst trieb die Preispolitik der preußischen Ansiedlungskommission die Bodenpreise in schwindelnde Höhen. Die für den Ankauf polnischen Grundbesitzes bewilligten Gelder fanden sich jedoch nur zum allergeringsten Teil auf polnischen Konten wieder. Sie wurden zur Entschuldung des preußischen Großgrundbesitzes verwendet (s. S. 170).
Zwölf Jahre nach dem Gesetz über die Förderung deutscher Ansiedlungen in den überwiegend polnisch besiedelten Provinzen im Osten des Reiches bewilligte das preußische Abgeordnetenhaus 1898 abermals einen Fonds von 100 Mill. DM.
1902 erhöhte das Abgeordnetenhaus den „Polenfonds" von 200 auf 350 Mill. DM, bereits 1904 wurde für die Ansiedlung im Falle der Aufteilung von Gütern eine Erlaubnis verlangt. 1908 genehmigte sich das Abgeordnetenhaus weitere 300 Mill. und stattete die Kommission mit dem Recht zur Enteignung polnischen Grundbesitzes aus. Zweifellos läßt sich aus derartigen verfassungswidrigen Maßnahmen des Gesetzgebers die bedrängte Situation des preußischen Großgrundbesitzes und die Absicht erkennen, ein angeblich weiteres wirtschaftliches Vordringen des Polentums mit allen Mitteln zu verhindern. Allerdings gerieten mit dieser Entscheidung nun vor allen Dingen die preußischen Konservativen in einen argen Zwiespalt. Denn sie schufen damit gewissermaßen einen Präzedenzfall, der eines Tages auf sie selbst zurückfallen konnte. Nur unter großen Vorbehalten konnten sie sich deshalb zur Zustimmung entschließen. In der praktischen Anwendung des Gesetzes übte man daher äußerste Zurückhaltung. Nur ganz selten wurde polnischer Grundbesitz enteignet.
Die Annexion von Elsaß-Lothringen war der Preis, der der „Koalition von siegreicher Militärmacht und national enthusiasmierter Öffentlichkeit" (WEHLER) gewährt wurde. Sie geschah ohne plebiszitäre Entscheidung und vor allem gegen den Willen der großen Mehrheit der Bevölkerung, die seit 1789 sich der republikanisch-demokratischen Staatsform Frankreichs weit mehr verbunden fühlte als der autoritär-patriarchalisch gouvernementalen Art, nach der ihre östlichen Nachbarn regiert wurden.
In der Zeit des Krieges übten ein Generalgouverneur und ein Zivilkommissar die Hoheitsrechte in diesem Gebiet aus. In der Frage, ob Elsaß-Lothringen an Preußen angeschlossen, unter die Bundesstaaten aufgeteilt oder als eigenes politisches Gebilde weiterbestehen solle, entschied man sich für den Status eines unmittelbar vom Reich abhängigen Territoriums, des „Reichslandes" Elsaß-Lothringen, um den unvermeidlichen Aufteilungsstreitigkeiten zu entgehen und gleichzeitig die Bundesstaaten mittels einer gemeinsamen Aufgabe im neuen Nationalstaat zu integrieren.
Mit dem Vereinigungsgesetz vom Juni 1871 wurde die Annexion offiziell vollzogen. Der entscheidende Punkt dieses Gesetzes ist, daß für Elsaß-Lothringen keine eigene Staatsgewalt begründet wurde.

Notizen:

PREISPOLITIK DER ANSIEDLUNGS-KOMMISSION

POLENFONDS

FRAGE DER ENTEIGNUNG

ZWIESPALT DER KONSERVATIVEN

ELSASS-LOTHRINGEN

REICHSLAND-STATUS

VEREINIGUNGS-GESETZ 1871

Elsaß-Lothringen hatte also somit nicht, wie die anderen Bundesstaaten, einen Teil seiner Hoheitsrechte freiwillig an die Reichsorgane abgetreten. Die Staatsgewalt vereinnahmten gemeinsam die deutschen Bundesstaaten, sie wurde aber vom Kaiser allein, nicht etwa in Verbindung mit dem Bundesrat, der Repräsentation der Bundesstaaten, ausgeübt. Legislative Gewalt hatten Kaiser und Bundesrat gemeinsam inne, nur in wenigen finanziellen Angelegenheiten mußte auch der Reichstag eingeschaltet werden. Bis zum 1. Januar 1874, als die Reichsverfassung auch für Elsaß-Lothringen gültig wurde, stellte die kaiserliche Verordnung unter Zustimmung des Bundesrats die Form der Gesetzgebung dar. Es war die Zeit der „Kaiserdiktatur".
Inzwischen versuchte man, die annektierten Territorien der Organisation des übrigen Reiches anzupassen, ohne dabei aber vom Reichslandstatus abzugehen. Seit September 1871 hatte ein Oberpräsident den Militärgouverneur abgelöst. 1873 anerkannte man eine Landesangehörigkeit entsprechend der Staatsangehörigkeit in den Bundesstaaten. Man unterschied nun auch zwischen Reichs- und Landesbeamten. Am 1. Januar 1874 erlosch die Gesetzgebungskompetenz des Kaisers, 15 Abgeordnete aus Elsaß-Lothringen zogen von nun an in den Reichstag ein. Ein Landesausschuß durfte seit Oktober 1874 die Landesgesetze begutachten, seit 1877 hatte er auch gesetzgeberische Rechte inne. Der Landesausschuß wurde indirekt, nämlich von den reichsländischen Bezirks- und Landkreistagen und den städtischen Kommunalverbänden gewählt.
Das Gesetz von 1879, „betreffend die Verfassung und Verwaltung von Elsaß-Lothringen", fror die staatsrechtlichen Ungereimtheiten 32 Jahre lang ein. Die Kompetenzen des Reichskanzlers entfielen, das Oberpräsidium und das Reichskanzleramt für Elsaß-Lothringen wurden aufgelöst. Ein Statthalter vertrat von nun an den Kaiser in der Ausübung landesherrlicher Rechte, ein Staatssekretär leitete die Zentralbehörde des Reichs in Straßburg, das „Ministerium für Elsaß-Lothringen". Beide konnten nur vom Kaiser ernannt oder entlassen werden. Der Statthalter gewann damit staatsrechtlich eine dem Reichskanzler durchaus vergleichbare Stellung. Genau wie im Reich bestand Verantwortlichkeit nur nach oben, nicht aber nach unten hin, etwa gegenüber Reichstag oder Landesausschuß. Zugleich wurde auch jetzt noch dem annektierten Gebiet die Gleichberechtigung vorenthalten. „Die reichsländische Staatsgewalt blieb Reichsgewalt" (WEHLER). Am deutlichsten kommt diese fortbestehende Abhängigkeit zum Ausdruck in der Tatsache, daß Elsaß-Lothringen auch weiterhin vom Bundesrat, dem „Träger der Reichssouveränität und der gesetzlichen Sanktionsgewalt" ausgeschlossen blieb.
Der „Diktaturparagraph", der unverändert von 1871 bis 1902 den Oberpräsidenten bzw. den Statthalter ermächtigte, „bei Gefahr für die öffentliche Sicherheit ... alle Maßregeln ungesäumt zu treffen", mußte geradezu demütigend wirken. Hausdurchsuchung und Ausweisung, Verbot von Veröffentlichungen und Versammlungen, die z. B. in Preu-

Notizen:

LANDES-
AUSSCHUSS

STATTHALTER
MINISTERIUM
FÜR ELSASS-
LOTHRINGEN

VORENTHAL-
TUNG DER
GLEICHBE-
RECHTIGUNG

DIKTATUR-
PARAGRAPH

ßen die förmliche Erklärung des Belagerungszustandes zur Voraussetzung hatten, waren in Elsaß-Lothringen allein in das persönliche Ermessen des Statthalters gestellt. Der preußisch-deutsche „Erobererstaat" behielt in Elsaß-Lothringen eine „einem Besatzungsregime ähnliche Regelung" bei (SAUER).
Auch die Verfassungsreform von 1911, deren wichtigste Neuerung in der Gewährung des allgemeinen, gleichen, direkten und geheimen Wahlrechts für das Reichsland besteht, konnte an der reserviert-ablehnenden Haltung der reichsländischen Bevölkerung gegenüber der deutschen „Fremdherrschaft" nichts ändern. Die Verweigerung staatlicher Selbständigkeit, die „Überfremdung" mit preußischen Beamten, das Mißtrauen gegenüber den „befreiten Brüdern" verhinderte gerade ein Anwachsen der „Reichsfreudigkeit", die als Voraussetzung für eine weitergehende Unabhängigkeit des Reichslandes angesehen wurde. Ausdruck von dem gespannten Verhältnis gab die Zabern-Affäre (s. S. 412f.).

Minderheitenprobleme in England

Auch England stand Problemen gegenüber, die nationale Minderheiten in der Zeit der imperialen Expansion aufwarfen. Die Folgen dieser Auseinandersetzung waren für Englands innenpolitische Szenerie weiterreichend als etwa in Deutschland. Während hier nämlich eine in dieser Beziehung homogene Führungsschicht sich allen einschneidenderen Konzessionen erfolgreich widersetzte, nahmen dort die beiden Parteien, die entscheidenden Anteil am Willensbildungs- und Entscheidungsprozeß hatten, eine konträre Haltung ein.
Seit der Mitte des 19. Jahrhunderts beunruhigten Anschläge und Gewaltakte der irischen Unabhängigkeitsbewegung, der „Feinier", die englische Öffentlichkeit. Den Hintergrund für die Auseinandersetzung bildete die Tatsache, daß Iren nur Pächter der Ländereien werden konnten, das Recht auf Grundbesitz aber allein Engländern zukam. Der religiöse Gegensatz zwischen dem irischen Katholizismus und der englischen High Church verschaffte dem Konflikt zudem immer neue Nahrung. Die englischen Liberalen unter der Führung GLADSTONES versuchten 1885 mit der Gewährung der Home Rule, d.h. Autonomie, das Problem ein für allemal aus der Welt zu schaffen. Dabei stießen sie jedoch auf den energischen Widerstand der Konservativen unter Lord Salisbury und, wie sich zeigen sollte, auch der englischen Bevölkerung. Denn als die Home Rule im Unterhaus durchgefallen war, und in Neuwahlen 1886 über die Politik Gladstones befunden wurde, erlitten die Liberalen eine schwere Niederlage. Dieses Wahlergebnis bestätigte auch die Politik der innerparteilichen Opposition der Liberal Unionists unter CHAMBERLAIN, die es abgelehnt hatten, den Iren Konzessionen einzuräumen, dafür aber – ganz gegen einstige liberale Grundsätze – eine verstärkt imperialistische Politik mit den Mitteln des Staates propagierten. Auch zwischen 1892 und 1895, als die Liberalen noch einmal an

Notizen:

VERFAS-
SUNGSRE-
FORM VON 1911

IRISCHE UN-
ABHÄNGIG-
KEITSBEWE-
GUNG DER
„FENIER" SO-
ZIALER UND
RELIGIÖSER
GEGENSATZ
HOME RULE

WAHLNIEDER-
LAGE DER
LIBERALEN

die Macht kamen, konnte die Home Rule nicht durchgebracht werden, weil das Oberhaus die Vorlage blockierte.
Erst als die Liberalen 1906 im Parlament wieder das Sagen hatten, versuchte man auch wieder die irische Frage politisch zu lösen.
Sofort nach dem großen Erfolg des Parliament Act (s. S. 396) legte der liberale Premierminister ASQUITH im April 1911 die Government of Ireland Bill dem Unterhaus vor. Zusätzlich zu den Konservativen hatte sich inzwischen ein neuer Gegner der Vorlage formiert: die Bevölkerung des nördlichen Teils von Irland, des protestantischen Ulster. Unter der Führung von Sir Edward CARSON, der inzwischen eine regelrechte Privatarmee aufgestellt hatte, rüstete sie zum bewaffneten Kampf gegen die Home Rule.
Als im Frühjahr 1914 die Government of Ireland Bill endlich verabschiedet werden konnte, schienen die englischen Konservativen und das Militär geneigt, die Durchführung des Unterhausbeschlusses unter allen Umständen zu verhindern. Ein Bürgerkrieg schien unvermeidlich. Da erzwang der Ausbruch des Krieges, den Konflikt vorläufig unausgetragen zu lassen **(Vgl. auch Kap. 10).**

8.5 Die Politik der Sammlung

„Sammlung" heißt die spezifisch deutsche Antwort, wann immer die herrschenden Schichten sich bedroht fühlen. Auch Frankreich hatte um 1900 und wieder ab 1912 seine Kabinette der nationalen Sammlung, allerdings sammelten sich da Bürger, vor allem Großbürger, die „ihre" Republik verteidigten und zwar gegen Angriffe von links und rechts. In England war das Wechselspiel zwischen Regierungs- und Oppositionspartei seit langem ein so fester Bestandteil des politischen Lebens, daß es auch während der schwersten Krise vor dem Ersten Weltkrieg eine „große Koalition" undenkbar war. Dies alles heißt freilich nicht, daß es nicht einen gemeinsamen imperialistischen Konsensus gegeben hätte, an dem die Politik aller Industrienationen ausgerichtet war. Starke Unterschiede aber bestanden hinsichtlich des Modus und des Inhalts, den imperialistische Politik für die innere Integration einer Nation jeweils gewann.
Sammlung bedeutet die genaue Reproduktion der Machtverhältnisse des deutschen Reiches, das „agrarisch-industrielle Kondominat mit der Spitze gegen das Proletariat" (KEHR). Konkrete Formen nahm diese Koalition bereits in den frühen 70er Jahren an, um dann mit der Front der Schutzzöllner auch offiziell Eingang in die Politik zu finden.
Ermöglicht wurde diese Entwicklung durch Entscheidungen, die schon viel früher gefallen waren. Das Scheitern der bürgerlich-demokratischen Bewegung in der Revolution von 1848 hatte die Anpassung des Bürgertums an die herrschende Schicht des Adels zur Folge. Das Bürgertum zahlte den Preis seiner eigenen politischen Teilentmündigung, um sich den Fortbestand seines ökonomischen Systems garantieren zu lassen. Andererseits sicherte ihm das System wiederum ein so hohes Gewicht,

Notizen:

GOVERNMENT OF IRELAND BILL

GEFAHR DES BÜRGER-KRIEGES

SPEZIFISCH DEUTSCHE POLITIK IM UNTERSCHIED ZU ENGLAND UND FRANK-REICH

GESCHICHTE DER SAMM-LUNG

REPRODUK-TION DER MACHTVER-HÄLTNISSE DES DEUTSCHEN REICHES

daß seine Interessen nicht ungestraft vernachlässigt werden durften. Auf dieser Konstellation politischer Machtverhältnisse, die in dieser Eigenart nur in Deutschland zu finden ist, beruhte der Kompromiß zwischen Bürgertum und Adel, in Produktionszweigen gesprochen, zwischen Industrie und Handel und Landwirtschaft. Die Entwicklung zum organisierten Kapitalismus bedeutete eine weitere Stütze dieses Bündnisses. Das Bürgertum verzichtete dabei auf die alleinige Übernahme der politischen Macht, zuweilen, wie z. B. 1879, nahm es sogar mit der Zustimmung zu den Agrarzöllen wirtschaftliche Nachteile in Kauf, um die Koalition mit dem Adel zu erhalten, der seinerseits darauf verzichtete, seine Staatsstreichpläne durchzuführen.

Diese Charakterisierung gilt jedoch nur für den Fall, daß echte oder vermeintliche Bedrohung einen engeren Zusammenschluß der beiden „Partner" wünschenswert erscheinen ließ. Wie jedes Wirtschaftskartell, so zeigte auch das politische „Kartell von Rittergut und Hochofen" die Tendenz sich aufzulösen, wenn die Hauptgefahr vorüber schien. So wackelte das mit BISMARCKS tätiger Unterstützung gezimmerte Gebäude bedenklich, als in den frühen 90er Jahren die unterschiedliche Leistungsfähigkeit des industriellen und agrarischen Sektors eine entgegengesetzte Wirtschaftspolitik verlangte (s. S. 284 f.).

CAPRIVIS Option für den Industriestaat stellte der preußische Finanzminister und Vizekanzler Johannes v. MIQUEL die Vorstellung der Sammlung aller produktiven Stände entgegen. Seit 1894 bereits war diese Politik in Preußen betrieben worden, 1897 wurde sie auf das Reich ausgedehnt, als die deutsche Innenpolitik bereits auf eine ansehnliche Reihe spektakulärer Mißerfolge zurückblicken konnte (s. S. 400 ff.).

In einer Rede vom Juli 1897 in Solingen wies MIQUEL auf die „Ungunst der Zeiten" hin, die ein weiterhin fortdauerndes Zerwürfnis zwischen agrarischen und industriellen Interessen nicht mehr duldeten, wenn man sich nicht der Gefahr aussetzen wolle, daß die Arbeiterschaft aus diesem Streit als der „lachende Dritte" hervorgehe.

Als äußeres Zeichen des politischen Umschwungs wurden Umbesetzungen in einer Reihe wichtiger Regierungsämter vorgenommen: Der Staatssekretär des Äußeren, MARSCHALL V. BIEBERSTEIN, und der des Inneren, BOETTICHER, wurden durch den bisherigen Botschafter in Rom, Bernhard v. BÜLOW, bzw. den bisherigen Staatssekretär im Reichsschatzamt, Arthur v. POSADOWSKY-WEHNER, ersetzt. Zum Staatssekretär des neugeschaffenen Reichsmarineamtes wurde Alfred v. TIRPITZ ernannt. Diese personellen Veränderungen kamen faktisch einer Regierungsneubildung gleich. Denn obwohl der Reichskanzler HOHENLOHE mehrmals energisch dagegen protestierte, hatte er auf Außen-, Innen- und Flottenpolitik von nun an kaum nennenswerten Einfluß. HOHENLOHE zog die Konsequenzen und trat im Herbst 1900 zurück. Seinen Platz nahm nunmehr auch offiziell Bernhard von BÜLOW ein.

Der Kompromiß, auf den sich die beiden Parteien der Sammlung während der BÜLOW-Ära einigten, läßt sich auf die vereinfachte Formel

Notizen:

MIQUELS NEU-
AUFLAGE DER
SAMMLUNG

REGIERUNGS-
UMBILDUNG

RÜCKTRITT
HOHENLOHES
NACHFOLGER
BÜLOW

bringen: erhöhte Zollsätze (s. S. 284 f.) als Gegenleistung für den Flottenbau. Nach der kurzen Unterbrechung, die durch das Ausscheren des Zentrums 1905 verursacht war (s. S. 406 f.), harmonierten die Partner bis zum Zusammenbruch des BÜLOW-Blocks im Jahre 1909, als wiederum an einer finanziellen Frage die Einheit der Herrschenden zerbrach. Doch spätestens Anfang 1913 war die geschlossene Phalanx wiederhergestellt, jedoch nunmehr mit einem eindeutig defensiven Aspekt: Der gleichzeitig verstärkte innere und äußere Druck machte es unmöglich, die Kosten für die Wehrvorlage ein weiteres Mal nur den unteren Volksschichten aufzubürden (s. S. 392 und S. 424).
Die Sammlungspolitiker entdeckten nun keineswegs die Notwendigkeit sozialen Handelns innerhalb der einen Gemeinschaft der Nation. Das Fluidum der Nation und den Anspruch, einziger Wahrer und Verfechter der nationalen Interessen zu sein, hat die Sammlungsbewegung immer einseitig für sich vereinnahmt, die andere Seite dagegen als „vaterlandslose Gesellen" diffamiert. Diese Entwicklung beginnt mit der Verabschiedung der Sozialistengesetze und der gleichzeitigen Festigung des agrarisch-industriellen Blocks als eines Machtfaktors erster Ordnung. Die 90er Jahre kennen eine ganze Reihe unsozialer, eindeutig auf Emanzipationshemmung der Arbeiterschaft angelegter Gesetzesvorlagen. Im Jahre 1904 entstand der **Reichsverband gegen die Sozialdemokratie**, ein personell und ideologisch eng mit den Alldeutschen und dem Kolonialverein verbundenes Organisationszentrum zur Abwehr von Demokratisierung und Parlamentarisierung.
Eine bemerkenswerte Öffnung der Sammlung nach unten gab es jedenfalls kaum. Zwar setzten namhafte liberale und fortschrittlich-konservative Vertreter des „Sozialimperialismus" (vgl. S. 89) „der auf dem Boden der Sammlungspolitik vollzogenen Verbindung von reaktionärer Innen- und Sozialpolitik einerseits, Welt- und Flottenpolitik andererseits die Forderung nach einer Kombination von arbeiterfreundlicher Reformpolitik im Innern und Machtpolitik nach außen entgegen" (SCHRÖDER), bei der Regierungsseite aber stießen sie damit auf taube Ohren. Mochten derartige Gedankengänge, wie sie in Deutschland etwa Hans DELBRÜCK, der Flottenpropagandist Ernst v. HALLE, Max WEBER, Friedrich NAUMANN vertreten haben, in England, Frankreich und besonders den USA auch in der offiziellen Politik eine große Rolle spielen, im deutschen Reich blieben sie „Professorenideen", wie Bismarck gesagt haben würde.
Den weitesten Vorstoß in dieser Richtung wagte Friedrich NAUMANN. Er glaubte, die Arbeiterschaft in ihrem eigenen Interesse von der Notwendigkeit nationaler Machtpolitik überzeugen zu müssen. Das Kapital, so meinte er, sei beweglich; der Arbeiter dagegen auf Gedeih und Verderb an sein Vaterland gebunden, den Schwankungen der nationalen Wirtschaft ausgeliefert. Langfristig seien also die Ziele der Arbeiterschaft mit denen des nationalen Kapitalismus identisch. Sozialismus könne demzufolge nur ein „der vorhandenen Wirklichkeit angepaßter nationaler Sozialismus" sein.

ABWEHR VON DEMOKRATISIERUNG UND PARLAMENTARISIERUNG

Erläuterung 30: Reichsverband gegen die Sozialdemokratie

Gegründet am 9. 5. 1904. Von seinen Gegnern als „Reichslügenverband" apostrophiert. Imperialistische Organisation, die mit beträchtlichen Geldmitteln versehen, groß angelegte Kampagnen gegen die Arbeiterbewegung und jede fortschrittliche Regung in Deutschland inszenierte. 1906 zählte er schon über 100 000 Mitglieder.

SOZIAL IMPERIALISMUS

NAUMANNS VORSTOSS

NATIONALER SOZIALISMUS

Andererseits aber forderte Naumann auch die Besitzer der Produktionsmittel auf, einen größeren Anteil am Ertrag an die Lohnabhängigen abzutreten. Eine gerechtere Vermögensverteilung müsse erreicht werden, wenn die Aussicht bestehen solle, daß die SPD und mit ihr die Arbeiterschaft an den Staat herangeführt werde.
Friedrich NAUMANN hatte damit das Wesen der imperialen Expansion genau erfaßt (vgl. Imperialismustheorie). Auch in der Wirkung auf die Partei des Proletariats hatte er sich grundsätzlich nicht verkalkuliert. Die politischen Richtlinien aber, die mit seinen Einsichten gegeben waren, waren nur zutreffend für eine SPD, die das System selbst nicht mehr infrage stellte. Die revisionistische Richtung innerhalb der Partei verfügte jedoch noch über zu wenig Anhang, als daß sie eine derart grundsätzliche Richtungsänderung der Parteilinie hätte herbeiführen können. Aus diesem Grunde scheiterte auch der von NAUMANN 1896 gegründete „Nationalsoziale Verein“. Bei den Wahlen zum Reichstag errang er 1898 nicht ein Mandat, 1903 mußte er sich mit einem einzigen Abgeordnetensitz begnügen. Der Verein wurde daraufhin aufgelöst.
Auch von dieser Seite her ist also die soziale Basis der Sammlung nicht erweitert worden. Ein Eindringen von unten wurde sowohl durch die berechtigte und verständliche Zurückhaltung der bisher Ausgeschlossenen verhindert, wie auch durch den „Kastenhochmut und sozialen Herrendünkel“, den Friedrich MEINECKE den Herrschenden noch im Juli 1914 vorwerfen mußte. Die „heutige innere Politik der Konservativen“, schrieb er ein andermal, „läuft auf einen mit den Waffen des Polizeistaats geführten latenten Bürgerkrieg gegen die Sozialdemokraten hinaus“. Diesem Urteil wäre nur noch hinzuzufügen, daß es sich bei diesen Polizeistaatsmethoden um die systemgerechten Maßnahmen eines autoritären Besitzverteidigungsstaates handelt.
Zur Charakterisierung der inneren Situation des Wilhelminischen Reiches haben wir Probleme herangezogen, an denen alle Reichskanzler scheitern mußten. Nicht ohne Grund greift man bei ihrer Erörterung auf die Zeit und Politik Bismarcks zurück. BISMARCK, CAPRIVI, HOHENLOHE, BÜLOW und BETHMANN HOLLWEG beschäftigten strukturell nämlich die gleichen Probleme. Auch in der inneren Problematik gab es keinen grundsätzlichen Bruch mit dem Abgang BISMARCKS. BISMARCK hat die Probleme zu einem gewissen Teil gemeistert, – das gilt trotz aller Vorbehalte – und das unterscheidet ihn von seinen Nachfolgern. Aber er hat die Probleme nicht gelöst. Als unbewältigtes Erbe nahm sie die deutsche Gesellschaft mit in das 20. Jahrhundert herüber.

8.6 Die gesellschaftliche Struktur Österreich-Ungarns und Rußlands

Neben der ökonomischen Basis ihrer Herrschaft ruhte die Habsburger Monarchie vor allem auf drei Säulen:

Notizen:

GERECHTERE VERMÖGENS-VERTEILUNG

NATIONAL-SOZIALER VEREIN

STRUKTUR-VERWANDT-SCHAFT DER BISMARCK-SCHEN UND WILHELMINI-SCHEN EPOCHE

DREI SÄULEN DER HABSBURGER MONARCHIE

1. der dynastischen Idee der Habsburger
2. der katholischen Kirche als Kulturform, vertreten von den katholischen Deutschen und Westslawen
3. Heer und Beamtentum. Die deutsche Kommandosprache bildete das letzte sichtbare Zeichen der Staatsgemeinschaft, die spezifisch österreichische Bildung und Lebensart des Offizierskorps war letzter Träger der Reichsidee (vgl. SCHNITZLER, ROTH).

Im Vielvölkerstaat par excellence stellten natürlich die Autonomiebestrebungen der einzelnen Nationalitäten das politische Problem schlechthin dar. Seit der Aufspaltung des ursprünglich zentralistischen Kaiserstaates in einen Dualismus 1867 war die führende Rolle des deutschen Bevölkerungsteils in immer stärkerem Maße verlorengegangen. In Realunion bestanden nun zwei gleichberechtigte Staatswesen – Österreich und Ungarn – nebeneinander, in Personalunion waren die Monarchien verbunden. Unter gemeinsamer Leitung standen jedoch noch die Armee, die Außenpolitik, Zoll-, Währungs- und Finanzangelegenheiten.

Insgesamt gab es 8 Völker, die Anspruch auf nationale Autonomie erhoben:

Ungarn	10 100 000 = 20,2%
Tschechen und Slowaken	8 500 000 = 16,4%
Polen	5 000 000 = 10,0%
Ruthenen (Ukrainer)	4 000 000 = 7,9%
Südslawen (Serben, Kroaten)	5 200 000 = 10,3%
Rumänen	3 200 000 = 6,4%
Slowenen	1 300 000 = 2,6%
Italiener	1 000 000 = 2,0%
Deutsche	12 000 000 = 23,9%
Gesamt	50 300 000

Die schwierigen Probleme seines Reiches zu meistern, gelang dem Kaiser FRANZ JOSEPH, der 1848 als 18jähriger den Thron bestieg und 1916, 86jährig, starb, nicht im entferntesten, Politisch war FRANZ JOSEPH mehr durch Versäumnisse wirksam als durch Aktivität. Regierung bedeutete ihm ein lästiges Amt. Heinrich v. SRBIK hat die Beamtenmentalität des Kaisers allzu wohlwollend mit „Regentensachlichkeit“ umschrieben. Direkter, wenn auch etwas boshaft, äußerte sich Ministerpräsident v. KOERBER gegenüber dem Generalstabschef Conrad v. HOETZENDORF: „Der alte Kaiser hat 60 Jahre lang versucht, die Monarchie zugrunde zu richten und hat es nicht erreicht“.

Der Thronfolger FRANZ FERDINAND, der Neffe Franz Josephs, griff weit mehr als dieser in das politische Geschehen ein. Außenpolitisch vertrat er die Ansicht, daß man Italien aus dem Dreibund ausschließen müsse. Weit größere Aktivität nahm jedoch naturgemäß die innere Problematik der Monarchie in Anspruch. **(Forts. S. 446)**

Karte 5: Nationalitäten im Habsburger Reich um 1900
(Bitte umblättern!)

NATIONALITÄ-
TENPROBLEM

KAISER
FRANZ JOSEPH

REGENTEN-
SACH-
LICHKEIT

FRANZ
FERDINAND

Karte 5: Nationalitäten im Habsburger Reich um 1900

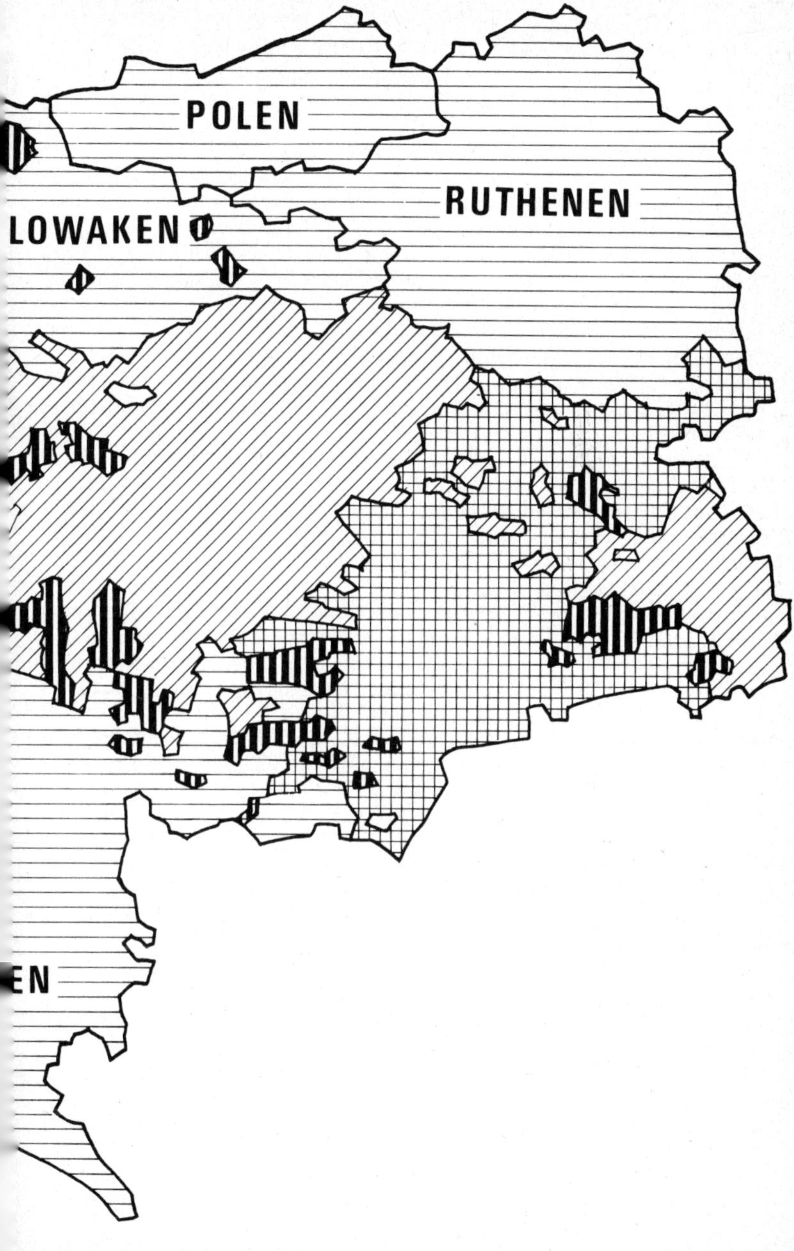
POLEN
RUTHENEN
LOWAKEN
EN

FRANZ FERDINAND übernahm 1901 das Protektorat über den katholischen Schulverband. Als universalistische Bewegung richtete sich dieser Verband gegen die Los-von-Rom-Bewegung Georg v. SCHÖNERERS, die den Anschluß Deutsch-Österreichs an das deutsche Reich propagierte.
Um weiterhin dem Übergewicht Ungarns, das sich seit den Tagen ANDRASSYS herausgebildet hatte, und der Großserbischen Idee ein entsprechendes Konzept entgegensetzen zu können, plante FRANZ FERDINAND, als dritte Macht ein südslawisches Reich zu bilden, das unter der Hegemonie der Kroaten und Slavonier stehen sollte. Deren Gegensatz zu Ungarn und den Großserbischen Plänen und die gemeinsame Verbundenheit im Katholizismus hatte diese Völker zu den zuverlässigsten Stützen der Monarchie werden lassen. Auf sie glaubte der Thronfolger bauen zu können. Zisleithanien (Österreich) und das Südslawische Reich in Abhängigkeit von Zisleithanien konnten vielleicht Transleithanien (Ungarn) wieder an eine zentralistischere Monarchie heranzwingen.
Gegen Franz Ferdinands Trialismuspläne sprach sich eine Denkschrift der österreichischen Militärkanzlei von 1910 aus. Sie schlug stattdessen eine föderalistische Monarchie vor, gleichzeitig aber eine straffe Zentralregierung. Den einzelnen Völkern gestand sie einerseits kulturelle Autonomie und Minderheitenschutz zu, andererseits sollte es nur eine Reichskanzlei, ein Parlament und ein Ministerium geben. Im übrigen schien man auch die kulturelle Autonomie nicht allzu weit ausdehnen zu wollen, denn als alleinige Staatssprache wurde Deutsch verordnet.
Die Absicht, die die Militärkanzlei mit derartigen Plänen verfolgte, erscheint klar. Ungarn mußte wieder enger an die Leine genommen werden. Unter Rückgriff auf den balkanischen Zollverein – einer Idee ANDRASSYS – sollte das Habsburger Reich zum Kristallisationspunkt einer balkanischen Föderation werden, einer Art Vereinigte Staaten von Österreich.
Selbstverständlich zeigten sich die Ungarn solchen Plänen gegenüber ganz und gar unaufgeschlossen. Mit Sicherheit hätten sie damit ihre gleichberechtigte Stellung eingebüßt. Die Monarchie aber war bereits zu schwach, als daß sie ernsthaft hätte daran denken können, ihre Vorstellungen mit mehr als mit der Kraft der Überzeugung durchzusetzen. Als das osmanische Reich zerfiel, verlor auch der Habsburger Vielvölkerstaat seine innere Kohärenz. Ein katholischer Vorposten Europas gegen den vordringenden Islam wurde nicht mehr benötigt. Einzig die Dynastie und die Gefolgschaft von Heer und Bürokratie hielten das anachronistische Gebilde im Südosten Europas noch notdürftig zusammen. Mit Recht hat man angesichts der inneren Schwierigkeiten der Habsburger Monarchie vor dem Ersten Weltkrieg davon sprechen können, daß Österreich-Ungarn Selbstmord beging aus Angst vor dem Tode (**vgl. auch Kap. 10.1.1.6**).
Betrachtet man die Sozialstruktur Rußlands im letzten Drittel des 19. und zu Beginn des 20. Jahrhunderts, so stößt man auf die grobkörnig-

Notizen:

KATHOLI-
SCHER SCHUL-
VERBAND

SÜDSLAWI-
SCHES REICH
ALS DRITTE
MACHT

DENKSCHRIFT
DER ÖSTER-
REICHISCHEN
MILITÄR-
KANZLEI

PLAN:
BALKANISCHE
FÖDERATION

EINSPRUCH
UNGARNS

SOZIAL-
STRUKTUR
RUSSLANDS

sten Reibungsflächen, die ein soziales Gebilde mit imperialistischen Ambitionen aufzuweisen hatte.
Über allem eine absolutistische Autokratie, die jegliche demokratische Entwicklung mit den Methoden schlimmsten Polizeiterrors im Keime erstickte; darunter eine breite Adelsschicht, die gerade wegen der Gefährdung ihrer ökonomischen Herrschaftsbasis an ihren Privilegien um so stärker festhielt und sich gegebenenfalls neue zu erschleichen suchte; in politischem Gegensatz zu ihr ein – gesellschaftsstrukturell bedingt – zahlenmäßig kleines und auch relativ einflußloses Groß- und Bildungsbürgertum, das Fortschritt durch Anschluß an das westliche Europa erwartete; darunter wiederum die traditionsgebundene Welt der Kleinbürger und Bauern, die in dieser Traditionsgebundenheit verharrten. Seit 1861 die russischen Bauern „befreit“ worden waren, entwikkelte sich ihre soziale Lage katastrophal. Im Grunde bedeutete diese Befreiung nichts anderes als die Freigabe zur Ausbeutung der Bauern. Dazu kamen die Probleme, die die Notwendigkeit einer schnellen Industrialisierung des Landes aufwarf. Die mitteleuropäische Industrialisierungswelle der zweiten Hälfte des 19. Jahrhunderts, das allgemein sich durchsetzende Streben nach nationalem Prestige und kolonialem Besitz, der allgemeine Rüstungswettlauf nötigten auch Rußland zum Ausbau seiner bisher sehr spärlichen industriellen Anlagen. Als zusätzlicher Anstoß wirkte sich auch der Unsicherheitsfaktor in der deutschen Rußlandpolitik aus, der neuerdings seit dem Abgang BISMARCKS und der Nichterneuerung des Rückversicherungsvertrages gegeben war. Mit französischen und belgischen Anleihen versuchte der russische Finanzminister WITTE, den Aufbau einer nationalen Schwer- und Rüstungsindustrie und des Eisenbahnnetzes (Transsibirische Eisenbahn!) in Gang zu bringen. Erfolge blieben dabei durchaus nicht aus, der Abstand zum westlichen Europa jedoch konnte nicht verringert werden. Dafür aber handelte man sich zusätzlich neue Probleme ein: eine kraß unterschiedliche Entwicklung in Stadt und Land und die Entstehung eines revolutionären Industrie- und Landproletariats.
Hätten diese Tatsachen allein schon genügt, um Rußland die innere Krise als Dauerzustand zu bescheren, so wurde die Situation noch verschärft durch die persönliche Unzulänglichkeit des Zaren NIKOLAUS II. (1894–1917), der keinen anderen Ausweg wußte, als orthodox-autokratisch zu regieren und jede Reform zu verhindern. Als radikale, in den Untergrund gedrängte und deshalb auf die Mittel des Untergrundes angewiesene Opposition hatten sich schon lange Nihilisten- und Anarchistengruppen gebildet. Die Narodniki versuchten dagegen, durch politische Aufklärungsarbeit auf dem Lande die Volkskraft gegen den Zarismus freizusetzen. 1898 wurde die russische marxistische „Sozialdemokratische Arbeiterpartei“ gegründet. Sie mußte ebenfalls in den Untergrund ausweichen und existierte als eine Art Geheimbund. Ihre namhaften Mitglieder wirkten ausnahmslos im Exil. Anläßlich einer Abstimmung auf einem Exilparteitag in London 1903 spaltete sich die Partei in Menschewiki, d. h. Minderheitler, die jedoch an sich über die größere

Notizen:

AUTOKRATI-
SCHES REGIME

PROBLEME
EINER
SCHNELLEN
INDUSTRIALI-
SIERUNG

ZAR
NIKOLAUS II.

OPPOSITION
IM
UNTERGRUND

SOZIALDEMO-
KRATISCHE
ARBEITER-
PARTEI

Anhängerschaft verfügten und die als „legale“ Marxisten die Entwicklung des Kapitalismus und des Proletariats abwarten wollten (PLECHANOW und TROTZKI) und Bolschewiki – Mehrheitler – unter LENIN, der die Diktatur des Proletariats mit einer Elitepartei an der Spitze auch für das noch agrarische Rußland forderte. Eine bürgerlich-demokratische Entwicklung versuchten die Kadeten, die Partei des fortschrittlichen Bürgertums, herbeizuführen. Als die russische Autokratie alle verfügbaren militärischen Kräfte an die Asienfront warf, um im Krieg gegen Japan (vgl. Seite 488) vielleicht doch noch eine verheerende Niederlage abzuwenden, brach sich im Innern der aufgestaute Unmut vehement Bahn. Das Signal zum Ausbruch der ersten russischen Revolution gab das Blutbad, das zaristische Truppen anrichteten, als sie am 22. Januar 1905 wahllos in eine Demonstration schossen, die dem Zaren eine Petition überbringen wollte. Das Bürgertum protestierte gegen den Petersburger „Blutsonntag“ und forderte eine konstitutionelle Verfassung. Die Bauern griffen zur Selbsthilfe, plünderten die Herrensitze und vernichteten die Schuldbücher. Die Arbeiter besannen sich auf die Möglichkeit von Massenstreiks und stellten erstmals Sowjets zusammen, Arbeitervertretungen, die nach den Prinzipien einer unmittelbaren Demokratie aus Vertretern der Arbeiterschaft der einzelnen Fabriken gebildet waren. Dem Petersburger Sowjet fiel dabei die Führung der revolutionären Bewegung zu.

Im Oktober-Manifest stellte der Zar eine Volksvertretung aufgrund allgemeiner Wahlen in Aussicht, die noch in jeder Revolution praktizierte Möglichkeit, die revolutionären Kräfte zu spalten. Als der Friede mit Japan geschlossen war, benützte der Zar, bzw. seine rechte Hand Graf WITTE die zurückkehrenden Truppen, um mit sog. Pazifierungsmaßnahmen, d. h. Strafexpeditionen und Feldgerichten, die rigoros Todesurteile fällten, Ruhe und Ordnung wiederherzustellen.

Die Rechte der parlamentarischen Körperschaft, der Duma, wurden so weit beschnitten, daß sie sich nicht einmal mehr zur Verschleierung der fortbestehenden Autokratie gebrauchen ließ. Das Wahlrecht sicherte, daß sie sich immer zur Zusammenarbeit mit der Regierung bereit fand: 230 Großgrundbesitzer oder 1000 Großbürger stellten ebenso einen Abgeordneten wie je 60 000 Bauern oder 125 000 Arbeiter.

Vergeblich versuchte in der Folgezeit Ministerpräsident STOLYPIN, in den Kulaken einen neuen bäuerlichen Mittelstand, der über ausreichenden Grundbesitz verfügte, herauszubilden. Auch die Arbeiterunruhen fanden naturgemäß kein Ende. Sie erreichten einen neuen Höhepunkt 1914, als die Polizei mit brutaler Gewalt einen Streik in den Goldfeldern von Sibirien niederschlug. Ein Krieg, der die permanenten Spannungen im Innern nach außen ableiten konnte, kam den Verantwortlichen sicher nicht ungelegen. (Zur innenpolitischen Situation in Rußland unmittelbar vor dem I. Weltkrieg vgl. S. 534 f.).

Notizen:

DIKTATUR
DES PROLETA-
RIATS

ERSTE
RUSSISCHE
REVOLUTION

SOWJETS

OKTOBER-
MANIFEST

AGRAR-
REFORM
STOLYPINS

Themen und Fragen zur eigenen Weiterarbeit:

1. Was bedeutet „Wilhelminismus"?
2. Kann man Wilhelminismus und Bonapartismus vergleichen?
3. Inwiefern kann man von der Steuerpolitik des deutschen Reiches auf seinen Klassencharakter schließen?
4. Versuchen Sie, ausgehend von seinem „Reichskomplex", die politische Linie des Zentrums von 1890–1914 zu charakterisieren.
5. Worin bestand die besondere Stellung Preußens innerhalb des Reichs und welche Probleme wurden durch diese Sonderstellung hervorgerufen?
6. Das preußische Abgeordnetenhaus und der Reichstag – versuchen Sie, ihren jeweiligen Einfluß auf die Politik der Reichskanzler (auch BISMARCKS) festzustellen!
7. Honoratioren- und Massenpartei – worin sehen Sie die entscheidenden Unterschiede dieser beiden Typen organisierter Interessenvertretung?
8. Geben Sie eine Darstellung der Kräfteverhältnisse im Reichstag und charakterisieren Sie Programme und tatsächliche politische Stellungnahmen der einzelnen Parteien, ihre Hauptvertreter und ihre Wählerschaft.
9. Die Rolle der Parteien innerhalb des wilhelminischen politischen Systems – Stellungnahmen der politischen Führungsspitze (Kaiser, Kanzler usw.) zum Parteienwesen.
10. Das „persönliche Regiment" Kaiser WILHELMS II. – Voraussetzungen und Auswirkungen anhand von Beispielen.
11. Versuchen Sie, am Beispiel der Zabern-Affäre die Schwäche des deutschen Reichstags aufzuzeigen! Vergleichen Sie demgegenüber die Haltung des Parlaments der Dritten Republik in der DREYFUS-Affäre!
12. Inwiefern und aus welchen Gründen nahm das Militär im deutschen Reich eine vergleichsweise überhöhte Stellung ein?
13. Verfolgen Sie die einzelnen Stationen der europäischen Aufrüstung und achten Sie dabei besonders auf die systemimmanenten Bedingungen der Aufrüstung!
14. Die Opposition gegen die Aufrüstung.
15. Charakterisieren Sie die preußisch-deutsche Polenpolitik – Maßnahmen und Intentionen.
16. Elsaß-Lothringen als verfassungs- und innenpolitisches Problem.
17. Vergleichen Sie den englisch-irischen Konflikt mit der deutschen Minderheitenpolitik! Stellen Sie Unterschiede und Gemeinsamkeiten in der Behandlung des Problems fest!
18. Sammlungspolitik als ein Ergebnis nationaler Fehlentwicklung – beschreiben Sie die geschichtlichen Grundlagen, Maßnahmen und Ziele, Organisation und Folgen dieser spezifisch deutschen Klasseninstitution!
19. Das Problem des konservativen, sozial und ökonomisch zurückgebliebenen Vielvölkerstaats – bringen Sie die bonapartistische Außenpolitik Österreich-Ungarns in Zusammenhang mit den inneren Schwierigkeiten der Habsburger Monarchie!
20. Welche Probleme ergaben sich aus der widersprüchlichen Sozialstruktur, der schnellen Industrialisierung und den imperialistischen Ambitionen Rußlands?

Notizen:

Literatur:

ALTHOLZ, Josef L.: Victorian England 1837–1901. London 1970 (Bibliographie mit 2500 Titeln)
BALFOUR, Michael: The Kaiser and his Times. London 1964 (auch deutsch)
BARTEL, W.: Die Linken in der deutschen Sozialdemokratie im Kampf gegen Militarismus und Krieg. Berlin 1958
BERTRAM, Jürgen: Die Wahlen zum Deutschen Reichstag vom Jahre 1912. Parteien und Verbände in der Innenpolitik des Wilhelminischen Reiches (= Beiträge zur Gesch. des Parl. u. der pol. Parteien, Bd. 28). Düsseldorf 1964
BOOMS, Hans: Die Deutsch-Konservative Partei. (= Beiträge z. Gesch. des Parlamentarismus und der pol. Parteien Bd. 3). Düsseldorf 1954
BORN, Karl Erich: Preußen und Deutschland im Kaiserreich (= Tübinger Universitätsreden 28). Tübingen 1967
DOMANN, Peter: Sozialdemokratie und Kaisertum unter Wilhelm II. Die Auseinandersetzung der Partei mit dem monarchistischen System, seinen gesellschafts- und verfassungspolitischen Voraussetzungen. (= Frankfurter historische Abhandlungen 3) Wiesbaden 1974
ELLIOT, John: Fall of eagles. The end of the great European dynasties. London 1974
ELM, Ludwig: Zwischen Fortschritt und Reaktion. Geschichte der Parteien der Liberalen Bourgeoisie in Deutschland. 1893–1918. Berlin 1968
EPSTEIN, Klaus: Matthias Erzberger und das Dilemma der deutschen Demokratie. Berlin/Frankfurt 1962
EYCK, Erich: Das persönliche Regiment Wilhelms II. Zürich 1948
FEHRENBACH, Elisabeth: Wandlungen des deutschen Kaisergedankens 1871–1918. München 1969
FRICKE, Dieter: Der Reichsverband gegen die Sozialdemokratie von seiner Gründung bis zu den Reichstagswahlen von 1907. In: Zs. f. Gesch. 7 (1959), H. 2
ders.: Der deutsche Imperialismus und die Reichstagswahlen von 1907. In: Zschr. f. Gesch. 9 (1961), H. 3, S. 538–76
GALOS, Adam/GENTZEN, Felix-Heinrich,JAKÓBCZYK, Witold: Die Hakatisten. Der Deutsche Ostmarkenverein (1894–1934). Ein Beitrag zur Geschichte der Ostpolitik des deutschen Imperialismus. Berlin 1966
GISEVIUS, Hans Bernd: Der Anfang vom Ende. Wie es mit Wilhelm II. begann. Zürich 1971
GOTTWALD, H.: Zentrum und Imperialismus. Diss. Jena 1965
HABERLAND, B.: Die Innenpolitik des Reiches unter der Kanzlerschaft Bethmann Hollwegs 1909–1914. Diss. (Masch.). Kiel 1950
HALLGARTEN, George Wolfgang Felix: Das Wettrüsten. Seine Geschichte bis zur Gegenwart. 1967
HANDBUCH zur deutschen Militärgeschichte 1648–1939. Hg. H. Meyer-Welkker u. W. v. Grote. 3. Lfg.: 1890–1918. Frankfurt 1969
HARTUNG, Fritz: Das persönliche Regiment Wilhelms II. in: Sitzungsberichte der deutschen Akademie zu Berlin, Berlin 1952
HAZLEHURST, C.: Asquith as Prime Minister 1908–1916. In: Engl. Hist. Rev. 85 (1970), S. 502–531
HERZFELD, Hans: Johannes von Miquel. 2 Bde. Detmold 1938/39
HÖHN, Reinhard: Sozialismus und Heer. Bd. 3. Bad Harzburg 1969
JEISMANN, Karl Ernst: Das Problem des Präventivkrieges im europäischen Staatensystem mit besonderem Blick auf die Bismarck-Zeit. Freiburg/München 1957

Notizen:

KEHR, Eckart: Der Primat der Innenpolitik. Gesammelte Aufsätze zur preußisch-deutschen Sozialgeschichte. Hg. Hans-Ulrich Wehler. Berlin 1965, 2. Aufl. 1970

KEHR, Eckart: Schlachtflottenbau und Parteipolitik. 1894–1901. Versuch eines Querschnitts durch die innenpolitischen, sozialen und ideologischen Voraussetzungen des deutschen Imperialismus. Berlin 1930. 2. Aufl. Vaduz 1966

KRAPP, Berthold: Zur Geschichte Rußlands und der UdSSR. (Literaturbericht). In: GWU 21, 4/247–260 u. 5/314–319

LANE, David: The Roots of Russian Communism. A Social and Historical Study of Russian Social-Democracy 1898–1907. Amsterdam 1970

MANN, Golo: Wilhelm II. Archiv der Weltgeschichte. München/Bern/Wien 1964

MELLOR, Allec: Histoire de l'anticléricalisme francais. Paris 1966

MOMMSEN, Wolfgang J.: Das Zeitalter des Imperialismus, Frankfurt 1969. (= Fischer Weltgesch. Bd. 28)

MORSEY, Rudolf: Die deutschen Katholiken und der Nationalstaat zwischen Kulturkampf und dem ersten Weltkrieg. In: Hist. Jahrb. 90 (1970), S. 31–64

NEUMANN, W.: Die Innenpolitik des Fürsten Bülow 1900–1906. Diss. (Masch.) Kiel 1949

NICHOLS, John A.: Germany After Bismarck. The Caprivi Era. 1890–94. Cambridge (Mass.) 1958

NIPPERDEY, Thomas: Die Organisation der deutschen Parteien vor 1918. Düsseldorf 1961

ders.: Interessenverbände und Parteien in Deutschland vor dem Ersten Weltkrieg. In: Pol. Vjschr. 2 (1961), S. 162–80

PALMER, Alan: The Kaiser. Warlord of the Second Reich. London 1978

PEZOLD, Dirk von: Cäsaromanie und Byzantinismus bei Wilhelm II. Köln 1971

POGGE VON STRANDMANN, H.: Nationale Verbände zwischen Weltpolitik und Kontinentalpolitik. In: Marine und Marinepolitik im kaiserlichen Deutschland, Düsseldorf 1972, S. 296–317

RAUH, Manfred: Die Parlamentarisierung des Deutschen Reiches. (= Beiträge zur Geschichte des Parlamentarismus und der politischen Parteien 60) Düsseldorf 1977

RIEGER, J.: Die Wilhelminische Presse im Überblick. 1888–1918. München 1957

RITTER, Gerhard: Der Schlieffenplan. Kritik eines Mythos. München 1956

RÖHL, John C. G.: Deutschland ohne Bismarck, Die Regierungskrise im Zweiten Kaiserreich. 1890–1900. Tübingen 1969

SAUL, Klaus: Staat, Industrie, Arbeiterbewegung im Kaiserreich. Zur Innen- und Sozialpolitik des Wilhelminischen Deutschland 1903–1914. (Studien zur modernen Geschichte 16) Düsseldorf 1974

SCHERER, Herbert: Bürgerlich-oppositionelle Literaten und sozialdemokratische Arbeiterbewegung nach 1890. Die „Friedrichshagener" und ihr Einfluß auf die sozialdemokratische Kulturpolitik. Stuttgart 1974

SCHIEDER, Theodor: Der Liberalismus und die Strukturwandlungen der modernen Gesellschaft vom 19. zum 20. Jh. In: Relazioni del X. Congresso Internazionale di Scienze Storiche. Bd. V. Florenz 1955, S. 143–72

SCHÜSSLER, Wilhelm: Die Daily Telegraph-Affäre. Fürst Bülow, Kaiser Wilhelm und die Krise des Zweiten Reiches 1908. Göttingen 1952

SEAMAN, L. C. B.: Post-Victorian Britain 1902–1951. London 1966

SHEEHAN, J. J.: Political Leadership in the German Reichstag. 1871–1918. In: American Hist. Rev. 74 (1968), S. 511–28

STEGMANN, Dirk: Die Erben Bismarcks, Parteien und Verbände in der Spätphase des Wilhelminischen Deutschlands. Sammlungspolitik 1897–1918. Köln/Berlin 1970

STENZL, Otto: Liberalismus in Deutschland. (Literaturbericht). In: NPL XIV (1969), S. 203–213

STÜRMER, Michael (Hg.): Das kaiserliche Deutschland. Düsseldorf 1970

ders.: Machtgefüge und Verbandsentwicklung im wilhelminischen Deutschland. (Literaturbericht). In: NPL XIV (1969), S. 490–507

THOMAS, Marcel: L'Affaire sans Dreyfus. Paris 1961

VAGTS, Alfred: A History of Militarism. New York 1937

VAREIN, Heinz Josef: Die politischen Parteien – Geschichte und Theorie. (Literaturbericht). In: NPL XV (1970), S. 141–55

VOGEL, Bernhard/NOHLEN, Dieter/SCHULTZE, Rainer-Olaf: Die Parlamentswahlen im Kaiserreich. In: Dies.: Wahlen in Deutschland. Berlin 1971, S. 95–136

WEGNER, K.: Theodor Barth und die Freisinnige Vereinigung. Studien zur Geschichte des Linksliberalismus im Wilhelminischen Deutschland. 1893–1910. 1968

WEHLER, Hans-Ulrich: Krisenherde des Kaiserreiches. Göttingen ²1979

ders.: Elsaß-Lothringen von 1870–1918. Das „Reichsland" als politisch-staatsrechtliches Problem des zweiten deutschen Kaiserreichs. In: Zeitschr. f. d. Gesch. des Oberrheins 109 (1961), S. 133–199

Vgl. auch die Ausgewählte Bibliographie zur Geschichte der Neuzeit von 1871 bis 1914, S. 635 ff.

9 WILHELMINISCHE AUSSENPOLITIK

9.1 Am Anfang einer neuen Bündniskonstellation

Grundsätzlich gab es nach 1890 drei Möglichkeiten, wie sich die europäischen Großmächte arrangieren konnten:

1. England und Deutschland
   Versuche: 1887 Oriententente, 1890 Helgoland-Sansibar-Vertrag
   1898–1901 deutsch-englische Bündnisbesprechungen
2. Europäischer Kontinentalblock gegen England
   Ansatz: deutsch-russischer Vertrag von Bjorkö 1905
3. England und Zweibund gegen die Mittelmächte
   Diese Bündniskonstellation ermöglichte schließlich den Ersten Weltkrieg: 1894 französisch-russische Verständigung, 1904 Entente cordiale, 1907 russisch-englischer Ausgleich

Dreimal versuchte die russische Diplomatie, von Deutschland eine Erneuerung des Rückversicherungsvertrages, der im Juni 1890 ablief, zu erreichen. Der russische Außenminister v. GIERS und sein Botschafter in Berlin Graf Paul SCHUWALOW schätzten den Wert dieses Abkommens hoch ein. Die deutsch-französische Spannung blieb aller Voraussicht nach auch in Zukunft erhalten, Rußland konnte also im Zweifelsfall immer auf Frankreichs Beistand rechnen, ohne sich aber selbst an Frankreich zu binden. Im englisch-russischen Konflikt war Deutschland infolge seiner Rivalität zu England der gegebene Partner und die österreichische Balkanpolitik ging am kurzen deutschen Zügel. So schien es jedenfalls.

An der Entlassung BISMARCKS zerschlug sich das Projekt. Sogar die Anweisung aus Petersburg an Botschafter SCHUWALOW, wenn nötig sogar das „ganz geheime Zusatzprotokoll“ (s. S. 260f.) fallen zu lassen, konnte die neuen Herren in Berlin nicht zu einer Abänderung ihrer einmal getroffenen Entscheidung bewegen. Eben soviel oder eben sowenig erreichte GIERS beim deutschen Botschafter in Petersburg, Lothar von SCHWEINITZ.

Das vordergründige Motiv der neuen deutschen Rußlandpolitik wurde vom Reichskanzler CAPRIVI angesprochen, als er BISMARCK gegenüber erklärte: „Ein Mann wie Sie kann mit fünf Bällen gleichzeitig spielen, während andere Leute gut tun, sich auf einen oder zwei Bälle zu beschränken.“ CAPRIVI wußte sehr wohl, daß die Wirklichkeit nun einmal aus fünf Bällen bestand. Die wirklichen Motive für den Kurswechsel liegen tiefer. Der eigentliche Leiter der deutschen Außenpolitik jener Zeit, die „Graue Eminenz“ Geheimrat Friedrich v. HOLSTEIN, hielt den weltpolitischen Gegensatz zwischen England und Rußland für unüberwindlich. Aus diesem Gegensatz glaubte er, für Deutschland Vorteile ziehen zu können, indem eine „kraftvolle“, von lästigen Bindungen befreite Außenpolitik auf den umstrittenen Feldern der Weltpo-

Vgl. auch Zeittafel 1896–1914, S. 273 ff.

BÜNDNISMÖGLICHKEITEN DER EUROPÄISCHEN GROSSMÄCHTE

VERSUCHE ZUR ERNEUERUNG DES RÜCKVERSICHERUNGSVERTRAGES

MOTIVE DER NEUEN DEUTSCHEN RUSSLANDPOLITIK

DIE „GRAUE EMINENZ“: FRIEDRICH VON HOLSTEIN

litik vorstieß, um sich einen angemessenen Anteil zu sichern. Genau an diesem Punkt aber ging die Rechnung HOLSTEINS nicht auf. Denn der englisch-russische Gegensatz war tatsächlich unüberwindlich, aber nur solange, als Deutschland weltpolitisch enthaltsam blieb und nicht als Gegner der beiden Konkurrenten auftrat.
HOLSTEIN wollte nicht mit fünf Bällen spielen, sondern fünf Bälle gegeneinander ausspielen. Diese Ansicht wird endgültig erhärtet durch die Tatsache, daß HOLSTEIN das englische Angebot um die Jahrhundertwende, in das Stadium aktiver Zusammenarbeit einzutreten, ausschlug, um seine „Politik der freien Hand" nicht zu belasten.
Zunächst jedoch schien es, als sollte sich doch eine deutsch-englische Koalition anbahnen. Am 1. Juli 1890 nämlich schlossen die beiden Mächte den Helgoland-Sansibar-Vertrag ab, der übrigens noch unter BISMARCK vorbereitet wurde. Das Reich verzichtete auf eine weitere Ausdehnung in Ostafrika, trat Sansibar und Uganda ab und erhielt dafür im Tausch Helgoland und den sog. Caprivizipfel in Südwestafrika. Tatsächlich bedeuteten die neugewonnenen Gebiete, wie die sich formierenden **Alldeutschen** polterten, ein „Butterbrot" gegen die abgetretenen und der Stern CAPRIVIS begann bereits zu diesem Zeitpunkt zu sinken. Einer anderen und sicherlich sehr viel schlimmeren Folge des Vertrages schenkten die Zeitgenossen aber überhaupt keine Beachtung: So kurz nach der Nichterneuerung des Rückversicherungsvertrages abgeschlossen, mußten die Russen nun tatsächlich glauben, Deutschland habe sich endgültig auf die englische Seite geschlagen, auf der ja auch durch die Mittelmeerentente das ebenfalls am Balkan interessierte Österreich und Italien standen. Der Dreibund und die Mittelmeerentente wurden 1891 verlängert, Rußland mußte sich nach neuen Verbündeten umsehen.
Als Partner kam bei dieser Konstellation allein Frankreich in Frage. Die von BISMARCK stets befürchtete, aber glücklich verhinderte Annäherung der russischen Autokratie und der französischen Republik trat ein. Nach gegenseitigen Flottenbesuchen unterzeichneten die beiden Generalstabschefs 1892 eine Militärkonvention. Wiederum lehnte Deutschland 1893 die Emission russischer Anleihen ab, während Frankreich wie schon 1887/88 die sog. Revancheanleihen gewährte. Vor dem Reichstag begründete CAPRIVI seine Militärvorlage 1892/93 mit der Gefahr eines Zweifrontenkrieges. 1894 ratifizierten der Zar ALEXANDER III. und der französische Ministerpräsident endgültig die geheime Militärkonvention, die weder dem französischen Kabinett noch dem Parlament vorgelegt wurde. Rußland und Frankreich sicherten sich militärische Unterstützung zu für den Fall eines deutschen Angriffs auf eine der beiden Mächte. Damit war das Sicherheitsbedürfnis Frankreichs befriedigt. Rußland dagegen legte Wert auf die zweite Klausel des Vertrags, daß, wenn auch nur eine Dreibundmacht mobilisieren sollte, die beiden Partner ebenfalls die Mobilmachung anordnen wollten. Diese Abmachung zielte gegen einen etwaigen österreichischen Angriff. Aber auch

(Forts. S. 466)

ENGLISCH-RUSSISCHER GEGENSATZ

HELGOLAND-SANSIBAR-VERTRAG

FOLGEN DES VERTRAGES

RUSSISCH-FRANZÖSISCHE ANNÄHERUNG

MILITÄR-KONVENTION

Erläuterung 31: Der Alldeutsche Verband 1891–1939

I. Aufbau und Organisation

Anlaß zur Gründung des „Allgemeinen deutschen Verbandes“ (seit 1894 „Alldeutscher Verband“) war der Protest gegen den 1890 zwischen Deutschland und England geschlossenen Helgoland-Sansibar-Vertrag. Unter der Mitwirkung von Carl PETERS (Vorsitzender des „Allgemeinen deutschen Verbandes zur Förderung überseeischer und nationaler Interessen“) und Alfred HUGENBERG (späterer Parteiführer der DNVP und Vorsitzender des KRUPP-Direktoriums) fand am 9. 4. 1891 die konstituierende Sitzung des neuen Verbandes statt.

1. Seine wichtigsten Verbandsorgane waren: „Mitteilungen des allg dt. Verbandes“ (1891–93); „Alldeutsche Blätter“ (1894–1939); „Flugschriften des Alld. Verbandes“

2. Vorsitzende: 1891–1893: Karl v. d. HEYDT
1893–1908: Prof. Ernst HASSE
1908–1939: Heinrich CLASS

An der Spitze des streng hierarchisch aufgebauten Verbandes stand ein mit diktatorischen Vollmachten ausgestatteter Verbandsvorsitzender – (der Posten war auf eine starke Führerpersönlichkeit zugeschnitten.). Gemäß der Satzung vom Jahre 1935, die lediglich eine bereits existierende Machtposition kodifizierte, entschied der Vorsitzende allein über den Aufbau des Verbandes, über seine Gliederung betreffende Fragen, ebenso über die Verwendung seiner Mittel. Er besaß weiterhin das Recht die Satzungen selbständig abzuändern. Seine Berater konnte er frei ernennen. Darüber hinaus hatte der Vorsitzende maßgeblichen Einfluß auf die Ideologie des Verbandes, wie man besonders am Beispiel von HASSE und CLASS erkennen kann. Ihre Schriften hatten für den Verband programmatischen Charakter.

3. Mitglieder: 1890–1892: ca. 20 000
1918 : ca. 35 000
1922 : ca. 40 000

Nach 1922 setzte ein stetiger Abfall der Mitgliedszahlen bis auf 8000 ein. Dennoch blieb dem Verband große Popularität erhalten,

(Forts. S. 462)

(Forts. Erläuterung 31:)

a) weil sich nach dem Stand von 1901 ca. 100 korporative Vereinigungen mit ca. 130 000 Mitgliedern dem Verband lose anschlossen. In diesen dem Verband angeschlossenen oder von ihm geförderten Vereinigungen saßen z. T. hohe alldeutsche Spitzenfunktionäre: General Keim im Flotten- und Wehrverein; General v. LIEBERT im Reichsverband gegen die Sozialdemokratie, Hans KNIRSCH in der Böhmischen Arbeiterpartei, der Keimzelle der späteren NSDAP; General v. Gebsattel im „Deutsch-Völkischen Schutz- und Trutzbund", Alfred HUGENBERG und Paul BANG in der Parteiführung der DNVP; sowie Hugenberg noch im KRUPP-Direktorium. Weitere Organisationen, die der AV unterstützte, waren: BdL, Centralverband der deutschen Industriellen, Mittelstandsvereinigung, sowie der deutschnationale Handlungsgehilfenverein;

b) weil sich unter den Mitgliedern ein auffallend hoher Prozentsatz von Lehrern und Hochschulprofessoren befand, die die alldeutschen Ideologie in Schulen und Universitäten verbreiteten.

4. Soziologische Struktur

Auffallend an der Soziostruktur des Verbandes und seiner Mitglieder war der enorm hohe Anteil an gebildetem und besitzendem Mittelstand, vor allem Akademikern, und der entsprechend niedrige Prozentsatz an Arbeitern. Daneben saßen 3 Generäle und 2 Admiräle im Führungsgremium des Verbandes, ein Indiz für die stark militärische Prägung des AV.

II. Ideologie

Der AV war eine zahlenmäßig nicht sehr starke, sich als „überparteilich" verstehende Organisation radikaler und rassistischer Nationalisten mit imperialistischer Zielsetzung. Die „völkische" Politik des Verbandes bedeutete vor allem Kampf gegen die nationalen Minderheiten in Deutschland, besonders gegen Polen und Juden, sowie gegen alle demokratischen Kräfte, weil diese „völkisch" entfremdet waren.

Ideologisch hat er den totalen Staat HITLERS konzipiert, und es bedurfte nur noch des von ihm geforderten Diktators, um seine Ideen konsequent in die Tat umzusetzen. Hitler bestätigte in „Mein Kampf", daß er entscheidende Impulse von den Alldeutschen österreichischer Prägung erhalten hat, und von Heinrich CLASS wird berichtet, daß er Hitler mehrere Male getroffen und dieser ihm versichert habe, daß CLASS' Bücher für ihn programmatischen Charakter gehabt hätten. In einem wesentlichen Punkt allerdings unterscheiden sich die Alldeutschen von HITLER: Hitler haßte die Intellektuellen und Akademiker, also gerade die Schicht, die Träger der alldeutschen Ideen waren. Seinem Begriff vom „Mann im Volke" stand der alldeutsche vom „Mann mit Besitz und Bildung“ antipodisch gegenüber.

III. Politische Forderungen

1. Weltmachtstellung und Flotte
Zielgruppe der Alldeutschen waren die deutschen Minderheiten im Ausland, die Stützpunkte des deutschen Imperialismus werden sollten. Die außenpolitischen Forderungen des AV nach Kolonien, die die Weltmachtstellung Deutschlands begründen sollten, waren gekennzeichnet durch die ständige Angst, daß Deutschland nach dem Sturz Bismarcks zu einem Staat mittelmäßiger Bedeutung herabsinken würde, ohne als gewesene Großmacht noch Einfluß auf die politische Konstellation in Europa zu haben. Vorbild in jeder Hinsicht war England mit seinem riesigen Kolonialreich. Anlaß zu dieser Angst gab eben der Helgoland-Sansibar-Vertrag, bei dem nach Meinung von C. PETERS die „Badewanne“ Helgoland gegen 3 Königreiche getauscht worden wäre. Der AV war eine der ersten Organisationen in Deutschland, die eine lautstarke Flottenpropaganda initiierte und eine Geldsammlung zur Beschaffung von Überseekreuzern veranstaltete. (1896!) Vor TIRPITZ hatte er bereits die Idee der Risikoflotte antizipiert. Durch den Einfluß des alldeutschen Generals KEIM im Flottenverein kann man bis 1900 von einer gemeinsamen Politik des AV und des Reichsmarineamtes sprechen. Erst nach diesem Zeitpunkt überstiegen die alldeutschen Forderungen nach einer starken Flotte, die politische Druckmittel in der deutschen Bündnispolitik werden sollte, diejenigen des Reichsmarineamtes.
Durch die Unnachgiebigkeit der Alldeutschen in der Flottenfrage mußte sich ein unüberbrückbarer Antagonismus der Alldeutschen gegenüber England ergeben, ihre Anglophobie war so stark, daß sie sich nachweislich auf die Politik der englischen Regierung gegenüber Deutschland ausgewirkt hat (siehe Memorandum von Sir Eyre CROW aus dem Jahre 1907).

2. Mitteleuropapläne
Die imperialistischen Ziele der Alldeutschen lagen nicht nur in Übersee, sondern vor allem in Mitteleuropa, wie die Kriegszieldenkschrift von CLASS aus dem Jahre 1914 beweist. Die schweizerischen, belgischen und niederländischen Gebiete mit deutschstämmiger Bevölkerung sollten unter reichsdeutscher Führung zusammengefaßt werden. Weiterhin sollte „Ellbogenfreiheit“ gegenüber den „minderwertigen“ kleinen Staaten im Osten und Südosten „ausbedungen werden“. Weitere Ausdehnungsmöglichkeiten sahen die Alldeutschen in Skandinavien, im Donaugebiet bis nach Kleinasien und dem persischen Golf. Die Grenze gegen Frankreich sollte ein für allemal gesichert werden,

(Forts. S. 464)

(Forts. Erläuterung 31:)
indem man einen breiten Streifen von Franzosen reinigen und das Gebiet mit deutschen Bauern und Kriegsveteranen besiedeln wollte. Rußland sollte in die Grenzen Peters des Großen verwiesen werden, und England ein für allemal militärisch so geschwächt werden, daß es nie wieder eine Gefahr für die deutsche Flotte werden konnte.
Scheinen auch diese Kriegsziele enorm hoch gesteckt und völlig unrealisierbar, so hatte die Denkschrift von Claß doch einen entscheidenden Effekt: durch ihr Verbot durch BETHMANN HOLLWEG und den darauf folgenden lautstarken Protest durch die Alldeutschen wurde sie erst richtig populär und fachte die Kriegszieldiskussion an.

IV. Einschätzung des AV

Die Wirkung des AV lag nicht so sehr in einer konkreten Einflußnahme auf die deutsche Politik der wilhelminischen Ära, dazu war er zu klein, als vielmehr in einer unterschwellig psychologischen. Er hat durch seine lautstarke und radikale Propaganda in den „Alldeutschen Blättern“ immer wieder die Aufmerksamkeit der öffentlichen Meinung wie die der Regierung auf sich ziehen können. Zwar konnte ihm kein konkreter Einfluß auf die amtliche Politik nachgewiesen werden, denn alle Kanzler der wilhelminischen Zeit haben ihn mehr oder minder wegen seiner radikalen Forderungen abgelehnt. Er hatte aber durch Leute wie HUGENBERG, KIRDORF, KEIM, GRUMME-DOUGLAS usw. Verbindungen zu den konservativen Parteien, zur Schwerindustrie, den Deutschnationalen, zum Reichsmarineamt und sogar zur kaiserlichen Familie. Durch seine radikale und lautstarke Propaganda hatte er die Aufmerksamkeit vieler Bevölkerungskreise und vor allem der ausländischen Presse auf sich ziehen können, und damit nachweislich das politische Klima, wenigstens zwischen England und Deutschland, verschlechtert. Die ausländische Presse wie auch das Foreign Office haben den direkten Einfluß des AV auf die amtliche deutsche Politik wohl überschätzt, mit Recht aber die Übereinstimmung gewisser alldeutscher Forderungen mit denjenigen der amtlichen deutschen Politik dieser Zeit bemerkt, so etwa bei der Tirpitzschen Risikoflotte, der Bundesratsaffäre, der sog. Granitbeißerrede Bülows, oder dem Panthersprung von Agadir.

Quellen

Sehr ergiebige Quellen sind die „Mitteilungen des Allgemeinen Deutschen Verbandes“, die „Alldeutschen Blätter“ und die „Flugschriften des Alldeutschen Verbandes.“ Für die Ideologie haben vor allem die Schriften von Heinrich CLASS besondere Bedeutung:

20 JAHRE alldeutsche Arbeit und Kämpfe, Leipzig 1910
HANDBUCH des Alldeutschen Verbandes, München 1897 ff.
CLASS, Heinrich, Denkschrift betreffend die nationalwirtschafts- und sozialpolitischen Ziele des deutschen Volkes im gegenwärtigen Kriege, Mainz 1914
ders., Wider den Strom, Leipzig 1932
ders., (unter Pseudonym „Fryman"), Wenn ich der Kaiser wär', 5. Aufl., Leipzig 1914
HASSE, Ernst, Deutsche Politik, München 1905–1908

Literatur:

KRUCK, Alfred, Geschichte des Alldeutschen Verbandes 1890–1939, Wiesbaden 1954, (= Veröffentl. d. Inst. f. Europ. Gesch., Mainz, Bd. 3).
Unter den Darstellungen ist besonders dieses Werk hervorzuheben. Es ist die einzige Darstellung, die vor allem die Rolle des AV nach dem 1. Weltkrieg ausführlich analysiert. Sie bietet noch unveröffentlichtes Quellenmaterial, und die wohl beste Einschätzung des AV. Sie zeichnet sich durch gut gegliederte Quellen- und Literaturangaben aus.
KUCZYNSKI, Jürgen, Studien z. Gesch. d. dt. Imperialismus, Bd. II, Propagandaorganisationen d. Monopolkapitals, Berlin 1950.
Die grundlegende marxistisch-leninistische Analyse des AV.
WERNER, I., Der Alldeutsche Verband 1890–1918, Ein Beitrag z. Gesch. d. öff. Meinung in Deutschl. vor u. während des Weltkrieges, in: Histor. Studien, Heft 278, Berlin 1935.
Behandelt nur einen Teil der gesamten Geschichte des AV. Seine Dissertation bringt wenig neue Tatsachen, ist lediglich als Ergänzung zu Kruck zu benutzen und dabei mit äußerster Vorsicht zu genießen, weil sie von einem stark nationalistischen Standpunkt her versucht, die Verbandpolitik zu rechtfertigen. Ihr Stil ist zuweilen unerträglich pathetisch.
WERTHEIMER, MILDRED, S., The Pan-German-League 1890–1914, in: Studies in History, Economics and Public Law, No. 251, New York 1924.
Wertheimers Arbeit ist insofern sehr nützlich, weil die Studie gutes Material an statistischen Unterlagen über Zusammensetzung der Mitgliederschaft und Leitungen, Finanzen und die Verbindungen des AV zu anderen nationalistischen Organisationen bietet.
DIE BÜRGERLICHEN Parteien Deutschlands 1830–1945, Die Geschichte der bürgerlichen Parteien und anderer bürgerlichen Interessenorganisationen vom Vormärz bis zum Jahre 1945, Hrsg. D. FRICKE, Bd. 1.2. Leipzig 1968 ff.
Das Handbuch vertritt wiederum den marxistisch-leninisti-

(Forts. S. 467)

England wurde durch die Konvention unmittelbar betroffen. Seine Stellung im mittleren Osten bedrohte Rußland, die im Mittelmeer Frankreich und beide waren jetzt Partner geworden.
Zwei abschließende Gesichtspunkte seien zu diesem Kapitel noch erwähnt. In Europa waren zwei Gruppierungen entstanden, die sich kräftemäßig ungefähr die Waage hielten. Jede von ihnen konnte jedoch entscheidendes Übergewicht bekommen, wenn es ihr gelang, England auf ihre Seite zu ziehen. Die deutsche Politik der freien Hand machte jedoch eine Annäherung Englands an die Mittelmächte unmöglich. Als einziger verbleibender relevanter Bündnispartner Deutschlands erhöhte sich das Gewicht Österreich-Ungarns stetig. Mit dem Ausscheiden Rußlands aus der Koalition entfiel die Bremswirkung auf die österreichische Balkanpolitik, die BISMARCK noch geltend machen konnte, indem er bei Konflikten nur dem offenkundig Bedrohten und Angegriffenen beizuspringen bereit war.

9.2 Deutschland zwischen Rußland und England

9.2.1 Das Verhältnis Deutschland-Rußland

NIKOLAUS II., Zar seit 1894, hatte eine Hessen-Darmstädtische Prinzessin geheiratet, der es gelang, auf die russische Politik großen Einfluß zu nehmen. Überdies verband den Zaren ein persönliches Vertrauensverhältnis mit seinem Onkel Wilhelm II., das dieser nicht ohne Erfolg politisch auszunutzen verstand. Auf dieser Basis kam 1905 der Vertrag von Bjorkö zustande (s. S. 498f.). Wichtiger als diese persönlichen Momente wurde die Wendung der russischen Politik nach Ostasien. Das Vordringen Japans auf dem ostasiatischen Kontinent band dort die russischen Kräfte. Österreich-Ungarn und das deutsche Reich spürten die Entspannung im Orient und auf dem Balkan und versuchten, in dieses Machtvakuum hineinzustoßen. In jeder Weise begünstigten daher Deutschlands verantwortliche Politiker das Ostasienengagement Rußlands, das vor allem die Mandschurei und den eisfreien Hafen Port Arthur im Auge hatte. Als nach dem japanisch-chinesischen Krieg die Japaner den Vorfrieden von Schimonoseki (1895) diktierten, ergab sich eine günstige Gelegenheit einzugreifen. Deutschland erhob zusammen mit Rußland und Frankreich Einspruch gegen die japanischen Annexionen, und zwar in so scharfer Form, daß japanische Diplomaten eine deutsche Kriegsdrohung heraushören konnten. Vor diesem massiven Einspruch wichen die Japaner zurück. Rußland durfte sich weiterhin an der Aufteilung Chinas beteiligen.
Andererseits nahm das Reich die Ermordung zweier Missionare zum Vorwand, 1897 Kiautschou zu besetzen (s. S. 492). Dieser sichtbare Anspruch deutscher Weltpolitik auch im russischen Einflußgebiet verhinderte die Erneuerung früherer Abkommen.

(Forts. Erläuterung 31:)
schen Standpunkt und ist eine gute Ergänzung zu Wertheimer, weil auch hier besonders auf die Soziostruktur des Verbandes und seiner Mitglieder eingegangen wird. Es ergänzt die Aussagen Wertheimers über die Einnahmen und Ausgaben des AV wie auch über die zahlreichen Verbindungen des AV zu anderen Organisationen und kapitalistischen Kreisen. Es bietet eine knappe und gute Zusammenfassung der Geschichte des Verbandes bis zu seinem Verbot im Jahre 1939, neben KRUCK und KUCZYNSKIS also die einzige Gesamtdarstellung der Geschichte des AV.
STEGMANN, Dirk, Die Erben BISMARCKS, Parteien und Verbände in der Spätphase des wilhelminischen Deutschlands, Sammlungspolitik 1897–1918. Köln usw. 1970.
Neueste und wichtige Arbeit.

ZWEI GRUPPIERUNGEN IN EUROPA

ÖSTERREICH MEHR BEDEUTUNG IM DREIBUND

VERTRAUENSVERHÄLTNIS ZAR – KAISER

WENDUNG DER RUSSISCHEN POLITIK NACH OSTASIEN

VORFRIEDE VON SCHIMONOSEKI DEUTSCHER EINSPRUCH

BESETZUNG KIAUTSCHOUS

9.2.2 Das Verhältnis Deutschland-England

Nach dem kurzen Zwischenspiel nach BISMARCKS Abgang, wo es schien, als sollte die anglophile Richtung in der deutschen Politik die Oberhand gewinnen, setzte sich bald die antienglische Haltung wieder durch. Das paßte genau in HOLSTEINS Konzept der bindungsfreien Weltpolitik. Er wußte dabei den Kaiser auf seiner Seite, der aus persönlichen und Prestigegründen eine Annäherung an England nicht wünschte. Die deutsche Politik ging davon aus, daß Deutschlands Unabhängigkeitsstreben, sein Bedürfnis, der größten imperialistischen Macht ebenbürtig zu sein, nicht befriedigt werden könne, solange das englische Handelsimperium einer Expansion der deutschen Wirtschaft im Ausland entgegenstehe. Gelehrte bemühten sich, der Öffentlichkeit die „wahre" Geschichte des britischen Imperialismus nahezubringen (vgl. Anglophobie, S. 230f.).

Die gespannte Situation, die sich mittlerweilen im deutsch-englischen Verhältnis eingestellt hatte, enthüllt recht deutlich die Affäre, die durch die sog. Krügerdepesche ausgelöst wurde. In der Auseinandersetzung der Buren und Engländer hatte sich die deutsche Regierung und öffentliche Meinung eindeutig auf die Seite der unabhängigen Burenrepublik geschlagen. Die Aufsaugungspolitik Cecil RHODES' stieß dagegen auf heftigste Ablehnung. Durch den Besitz von Deutsch-Südwestafrika nämlich hatte das Reich ein unmittelbares Nachbarschaftsinteresse an der Erhaltung des Status quo, denn diese deutsche Kolonie war gegenüber einem geeinten, zur Expansion geneigten Südafrika kaum zu halten.

Seit 1886 die Goldfelder um Johannesburg entdeckt worden waren, stießen dort die Kapitalinteressen der Engländer, Deutschen und Buren aufeinander. Die von den Buren mit Unterstützung deutschen Kapitals gebaute Bahn nach dem portugiesischen Hafen Laurenco Marques wurde im Juli 1895 eingeweiht, wobei der Präsident von Transvaal, Paul KRÜGER, und der deutsche Kaiser Telegramme austauschten. Als 1896 eine mit Geld von Cecil RHODES zusammengestellte Freischärlertruppe unter der Führung von Dr. JAMESON einen Angriff auf Transvaal unternahm (Jameson Raid), beabsichtigte WILHELM, deutsche Marinetruppen in Südafrika landen zu lassen und das halbsouveräne Transvaal unter deutsches Protektorat zu nehmen. Jedoch gelang es den deutschen Regierungsspitzen, dem Kaiser eine derartige, einen Krieg mit England provozierende Aktion auszureden. Stattdessen schickte WILHELM ein Glückwunschtelegramm an Krüger (Krüger-Depesche), für dessen Text der Kaiser, der Reichskanzler HOHENLOHE und der Staatssekretär des Äußeren, Marschall von BIEBERSTEIN, gleichermaßen verantwortlich sind. Der Kaiser beglückwünschte KRÜGER zur Behauptung der Unabhängigkeit Transvaals, das zu diesem Zweck nicht einmal „an die Hilfe befreundeter Mächte" appelliert habe. Diese Formulierung bedeutete einen ganz klaren Affront gegen England. Das englische Mißtrauen, das befürchtete, daß Deutschland nur darauf warte, gerufen zu werden, um dann militärisch

Notizen:

ANTI-
ENGLISCHE
HALTUNG

ABLEHNUNG
DER AUFSAU-
GUNGSPOLI-
TIK CECIL
RHODES'

GOLDFELDER
UM JOHAN-
NESBURG

JAMESON
RAID

GLÜCK-
WUNSCHTELE-
GRAMM
WILHELMS
(„KRÜGER-
DEPESCHE“)

einzugreifen, konnte nie mehr ganz ausgeräumt werden.
Mit der Initiierung eines eigenen, großangelegten deutschen Flottenbauprogramms wurde den mannigfachen Reibungsflächen im deutsch-englischen Verhältnis eine weitere hinzugefügt. „Unsere Zukunft liegt auf dem Wasser“ ließ sich WILHELM vernehmen, oder auch: „Reichsgewalt bedeutet Seegewalt“ und aus Seeherrschaft sollte Weltherrschaft werden.
Seit Juni 1897 leitete Admiral TIRPITZ das neugeschaffene Reichsmarineamt. Er, der Kaiser und der „Begründer“ der deutschen Weltpolitik, BÜLOW, müssen als die Apologeten der deutschen Flottenpolitik angesehen werden. Hinter ihnen standen freilich große Gruppen der Schwerindustrie und des Handels, die vom Flottenbau die Linderung der schmerzlichen Probleme des modernen Industriestaates erhofften, sowie das Bildungsbürgertum, das in der Flottenpolitik den Schritt sah, der endlich zur Weltpolitik führen sollte, ohne den die Gründung des deutschen Reiches eine Jugendtorheit bleiben müsse, beide organisiert in pressure groups, wie z. B. dem Alldeutschen Verband oder dem **Flottenverein,** einer Schöpfung des Reichsmarineamtes. Gegner des Flottenbauprogramms waren zunächst die altpreußischer Konservativen, die sich aber schnell von der Notwendigkeit maritimer Aufrüstung überzeugen ließen, als sie dafür höhere Zölle zugestanden bekamen. In der Opposition standen auch die SPD, die jede Aufrüstung ablehnte und an die Kosten dachte und schließlich Militärkreise, die eine Benachteiligung des Heeres befürchteten.
Mit der Annahme des 1. Flottengesetzes durch den Reichstag 1898 war die Alternative zwischen Kreuzer- und Schlachtschiffbau in TIRPITZ’ Sinn zugunsten einer Hochseekriegsführung mit Schlachtschiffen entschieden. Der seestrategische Ausgangspunkt der deutschen Flotte hatte sich gewandelt. Der Schritt vom defensiven Schutz der Küste zur offensiven Hochseekriegsführung war getan. Das 2. Flottengesetz 1901 setzte diese Bemühungen verstärkt fort.
Als vorläufiges Ziel der Rüstung zur See schwebte TIRPITZ vor, daß die deutsche Flotte für England ein solches Risiko bedeute, „daß es durch Krieg mit uns und seinem eigenen Sieg über uns so geschwächt würde, daß es später anderen Nationen gegenüber seine Suprematie verlieren würde“.
In England war man aufs stärkste beunruhigt. In einem Brief von 1897 gab der damalige Premierminister Salisbury seiner Befürchtung Ausdruck, daß Deutschland versuchen werde, Holland zum Zwecke einer Großflottenbildung zu kontrollieren. Die eventuelle Heirat der Königin WILHELMINE von Holland mit einem deutschen Fürsten rückte eine solche Entwicklung durchaus in den Bereich des Möglichen.
Bis zum Jahre 1905/06 entwickelten die Engländer den neuen Schlachtschifftyp der *Dreadnought*, wodurch sie sich für die nächste Zukunft aller Sorgen enthoben glaubten, weil dieser Schiffstyp so groß war, daß er den Kaiser-Wilhelm-Kanal (den heutigen Nord-Ostsee-Kanal) nicht passieren konnte, die Deutschen also solche Schiffe so

DEUTSCHES FLOTTENBAU-PROGRAMM

INITIATOREN DER DEUTSCHEN FLOTTENPOLITIK

GEGNER DES FLOTTENBAU-PROGRAMMS

1. FLOTTEN-GESETZ

2. FLOTTEN-GESETZ

RISIKO-GEDANKE

BEUNRUHIGUNG IN ENGLAND

DREAD-NOUGHT

Erläuterung 32: Deutscher Flottenverein (DFV 1898–1934)

Präsidenten: 1898–1901 Wilhelm Fürst zu WIED
1902–1908 Otto Fürst zu SALM-HORSTMAR
1908–1920 Großadmiral Hans von KÖSTER

Wichtigste Organe: „Die Flotte“ (ab 1898), „überall“ (ab 1899), „Mitteilungen“, „Allgemeine Marinekorrespondenz“ (ab 1900), „Deutscher Flottenkalender“ (ab 1908).

Da die Mehrheit des deutschen Volkes der imperialistischen Flottenpolitik, die gegen Ende des 19. Jahrhunderts begann, um Deutschland „Weltmachtpolitik“ zu ermöglichen, nicht die entsprechende Unterstützung gewährte und auch eine Kampagne des Alldeutschen Verbandes und der Marineverwaltung nicht den gewünschten Erfolg herbeiführte, beschloß man die Gründung einer Organisation zur Beeinflussung des Volkes für die Begründung einer deutschen Seemacht, sowie, im Einklang mit der Politik von Tirpitzs, einer starken Kriegsmarine. Dabei mußte auf die agrarischen Interessen der Junker, die man als unerläßliche Stütze brauchte, Rücksicht genommen werden. Rheinisch-westfälische und saarländische Rüstungs- und Schwerindustrielle stellten sich deswegen an die Spitze der Flottenbewegung. HEINRICH Prinz von Preußen übernahm das Protektorat über den Verein, der am 30. 4. 1898 in Berlin gegründet wurde. Finanziert durch die hohen Beiträge von Industriellen und den deutschen Fürsten, war der DFV von Anfang an kapitalkräftig, was ihm eine für die damalige Zeit groß angelegte Werbetätigkeit ermöglichte. Die Zusammensetzung der Führungsgremien zeigte jedoch deutlich, daß der DFV ein Verein „der oberen Zehntausend“ war und es nicht verstand, die angestrebte Massenbasis zu schaffen. Deshalb gründeten hauptsächlich Angehörige der bürgerlichen Intelligenz im November 1899 die „Freie Vereinigung für Flottenvorträge“. Diese Aktion schwächte die konservativen Kräfte im Hauptvorstand des DFV: Die Statuten wurden geändert, der Beitritt jedem ermöglicht. Ab Frühjahr 1900 arbeiteten beide Vereine zusammen, was zu einer Agitation von bisher unbekanntem Ausmaß führte. Der Erfolg zeigte sich in einer sprunghaft ansteigenden Zahl der Mitglieder, die nun hauptsächlich aus dem Intelligenz- und Kleinbürgertum stammten. Arbeiter und bäuerliche Schichten blieben dagegen weiterhin ablehnend. Seinen Massencharakter erhielt der Verein jedoch erst durch

(Forts. S. 473)

schnell nicht nachbauen würden. Deutschland gelang es jedoch in sehr kurzer Zeit, sich auf die neue Situation einzustellen. Der Kaiser-Wilhelm-Kanal wurde ausgebaut und Deutschland begann nun seinerseits, Dreadnoughts herzustellen. Diese Entwicklung schien für England tatsächlich außerordentlich bedrohlich, denn die Dreadnoughts hatten seine bisherige Flotte praktisch entwertet, der Rüstungswettlauf mit Deutschland begann von neuem, jetzt aber bei gleicher Ausgangsposition. Die Engländer versuchten, den drohenden Verlust ihrer Seeherrschaft dadurch zu verhindern, daß sie die Aufrechterhaltung des „two-power-standard" zur Norm ihrer Flottenpolitik erklärten, d. h. einem Kriegsschiff aller übrigen seefahrenden Nationen zusammen sollten zwei des Vereinigten Königreiches gegenüberstehen. Dem TIRPITZschen Risikogedanken stellten sie ihr Programm „zwei Kiele gegen einen" entgegen, d. h. lief in Deutschland ein Kriegsschiff von Stapel, so sollten es in England zwei sein. Einen letzten Versuch vor dem Ersten Weltkrieg, die verhängnisvolle Entwicklung abzustoppen, unternahm England im Februar 1912, als der Kriegsminister Lord HALDANE zu Flottenabrüstungsbesprechungen nach Berlin kam. Die Deutschen boten verlangsamten Flottenbau gegen ein Neutralitätsabkommen, auf das sich die Engländer niemals einlassen konnten, wollten sie nicht ihre guten Beziehungen zu Frankreich und Rußland aufs Spiel setzen. England bot dagegen ein Nichtangriffsabkommen an, was den Deutschen wiederum nicht genügte.

England zog nun die Konsequenzen aus dem Mißerfolg und schloß noch 1912 ein Abkommen mit Frankreich, das der Home Fleet den Schutz der Nordsee einschließlich der französischen Küste, und der französischen Flotte den Schutz der Interessen der beiden Mächte im Mittelmeer auftrug.

Die deutsche Flottenpolitik zeitigte also im Endeffekt folgende außenpolitische Ergebnisse:

1. Zur wirtschaftlichen Rivalität trat noch die Flottenrivalität zwischen Deutschland und England hinzu. Deutscher Flottenenthusiasmus lief normalerweise parallel mit Englandfeindschaft.
2. Die Sicherung des deutschen Welthandels und der deutschen Kolonien konnte sicherlich weniger durch Kriegsschiffe gewährleistet werden, als durch eine wirklichkeitsnahe Kontinentalpolitik.
3. Durch die ungehemmt ausufernde deutsche Flottenpolitik wurde die letzte Chance einer Annäherung Englands an den Block der Mittelmächte verspielt. Nicht zuletzt sie ist für die Mächtekonstellation im Ersten Weltkrieg verantwortlich.
4. Der Übergang von defensiver zu offensiver Seekriegsführung ermöglichte eine dritte Front.
5. Die forcierte Aufrüstung führte dazu, daß sich der militärische Stab im Ersten Weltkrieg verselbständigen konnte. Exemplarisch sei auch an dieser Stelle noch einmal auf die Interdependenz der einzelnen Sphären hingewiesen:

   Für die Wirtschaft bedeutete die Flottenpolitik eine lange Zeit dau-

(Forts. Erläuterung 32:)
die große Zahl von militaristischen Traditionsverbänden und bürgerlichen Fachvereinigungen, die sich ihm korporativ anschlossen. Zu einer Krise im DFV kam es von 1902–1908 durch Streitigkeiten um die Linie der Verbandspolitik zwischen A. KEIM, der den Verein damals faktisch leitete, und seinen Anhängern und rebellischen Mitgliedern, an deren Spitze der bayerische Landesverband des DFV sowie die Mehrheit der Provinzialgruppe Berlin – Mark-Brandenburg standen. Die Agitation der „Keimianer" (Angriffe auf Tirpitz, Kampf gegen die „unzureichende Flottennovelle" 1907 u. ä.) begann das Vertrauen zur diesbezüglichen Regierungspolitik zu erschüttern. Viele Fürsten legten ihre Protektorate nieder und der Kaiser trat für ein Ausscheiden Keims ein. Die Annahme der Flottennovelle 1908 ließ Auflösungs- und Spaltungsabsichten der Keimianer verschwinden. Die Mehrheit unterstützte nun bis 1918 eine Politik, die sich im wesentlichen in den Bahnen der Regierungspolitik bewegte. Mit dem Ergebnis des ersten Weltkriegs verlor der DFV seinen Masseneinfluß.

TWO-POWER-STANDARD

HALDANE-MISSION

Der Hauptverband deutscher Flottenvereine im Ausland

Völlig unabhängig vom DFV 1898 unter Mithilfe des Reichsmarineamts und des Auswärtigen Amtes und unter dem Protektorat ihres Präsidenten von der deutschen Kolonialgesellschaft gegründet, sollte der Verband das Zentrum für politische, ideologische und organisatorische Arbeit unter den Auslandsdeutschen werden. Zwar entstanden in Mittel- und Südamerika, im Nahen Osten, in den afrikanischen Kolonien und in Ostasien einige Flottenvereine, jedoch stieß der Hauptverband auch auf erheblichen Widerstand. Auch die Zusammenarbeit mit dem DFV ab 1903 verbesserte die Lage nur in den deutschen Kolonien. Die Gesamtzahl der Mitglieder blieb gering. Nach dem Krieg wurde eine Verschmelzung mit dem DFV geplant, die jedoch nicht verwirklicht wurde.

ENGLISCH-FRANZÖSISCHES ABKOMMEN

ERGEBNISSE DER DEUTSCHEN FLOTTENPOLITIK

ernde Sicherung von Großaufträgen für die Großindustrie. Die Zustimmung zur Flottenpolitik wurde den Agrariern im Reichstag durch eine Zusage für die Einführung eines hohen Zolls auf Agrareinfuhren schmackhaft gemacht.
Gesellschaftspolitisch stellte die Flottenpolitik den letzten großangelegten Versuch dar, in der „Verbindung von Sammlung im Innern und Aufbruch nach Übersee ... die Vereinigung zweier gesellschaftlicher Gruppen, die miteinander um die Macht konkurrierten“ (BERGHAHN) herzustellen. Das bedeutete zugleich, wie TIRPITZ selbst zugab, auf indirektem Wege den Machtanspruch der Sozialdemokratie zu blockieren. Und weiterhin gestattete die Flottenpolitik, die plebiszitäre Komponente des Systems weiter auszubauen, indem ein Flottenkaiser ein enthusiasmiertes Bürgertum herrlichen Zeiten entgegenführte, gerade weil er über dem Parteienhader agieren konnte.
Aber auch auf der innenpolitischen Bühne scheiterte die Flottenpolitik an den falschen Voraussetzungen, an die sie von Anfang an gebunden war. Ausgehend von dem Konjunkturaufschwung Mitte der 90er Jahre hatte TIRPITZ angenommen, die Finanzlage des Reiches werde sich zunehmend verbessern und Steuererhöhungen für die Rüstungen zur See könnten demnach vermieden werden. Als sich aber diese Hoffnungen, die ja die Voraussetzung darstellten für das Stillhalten der Agrarier, nicht erfüllten, brachen in der Finanzreformdebatte und den nicht enden wollenden Diskussionen um die Aufbringung der Rüstungsausgaben die innenpolitischen Gegensätze erneut in voller Schärfe auf.

Die deutsch-englischen Bündnisbesprechungen von 1898 bis 1901 stellten die einzige echte Möglichkeit dar, um zu einer Kooperation zwischen den beiden Großmächten zu kommen. Der Anstoß zu den Verhandlungen ging von England aus, dessen Chinainteressen durch das russische Vordringen vor allem in der Mandschurei empfindlich berührt wurden. Mit Frankreich bereiteten sich Konflikte in Westafrika (Niger) vor. Der Streit mit den Buren trieb auf eine Entscheidung zu. In dieser Situation entschloß sich England, seine Politik der „splendid isolation“ aufzugeben und ließ beim deutschen Botschafter Graf HATZFELD durch Kolonialminister CHAMBERLAIN um Verhandlungen nachsuchen. Zunächst jedenfalls kam ein Abkommen nicht zustande.
Dennoch blieben die deutsch-englischen Beziehungen in den nächsten Jahren auffallend gut. Zunächst kam 1899 ein Vertrag über Samoa zustande, wobei England seiner bedrängten Lage wegen auf seine Ansprüche verzichtete und Samoa zwischen Deutschland und den USA aufgeteilt wurde. In Faschoda war es 1898 zum erwarteten Konflikt mit Frankreich gekommen, ein gutes Verhältnis zu Deutschland schien deshalb ratsam. Im Burenkrieg wahrte Deutschland wohlwollende Neutralität, obwohl die öffentliche Meinung weiterhin burenfreundlich eingestellt war. In China traten Deutschland und England gemeinsam dem russischen Vordringen in der Mandschurei entgegen, indem sie im Yangtse-Abkommen vom Oktober 1900 die Häfen an der See und an

Notizen:

FLOTTENPOLITIK ALS VERSUCH ZUR SAMMLUNG

DEUTSCH-ENGLISCHE BÜNDNISGESPRÄCHE 1898–1901

GUTE DEUTSCH-ENGLISCHE BEZIEHUNGEN UM 1900

den Flüssen Chinas für alle Nationen offen erklärten und sich außerdem über gemeinsame Maßnahmen verständigen wollten, wenn ein Dritter einen Angriff auf chinesisches Gebiet wagen sollte.
Die Besetzung der Mandschurei durch Rußland war es vor allen Dingen auch, die zu erneuten deutsch-englischen Bündnisgesprächen führte. Holstein überschätzte die englische Zwangslage und verbot dem Botschaftsrat v. ECKARDSTEIN, „das erste Wort zu sprechen". Entgegen seiner Weisung nahm Eckardstein dennoch die Gespräche auf und wiewohl festzustehen scheint, daß Salisbury von dem Gedanken einer deutsch-englischen Verständigung nicht allzu angetan war, handelte es sich doch bei den englischen Annäherungsversuchen um das ernstgemeinte Angebot, eine Entente zustandezubringen. Dies bedeutete jedoch, daß England wohl einer freien Verständigung über gemeinsame politische Ziele oder bestimmten Absprachen etwa in Kolonialfragen zustimmen wollte, niemals aber, wie es von deutscher Seite verlangt wurde, ein Bündnis mit dem Dreibund akzeptieren konnte. Holstein versuchte unter dem Vorwand, er wolle Deutschland nicht als „kontinentalen Degen" Englands gegen Rußland mißbrauchen lassen, England aus der „splendid isolation" herauszuzwingen und an den Dreibund zu binden. Aus der „splendid isolation " wollte England selber heraus, aber es begann sich nun mehr und mehr der französisch-russischen Koalition zuzuwenden, die ihm keine derartig unzumutbaren Vorschriften machte.

9.3 Der Wettstreit der Weltmächte

Imperialismus ist ein internationales Phänomen. Als seine Träger aber fungieren die einzelnen Nationalstaaten. Ein unterschiedlich hohes Entwicklungsstadium des kapitalistischen Industriestaates, verschiedene historische Tradition, differierende gesellschaftliche Aufteilung der politischen Macht, auch unterschiedliche geographische Gegebenheiten bewirken sichtbare Unterschiede in Zielsetzung und Auftreten der einzelnen nationalen Imperialismen. Einige von ihnen seien hier kurz umrissen.

9.3.1 Der englische Imperialismus

9.3.1.1 Ökonomie

Im Vergleich zu den USA, Deutschland und Japan hatte England wesentlich geringere Zuwachsraten der Produktion aufzuweisen (s. S. 158ff.) Trotz dieser sich verschärfenden Konkurrenz hielt England zunächst am Freihandel fest. Die im Verhältnis zu anderen Nationen stärker vertretenen Handels- und Exportinteressenten ließen den Plan eines imperialen Zollverbandes des Kolonialministers Chamberlain scheitern. Nicht zuletzt auf diesem Hintergrund ist der überwältigende Wahlsieg der Liberalen im Jahre 1906 zu sehen. Denn England stellte

VERTRAG ZUM SCHUTZ CHINAS

Notizen:

DEUTSCH-ENGLISCHES BÜNDNIS SCHEITERT AN DEUTSCHEN FORDERUNGEN

GERINGER PRODUKTIONSZUWACHS MOTIVE FÜR DAS FESTHALTEN AM FREIHANDEL

1880 46% der Welthandelstonnage und verdoppelte seinen Außenhandel bis 1913 bei passiver Handels-, dafür aber stark aktiver Zahlungsbilanz dank internationaler Versicherungs- und Bankgeschäfte. Der Kapitalexport in das Empire erreichte gerade in den Krisenjahren der 80er und 90er Jahre einen Höhepunkt **(s. Imperialismustheorie, S. 76f.)**. Imperialer Reichsausbau sollte das bedrohte Welthandelsmonopol Englands sichern helfen.

In der durch die Wendung vom Monopol zur Konkurrenz bedingten Verunsicherung sieht D. S. Landes den Faktor, „der die Atmosphäre des europäischen Handels und der europäischen Industrie bestimmte. Wirtschaftliches Wachstum war von nun an gleichzeitig Wirtschaftskampf – ein Kampf, der die Starken von den Schwachen schied ... Was nun vorherrschte, war nicht mehr der optimistische Glaube an eine Zukunft des grenzenlosen Fortschritts, sondern Unsicherheit und tödliches Ringen. Alle diese Faktoren verstärkten die politischen Konflikte und wurden auch durch sie verstärkt. Beide Formen der Konkurrenz verschmolzen in jenem letzten Ausbruch des Landhungers und der Jagd nach ‚Einflußsphären', die man den ‚neuen Imperialismus' nennt."

9.3.1.2 Ideologie

Im britischen Sendungsbewußtsein verbanden sich wirtschaftliche und machtpolitische Interessen mit der aus dem Puritanismus herrührenden Überzeugung, Fortschritt und Zivilisation der Welt fördern zu müssen. Der Historiker Thomas CARLYLE (1795–1881) begründete die britische Weltmission, die Auserwähltheit der Nation vor allen anderen. England habe die Rolle Roms übernommen und die Aufgabe, in der Gegenwart eine sichtbare Spur zu hinterlassen. Sir Charles DILKE (1843–1911) entwarf 1868 das Bild vom „Greater Britain" in einer „täglich englischer werdenden Welt". Robert SEELEY (1834–1895) forderte 1883 eine planmäßige „Expansion of England". Rudyard KIPLING (1865–1936) erzählte seinen Lesern das Märchen von der „Bürde des weißen Mannes". Der langjährige Führer der Konservativen DISRAELI (1804–1881) faßte den Charakter des englischen Imperialismus programmatisch zusammen in dem Schlagwort „Imperium et Libertas". Schon in seinem Roman „Tankred oder der neue Kreuzzug" (1847) hatte DISRAELI Gedanken geäußert, die die spätere Entwicklung vorwegnahmen. Der Führer der liberalen Partei, GLADSTONE, kritisierte DISRAELIS Programm mit dem Argument, das bedeute Freiheit für uns und Herrschaft über die anderen. Gerade in seine Zeit als Premierminister fällt aber die Okkupation Ägyptens. Dennoch ist die unterschiedlicher Haltung der beiden großen englischen Parteien zum Problem imperiale Expansion unverkennbar. Die Konservativen nahmen Imperialismus als politisches Monopol für sich allein in Anspruch. Die neuen Massenblätter (Daily Mail, ab 1896) diffamierten die zögernden Liberalen als „little Englanders". Niederschmetternde Wahlergebnisse in den 80er Jahren „berichtigten" den Kurs der liberalen Partei:

Notizen:

VOM MONO-
POL ZUR KON-
KURRENZ

SENDUNGSBE-
WUSSTSEIN
PURIT-
ANISMUS
TRÄGER VON
FORTSCHRITT
UND ZIVILISA-
TION

IDEOLOGEN

Nachdem zunächst die Liberal Unionists unter Chamberlain sich von der Partei getrennt hatten und in Zukunft mit den Konservativen gingen, übernahmen ab etwa 1906/07 die gemäßigten Imperialisten innerhalb der Partei, die Liberal Imperialists (ASQUITH, GREY, LLOYD GEORGE, HALDANE u. a.), das Steuer.

9.3.1.3 Der Aufbau des „British Empire"

Von den „exotischen" Stützpunkten aus, die ursprünglich nur die englischen Seehandelswege sichern sollten, begann die wirtschaftliche Durchdringung des Hinterlandes, die notwendigerweise mit dem offiziellen Erwerb neuer Kolonialgebiete endete. In den 70er Jahren, getrieben von der neuen Konkurrenz anderer Großmächte und der Furcht, seine beherrschende Stellung auf dem Weltmarkt zu verlieren, trat der englische Imperialismus in seine intensivste Phase ein.
Die Handelswege verlangten weitere Sicherung. Schon 1875 kaufte England die ägyptischen Suezkanalaktien an, deren anderer Teil sich in französischer Hand befand. 1882 wurde Ägypten schließlich besetzt, die Franzosen aus dem Land hinausgedrängt. Auf dem Berliner Kongreß 1878 erwarb England Zypern, die seestrategisch wichtige Insel im Mittelmeer.
Im Wettlauf um die Aufteilung Afrikas gewann der britische Imperialismus und Ziel im Kap-Kairo-Plan. Während CROMER (1841–1917) von Norden zum Sudan vordrang und dort auf den Widerstand der Mahdisten stieß, setzte im Süden Cecil RHODES (1853–1902) Macht und Reichtum, gewonnen durch das Monopol über südafrikanische Diamanten- und Goldfelder, zur planmäßigen Ausdehnung des englischen Machtbereichs ein. Seine Südafrikanische Kompanie eignete sich 1885 Betschuana-Land und in der Zeit von 1888 bis 1891 Rhodesien an. Unter englisches Protektorat kamen weiterhin Somaliland 1884, Kenia 1886, Uganda 1895 und nach der Faschoda-Krise 1898 (s. S. 508 f.) auch das anglo-ägyptische Kondominium Sudan. Als Ministerpräsident der Kapkolonie (1890–1896) bereitete Cecil RHODES die Okkupation der Burenstaaten vor, scheiterte aber mit sein Jameson-Raid 1896 (s. S. 468). RHODES mußte als Ministerpräsident zurücktreten. Auch ohne seine Hilfe gelang die Eroberung schließlich im Burenkrieg von 1899 bis 1902. Die Engländer waren aber klug. genug, den Buren Selbstverwaltung und sogar Aufbauhilfe zu gewähren. Einer Integration in den britischen Reichsverband und späterer loyaler Zusammenarbeit mit dem Mutterland stand damit nichts entgegen.
Auch in Asien drang England unaufhaltsam vor. Es stieß dabei jedoch auf den heftigsten Widerstand bei Russen, Deutschen und Japanern. Durch eine außerordentlich geschickte Politik gelang es, den englischen Besitzstand nicht nur zu halten, sondern Macht und Einfluß sogar noch zu erweitern. Durch wechselnde Zusammenarbeit mit den Deutschen um die Jahrhundertwende (s. S. 474 f.), mit den Japanern seit 1902 und

Notizen:

„EXOTISCHE"
STÜTZPUNKTE
DURCHDRIN-
GUNG DES
HINTERLAN-
DES ÄGYPTEN

KAP – KAIRO –
PLAN

JAMESONRAID

WIDERSTAND
IN ASIEN

vor allem im russisch-japanischen Krieg 1904/05 und seit dem japanischen Sieg mit den Russen mit dem Höhepunkt des englisch-russischen Ausgleichs 1907 waren die englischen Positionen immer doppelt abgesichert.

9.3.2 Das „Empire français" 1871–1914

9.3.2.1 Ökonomie

Seit 1892 war auch die französische Wirtschaftspolitik zu rigorosen protektionistischen Maßnahmen übergegangen, die die Landwirtschaft schützen, die Schwerindustrie begünstigen sollten (vgl. Charakter von Schutzzöllen in einer voll entwickelten Industriewirtschaft, S. 180f.). Der relativ zurückgehende Anteil an der Weltproduktion und am Welthandel konnte damit natürlich nicht aufgefangen werden. Dagegen entwickelte sich Frankreich durch seine vielen kleinen Sparer (Rentner-Kapitalismus) zum „Bankier der Welt". Die von Großbanken placierten französischen Kapitalanlagen im Ausland kollidierten besonders in den sogenannten halbkolonialen Gebieten häufig mit deutschen Kapitalinteressen (s. S. 342f.).

9.3.2.2 Ideologie

Bereits bei der Begründung des zweiten französischen Kolonialreiches (1830–1870) hatte sich Frankreich als Vorkämpfer europäischer Kultur verstanden, der die Errungenschaften der Aufklärung und der französischen Revolution brachte. Die Niederlage von 1870/71 schien diese traditionelle Sendung Frankreichs auf unabsehbare Zeit zu beenden. Um so stärker äußerte sich daher das Bestreben, alle Möglichkeiten imperialistischer Politik auszuschöpfen, um die angeschlagene Position Frankreichs wieder zu stärken. Eine zentrale Kolonialbürokratie bemühte sich um kulturelle Angleichung und militärische Rekrutierung der „farbigen Franzosen".

9.3.2.3 Der Ausbau des französischen Kolonialreiches

Der französischen Expansion kam die Politik BISMARCKS, Frankreichs Aufmerksamkeit von der kontinentaleuropäischen Sphäre (Elsaß-Lothringen, s. S. 264) weg und auf die Peripherie hinzulenken, entgegen.
In Afrika gelang es, ein koloniales Großreich zu bilden. Die Errichtung des Protektorats über Tunesien verstimmte Italien, Ägypten ging an England verloren. Dafür aber gelang von Algerien und Senegal aus die Durchdringung der Sahara und die „Pazifierung" des Sudan. 1904 konnte das General-Gouvernement Westafrika (Afrique Ouest Français (A. O. F.) 1910 das General-Gouvernement Äquatorialafrika (Afrique Équatorial Français A. E. F.) eingerichtet werden. Daß diese letztere Erwerbung völlig unblutig verlief, war vor allem BRAZZA (1852–1905)

WECHSELNDE BÜNDNISSE

Notizen:

PROTEKTIONISTISCHE MASSNAHMEN

RENTNER-KAPITALISMUS

VORKÄMPFER EUROPÄISCHER KULTUR

AFRIKA

BRAZZAS VERTRAGS-POLITIK

zu danken, der Französisch-Kongo erforschte, Verträge mit den afrikanischen Häuptlingen abschloß und sich der Ausbeutung des Gebietes durch private Gesellschaften widersetzte. 1895/96 unterwarf und annektierte Frankreich Madagaskar. Der Plan einer Umfassung Ägyptens bzw. eines west-östlichen Sudanreiches führte am oberen Nil 1898 zur Faschoda-Krise (s. S. 508f.). Nach dem erzwungenen Rückzug Frankreichs kam es zu einer vorläufigen Abgrenzung der kolonialen Interessensphären der beiden Länder in Nordafrika, die England den Sudan zusprach und Frankreich dafür freie Hand in Marokko einräumte. Die Entente cordiale (s. S. 498) bestätigte 1904 diese Absprache. Auch mit Italien war mittlerweile um 1900 der Ausgleich in kolonialen Fragen gelungen.
Als zweites Zentrum imperialer Expansion entstand das französische Kolonialreich von Indochina unter schweren Kämpfen mit den lokal und regional zersplitterten Widerstandsgruppen von 1873–1886.

9.3.3 Der russische Imperialismus

9.3.3.1 Ökonomie

Seit 1881 kam der Prozeß der Industrialisierung auch in Rußland in Gang. Hauptsächlich auch aus militärischen Gründen wurde das Eisenbahnnetz ausgebaut, von 1883 bis 1886 die Transkaspische Bahn, von 1891 bis 1904 die Transsibirische Bahn. Graf WITTES (1849–1915) forcierte Modernisierung ließ unter dem Zustrom vor allem französischen Kapitals schwerpunktmäßig eine Schwerindustrie entstehen, die sich auf einige Großbetriebe und damit neben allen Vorteilen der Konzentration auch konzentriertes soziales Elend mit sich brachte. Die völlig anachronistische Vermögensverteilung und die hohen Staatsschulden zwangen die russische Wirtschaft dazu, die Ausfuhr möglichst hoch zu schrauben, auch wenn wie z. B. 1891 eine Hungersnot Getreideexport eigentlich nicht erlaubt hätte. Ausländisches Kapital schluckte zudem einen großen Teil der Gewinne. Die befreiten Bauern waren hoffnungslos verschuldet, hohe Pachtzinsen und Steuern drückten sie noch tiefer nach unten. Die Landzuteilung erwies sich als völlig unzureichend. Als industrielle Reservearmee drückten die arbeitsuchenden Bauern die Löhne der Industriearbeiterschaft. Der ruckartige Bevölkerungsanstieg – 1880 gab es in Rußland 80 Mill., 1914 schon 175 Mill. Menschen – beschwor alle Probleme der materiellen Versorgung der Bevölkerung und der Arbeitsbeschaffung herauf und vergrößerte das revolutionäre Potential. Große Rüstungsaufträge, vor allem vor und nach dem russisch-japanischen Krieg, reichten nicht aus, um diese Situation grundlegend zu verbessern, vor allem auch deshalb, weil sie großenteils an das leistungsfähigere Ausland vergeben werden mußten.

9.3.3.2 Ideologie

Allen Ausprägungen russisch-imperialistischer Ideologie war die Herausbildung eines russischen Messianismus gemeinsam. Während aber

Notizen:

MADA-
GASKAR

INTERESSEN-
AUSGLEICH
MIT ITALIEN
UND
ENGLAND

INDUSTRIALI-
SIERUNG

MODERNI-
SIERUNG

SOZIALES
ELEND

INDUSTRIELLE
RESERVE-
ARMEE

MESSIA-
NISMUS
WESTLER

Westler wie BELINSKIJ, TSCHAADAJEW oder SOLOWJEW gleichzeitig die Übernahme westlicher Technik, politischer Einrichtungen, liberaler und sozialistischer Ideen forderten, erwarteten Slawophile wie CHOMJAKOW oder Konstantin AKSAKOW das Heil und die Erlösung vom abendländischen Egoismus allein von der Rechtgläubigkeit, Intuition und Leidenschaftlichkeit der russischen Seele. Panslawisten wie Michail POGODIN und F. M. DOSTOJEWSKI verbanden slawophiles und westliches Denken zur Idee der politischen Einigung aller Slawen. Als neues Evangelium verkündete Nikolai DANILEWSKI 1871 in „Rußland und Europa" den Niedergang des dekadenten Europa, dessen Führung dem moralisch überlegenen Rußland zufallen werde.

9.3.3.3 Die Herausbildung der drei Zentren russischer Expansion

Als unmittelbarer Antrieb der russischen Ausdehnung wirkten die „Jagd nach einer Grenze" im geographisch ungegliederten Zentralasien, seit Peter dem Großen das Bestreben, durch eisfreie Häfen Zugang zu den Weltmeeren zu finden und schließlich die Absicht, den russischen Einfluß auf dem Balkan zu erweitern.
Die russische Meerengenpolitik im Vorderen Orient war ideologisch an ein religiöses Sendungsbewußtsein gebunden, das „Konstantinopel" und die griechisch-orthodoxen „Brudervölker" auf dem Balkan von türkisch-islamischer Herrschaft „befreien" wollte.
Drei Versuche, diese beiden Ziele zu erreichen, scheiterten jedoch am englisch-österreichischen Einspruch: 1828/29 griechischer Freiheitskampf, 1853 Krimkrieg und 1877/78 russisch-türkischer Krieg.
Im Mittleren Osten schob Zar NIKOLAUS I. die russische Grenze gegen Persien, Indien und China hin vor. Mit der Eroberung von Turkestan seit 1844 verschärfte sich die englisch-russische Rivalität.
Im Fernen Osten sicherte sich Rußland von China 1858 vertraglich das Amurgebiet, 1860 auch einige Küstenprovinzen. Im gleichen Jahr wurde Wladiwostok zum Hafen ausgebaut. Gegen England richtete sich der Verkauf Alaskas an die USA 1867. 1875 kam mit Japan ein Tauschgeschäft zustande: Gegen Abtretung der Kurilen erwarb Rußland Sachalin.

9.3.3.4 Russische Ostasien- und Balkanpolitik 1878–1914

Seit dem Berliner Kongreß hat die deutsche Politik alles versucht, um einen Konflikt ihrer beiden Bündnispartner auf dem Balkan zu vermeiden. Dies konnte am ehesten gelingen, wenn Österreich in seinen Balkanaspirationen gezügelt und Rußlands Aufmerksamkeit auf sein Hinterland Asien abgelenkt werden konnte. Auch nach der russisch-französischen Annäherung 1892 hat das deutsche Reich immer gewußt, was es der Sicherheit Österreichs und seinen eigenen Expansionsbestrebungen auf dem Balkan schuldig war. Unter deutscher Hilfestellung intervenierte Rußland nach dem Frieden von Schimonoseki zugunsten Chinas (s. S. 466) und erhielt dafür eine Bahnkonzession. 1898 pachtete Ruß-

Notizen:

SLAWOPHILE

PAN-
SLAWISTEN

JAGD
NACH EINER
GRENZE
EISFREIE
HÄFEN

MITTLERER
OSTEN

FERNER
OSTEN

RUSSISCH-
FRANZÖSI-
SCHE ANNÄ-
HERUNG 1892
SCHIMONO-
SEKI

land vertraglich den Hafen Port Arthur, den auch Japan beansprucht hatte. Den Boxeraufstand von 1900, der eine gemeinsame militärische Intervention der Alliierten, d.h. der China beherrschenden Großmächte auslöste, benützte Rußland, um die Mandschurei zu besetzen, was wiederum die kurzfristige deutsch-englische Kooperation (s. S. 474 f.) veranlaßte.
Als der Streit um Korea 1904 den russisch-japanischen Krieg auslöste, trat Deutschland faktisch auf die Seite Rußlands, indem es zu einem gewissen Teil dessen Nachschub von der See her sicherte. Der Sinn dieses Abenteuers lag darin, die sich abzeichnende Erweiterung der Entente cordiale zu einem Dreibund doch noch zu verhindern. England dagegen unterstützte unverhohlen Japan, mit dem es schon 1902 ein Bündnis zur Sicherung seiner Chinainteressen eingegangen war.
Im Frieden von Portsmouth/USA im Herbst 1905 mußte Rußland die Überlegenheit der einzigen farbigen imperialistischen Macht der Erde anerkennen. Mit der Abtretung Koreas, des Hafens Port Arthur und Süd-Sachalins erschien die Großmachtstellung Rußlands in Ostasien nicht unbedingt erschüttert. Die Niederlage gegen Japan, zusammen mit dem englisch-russischen Ausgleich über Persien und andere Streitobjekte von 1907, bewirkte jedoch, daß Rußland von nun an wieder auf seine traditionelle Balkan- und Meerengenpolitik zurückschwenkte. Als Mentor der antitürkischen und antiösterreichischen Nationalitätenbewegungen auf dem Balkan traf es auf eine verstärkte Balkanaktivität Österreich-Ungarns und mußte in der Annexionskrisis von 1908 (s. S. 514 f.) erneut zurückstecken. Und schließlich bewiesen die beiden Balkankriege 1912/13 (s. S. 520 f.), in denen Rußland die politische Führung der „Brudervölker“ vollkommen entglitt, daß das zaristische Reich zwar anspruchsvolle ideologische Programme vertreten konnte, aus seiner politischen und ökonomischen Organisation heraus aber nicht imstande war, sich seine eigenen Wünsche zu erfüllen.

9.3.4 Der deutsche Imperialismus der WILHELMINISCHEN Zeit

9.3.4.1 Ideologie

Mit dem Abgang Bismarcks hatte der deutsche Imperialismus seine Spitze, von der aus die Expansion umsichtig nach dem Gesichtspunkt der Pragmatik geleitet worden war, verloren. Personell versuchten in der Folgezeit die Reichskanzler, allen voran BÜLOW, die „Flottenenthusiasten“ mit TIRPITZ und den einschlägigen Verbänden an der Spitze, und vor allem der Kaiser und die ihn umgebende Militär- und Hofclique die entstandene Lücke auszufüllen – mit ungenügendem Erfolg. Pragmatismus trat nunmehr ganz hinter Prestige zurück. Überall dabei sein zu wollen, unter allen Umständen den rangmäßig zustehenden „Platz an der Sonne“ zu erwerben, koste es auch politische Freundschaften, solche Zielsetzungen zeichneten die deutsche Politik von nun an aus. Ihre Reaktionen auf tatsächliche, vermeintliche und nicht selten

PORT ARTHUR
BOXERAUF-
STAND

Notizen:

RUSSISCH-
JAPANISCHER
KRIEG

FRIEDE VON
PORTSMOUTH

VERSTÄRKTE
BALKAN-
AKTIVITÄT

PLATZ AN DER
SONNE

provozierte Angriffe anderer Großmächte sind nicht anders als neurotisch zu bezeichnen.

Als Gründe für die Fehlleistungen der deutschen Politik stellen sich heraus:

1. der Aufschwung des deutschen Reiches zur wirtschaftlichen Großmacht. Dieser ökonomischen Position schien die politische Stellung des Reiches in der Welt nicht zu entsprechen. Man verlangte Gleichberechtigung mit den älteren Industrie- und Kulturnationen und meinte Suprematie. BÜLOW 1899 vor dem Reichstag: „... In dem kommenden Jahrhundert wird das deutsche Volk Hammer oder Amboß sein" (vgl. dazu Kap. 7: Die wirtschaftliche und soziale Entwicklung 1896–1914)
2. der Drang nach Ausweitung des nationalen wirtschaftlichen und politischen Einflußbereiches. Innerhalb der konkurrierenden Völker erschien England dabei als Deutschlands Hauptgegner, weil es mit Hilfe seines gewaltigen Imperiums deutsche wirtschaftliche und politische Entfaltung zu verhindern suche (vgl. dazu Anglophobie, S. 230f.)
3. die Tatsache, daß alle wichtigen Kolonialgebiete bereits vergeben waren, als der wirtschaftliche „Spätentwickler" Deutschland daran gehen wollte, seine zerstreuten kolonialen Erwerbungen aufzufüllen. Einer deutschen „wirtschaftsfriedlichen Durchdringung" neuer Gebiete standen im allgemeinen ältere Ansprüche anderer Großmächte gegenüber.
4. die vergleichsweise überlastige Stellung des Militärs in der deutschen Politik und Öffentlichkeit. Die aufgrund der Lage und Absichten des deutschen Imperialismus scheinbar erforderliche Aufrüstung und der Mythos deutsch-preußischen Soldatentums verstärkten die Neigung zu militärischer Konfliktlösung (vgl. dazu Kap. 8.3. Der unbewältigte Militarismus, S. 418f.).
5. die rückständigen sozioökonomischen Verhältnisse und die daraus resultierende politische Machtverteilung, wie sie in der Sammlungspolitik (s. S. 434ff.) ihren Ausdruck findet.
6. die ungelösten inneren Probleme des Reiches. Der Gegensatz Preußen–Reich, der soziale Konflikt, die unzureichenden Verfassungsverhältnisse, die WILHELM II. absolutistische Zugeständnisse einräumten, die parlamentarischen und demokratisierenden Ambitionen der Bevölkerung aber zurückdrängten, bildeten den Anlaß für ständige innere Spannungen, die man mit der Wendung nach außen zu neutralisieren hoffte.

9.3.4.2 Die Brennpunkte deutscher Expansion

Schon seit Jahrzehnten hielten alle imperialistischen Mächte eine Expansion im unerschlossenen und mit reichen Schätzen gesegneten China für besonders erfolgversprechend. Von den 385 ausländischen Handelshäusern, die 1880 in China ansässig waren, stellte England allein 236, Deutschland immerhin 65. Dieses Verhältnis veränderte sich im

Notizen:

GRÜNDE FÜR
DIE FEHLLEI-
STUNGEN DER
DEUTSCHEN
POLITIK

KOLONIALER
SPÄTENT-
WICKLER

CHINA

Laufe der Jahre zugunsten der nicht-englischen Nationen. Deutschland versuchte, über die Gründung der Ostasiatischen Bank in das Kapitalgeschäft einzusteigen, hatte aber auch beträchtliche direkte Handelsbeziehungen, nicht zuletzt Waffenlieferungen aufgenommen.
In den 90er Jahren verstärkten sich die deutschen Bemühungen, einen eigenen Stützpunkt an der chinesischen Küste zu erwerben, um die deutsche Kriegs- und Handelsflotte in Ostasien von den englischen Versorgungsstützpunkten unabhängig zu machen und gleichzeitig den deutschen Unternehmen eine günstige Ausgangsposition im imperialistischen Konkurrenzkampf um die wirtschaftliche Beherrschung Chinas zu verschaffen. Im November 1897 ergab sich dann endlich die Gelegenheit für eine scheinbar legale Okkupation. Die Ermordung zweier deutscher Missionare nahm die deutsche Regierung zum Vorwand, den Hafen und die Stadt Kiautschou zu besetzen und dieses Gebiet im März 1898 vertraglich für 99 Jahre in Pacht zu nehmen. Gleichzeitig erwarb sie damit Eisenbahn- und Bergbaukonzessionen in der Provinz Schantung, die solchermaßen in ein deutsches Einflußgebiet umgewandelt wurde. Diese Dokumentation des deutschen Anspruches auf Weltpolitik führte zur Abkühlung des deutsch-russischen Verhältnisses.
Ein weiterer Mord wurde von den imperialistischen Mächten gemeinsam zum Anlaß genommen, um sich noch stärker in China festzusetzen. Seit 1899 hatte die nationale Bewegung der Ihotwan immer mehr um sich gegriffen. Im Jahre 1900 ging sie zum offenen Kampf gegen die imperialistischen Herren über und inszenierte den sog. Boxeraufstand. In Peking belagerten die Massen die ausländischen Missionen. Am 20. Juni wurde der deutsche Gesandte v. KETTELER auf der Straße getötet.
Die imperialistischen Mächte entschlossen sich, eine gemeinsame Streitmacht nach China zu entsenden, als deren Oberkommandierender Generalfeldmarschall v. WALDERSEE fungierte, auf den sich die beiden Hauptrivalen England und Rußland geeinigt hatten, um internen Streit zu vermeiden. Als er im September in China eintraf, hatten die anderen Mächte den Aufstand schon niedergeschlagen. Blutige Strafexpeditionen ins Landesinnere waren das Einzige, was ihm zu tun übrigblieb. Als treuer Gefolgsmann seines Herrn folgte Waldersee wörtlich den Empfehlungen der „Hunnenrede", die Wilhelm II. bei der Verabschiedung des ostasiatischen Expeditionskorps im Juli 1900 in Bremerhaven gehalten hatte: „... Pardon wird nicht gegeben! Gefangene werden nicht gemacht! Wer Euch in die Hände fällt, sei Euch verfallen! Wie vor 1000 Jahren die Hunnen unter ihrem König Etzel sich einen Namen gemacht, der sie noch jetzt in Überlieferung und Märchen gewaltig erscheinen läßt, so möge der Name Deutscher in China auf 1000 Jahre durch Euch in einer Weise bestätigt werden, daß niemals wieder ein Chinese es wagt, einen Deutschen auch nur scheel anzusehen". Unter den wenigen Stimmen, die öffentlich gegen derartige Töne zu protestieren wagten, war die des Vorsitzenden der Sozialdemokratischen Partei, August BEBEL, am vernehmlichsten. Er meinte, diese Rede zeige so

Notizen:

OST-
ASIATISCHE
BANK

KIAUTSCHOU

ERMORDUNG
V. KETTELERS

WILHELMS
HUNNENREDE

BEBELS
PROTEST

recht, auf welcher Seite die Barbarei und Unkultur wirklich zu suchen sei. Die Geschichte des Erwerbs der deutschen pazifischen und Südseebesitzungen (Karolinen-, Palau-, Marianeninseln, Samoa) fällt in die Bismarckzeit. Ebenso wird die wilhelminische Afrikapolitik, speziell die deutsche Marokkopolitik, an anderem Ort erörtert (s. S. 510f. und S. 516f.), weil sie als direkt krisenauslösendes Moment für die Kennzeichnung der internationalen Entwicklung des Imperialismus wichtiger erscheint als zur Charakterisierung einer seiner nationalen Modifizierungen.

Als vierter, und man wird sagen dürfen, entscheidender Brennpunkt des deutschen Imperialismus ist das Gebiet des Balkan und des Vorderen Orients anzusehen.

Hier bahnten sich die entscheidenden Entwicklungen an, die zum Ersten Weltkrieg führen sollten – gleichwertig neben der aggressiven österreichischen Balkanpolitik.

Bereits in den 80er Jahren hatte die sog. wirtschaftsfriedliche Durchdringung der Türkei begonnen. Staatliche und private Initiativen der deutschen Wirtschaft gingen dabei Hand in Hand. Ausdruck fand diese Zusammenarbeit z. B. in den türkischen Aufträgen an die deutsche Rüstungsindustrie, die notwendigerweise erteilt wurden, als deutsche Militärs (General v. d. GOLTZ 1883–1895) die Reorganisation des türkischen Heeres übernommen hatten.

Als besonders lukratives Projekt galt dabei der Bau einer großen Eisenbahnlinie, die von Istanbul über Bagdad bis zum Persischen Golf (Kuweit) führen sollte. Bereits 1889 wurde die „Anatolische Eisenbahngesellschaft“ gegründet, die – finanziell und kontrolliert von der Deutschen Bank, der Dresdner Bank und der deutschen Schwerindustrie – den ersten Bauabschnitt von Istanbul bis Konia bis 1896 fertiggestellt hatte. Als in den letzten Jahren des 19. Jahrhunderts sowohl England als auch Rußland durch Burenkrieg und Konflikt im Sudan bzw. Engagement in Ostasien von der vorderasiatischen Sphäre abgelenkt waren, verstärkten sich die Bemühungen des Reiches, das Projekt voranzutreiben. In persönlichen Gesprächen gelang es dem Kaiser und dem Direktor der Deutschen Bank, Georg v. SIEMENS, von Sultan Abdul Hamid die Konzession für die Fortführung der Bahn und gleichzeitig für die Erschließung der Bodenschätze zu erhalten. (**Vgl. auch S. 346f.**)

Zunächst schien es immerhin, als wäre sich die deutsche Politik über die außenpolitischen Konsequenzen, die mit dem Bau der Bagdadbahn verbunden sein mußten, einigermaßen im klaren. Die Tatsache, daß der wirtschaftlichen Durchdringung notwendig die militärische folgen würde, daß weiterhin durch den kürzeren Weg der Bagdadbahn der in englischer Hand befindliche Suezkanal entwertet würde, ließ es geraten erscheinen, auch ausländisches, vor allem englisches Kapital an dem Projekt zu beteiligen. Als jedoch mit der Beendigung des Burenkrieges 1902 und der englisch-französischen Verständigung 1904 die Engländer auf völlige Gleichberechtigung drangen, entschloß sich das Reich, den Bahnbau in eigener Regie fortzuführen. (**Vgl. S. 548f.**)

Notizen:

BALKAN

BAGDAD-
BAHN
WIRTSCHAFTS-
FRIEDLICHE
DURCHDRIN-
GUNG DER
TÜRKEI

AUSLÄNDI-
SCHE KAPI-
TALBETEILI-
GUNG

Als Folgen dieses Projekts, das Deutschland so hartnäckig verfocht, weil die Bagdadbahn Deutschland genau wie die Kap-Kairo-Bahn England und die Transsibirische Bahn Rußland Entlastung vom Warenüberschuß und zugleich Erleichterung der lebensnotwendigen Rohstoffzufuhr bringen sollte und symbolisch den deutschen Anspruch auf Gleichberechtigung und Weltpolitik verdeutlichte, haben wir in Zukunft zu rechnen mit:

1. einem neuen Gegensatz Deutschland-Rußland, das seine „Konstantinopelpläne“ bedroht sah (s. S. 486 f.);
2. der Verlagerung der Dardanellenfrage von einem englisch-russischen zu einem englisch-deutschen Problem. Deutschland schob sich zwischen die englisch-russischen Gegensätze und erbte dabei den weltpolitischen Druck, der seit dem 18. Jahrhundert auf dem osmanischen Reich lastete und sich seit 1895, als England mit dem Teilungsplan seines Premierministers Salisbury aus der Front der Verteidiger der Türkei ausgeschieden war, noch verstärkt hatte. Konsequenterweise trat 1907 die Verständigung der beiden bisherigen Gegner England und Rußland ein. Aus der Differenz zwischen England und Rußland, die den Spielraum für die Bismarcksche Politik abgegeben hatte, war eine Konvergenz der Flügelmächte geworden.
3. der Befürchtung Frankreichs, daß Deutschland über seine Stellung im Vorderen Orient sich verstärkt in die französische Afrikapolitik einmischen könnte.

9.4 Der Aufbau der Bündniskonstellation des Ersten Weltkrieges

9.4.1 Risse im Dreibund

Bereits um die Jahrhundertwende war deutlich geworden, daß Italien sein Verhältnis zu Deutschland und Österreich-Ungarn zu lockern, seine Beziehungen zu Frankreich aber im Ausgleich dazu zu intensivieren beabsichtigte. Vor allen Dingen Österreichs Interessen standen einer italienischen Expansion auf dem Balkan, in Nordafrika (eine Erschütterung der türkischen Herrschaft durch die italienischen Ansprüche auf Tripolis hätte die Balkanvölker gegen die türkische Balkanherrschaft mobilisiert, was wiederum die dortige österreichische Position gefährdet hätte, vgl. Tripoliskrieg und Balkankriege, S. 520 ff.) und Südtirol entgegen.

Als 1902 Verhandlungen über die Erneuerung des Dreibundvertrages geführt wurden, wünschte Italien den Vertrag so abzuändern, daß er gegenüber Frankreich rein defensiven Charakter trage. Hauptsächlich durch ökonomischen Druck im Zusammenhang mit dem abzuschließenden deutsch-italienischen Handelsvertrag gelang es der deutschen Diplomatie, daß der Dreibundvertrag im Juni 1902 unverändert erneuert wurde. Die italienische Diplomatie half sich jedoch aus der Klemme, indem sie in geheimen Verhandlungen am 1. November 1902 ein gegen-

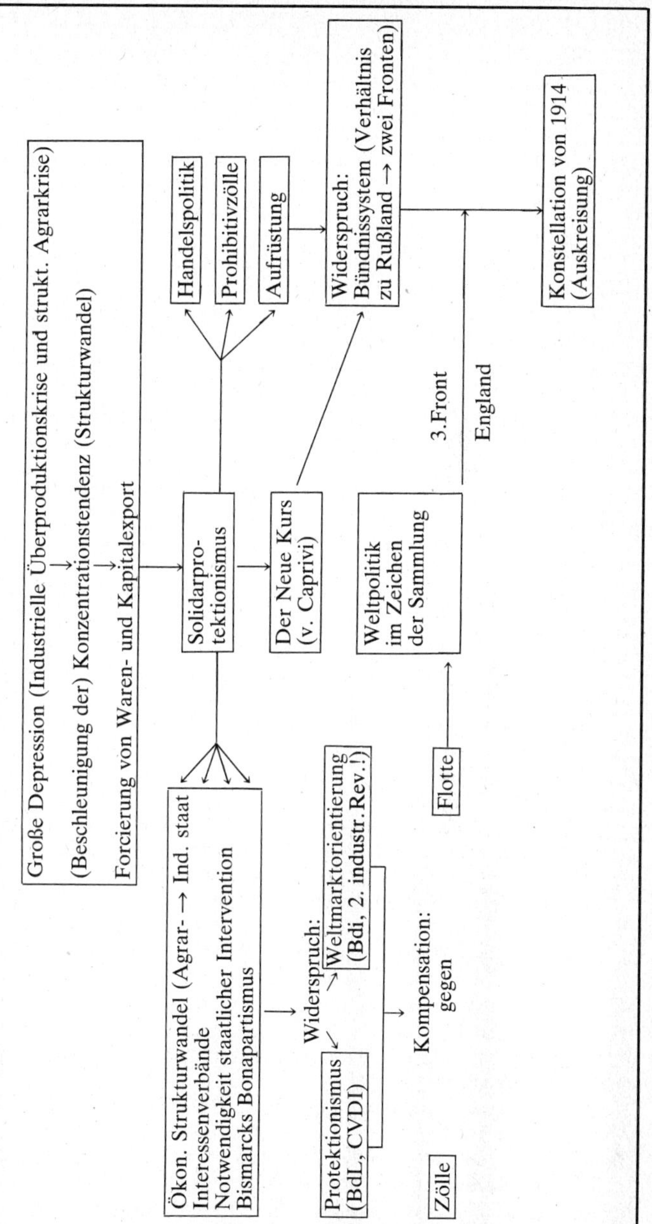

Schaubild 12: Politische Grundstrukturen des deutschen Imperialismus

seitiges Neutralitätsabkommen mit Frankreich abschloß. Dieses Abkommen war unvereinbar mit dem Dreibundvertrag und setzte ihn faktisch außer Kraft. Bündnispartnerschaft zu Italien bestand nur noch formal. Deutschland und Österreich-Ungarn informierten den italienischen Bundesgenossen nicht einmal mehr über die Vorgänge bei der Julikrise. Italien blieb bei Ausbruch des Ersten Weltkrieges zunächst neutral und schloß sich 1915 der Entente an.

9.4.2 Die Entente cordiale

Nach dem Scheitern der deutsch-englischen Bündnisverhandlungen um die Jahrhundertwende (s. S. 474 f.) mußte sich England zu der Einsicht durchringen, daß Deutschland an einer Entente nicht viel gelegen war. Folgerichtig nahm England etwa gleichzeitig mit dem Ostasienpakt mit Japan 1902 Gespräche mit Frankreich auf, um sich gegen den imperialistischen Hauptrivalen Deutschland und dessen flottenpolitisch untermauerte Ansprüche abzusichern. Frankreich zeigte sich an einer endgültigen Verständigung ebenfalls stark interessiert: Das russische Engagement in Ostasien und der mit Sicherheit zu erwartende Konflikt mit Japan minderte den Wert des französisch-russischen Bündnisses.
Im April 1904 wurden die Gespräche schließlich zum Abschluß gebracht. Der Vertrag bestätigte die provisorischen Abmachungen nach Faschoda (s. S. 508 f.), das die beiderseitigen Interessen in Afrika abgegrenzt hatte. Die Franzosen stimmten einem britischen Protektorat über Ägypten und Ostafrika zu, während England Frankreich freie Hand in Marokko überließ.
Frankreich hatte es nun in der Hand, seine beiden, noch verfeindeten Bündnispartner im eigenen Interesse einander näher zu bringen.

9.4.3 Der Vertrag von Björkö

Dieser drohenden russisch-französisch-englischen Allianz entgegenzuarbeiten und gleichzeitig das russisch-französische Bündnis zu lockern, war das eine Motiv für diesen deutsch-russischen Vertrag, das der deutschen Politik von der außenpolitischen Lage diktiert wurde. Ein anderes ergab sich aus der Entwicklung, die der russisch-japanische Krieg genommen hatte. Rußland steuerte auf eine katastrophale Niederlage zu und die Revolution war bereits in vollem Gange. Neben den deutschen Kapitalinteressen, die um ihre Anleihen fürchteten, kam ein letztes Mal die reaktionäre Tendenz der Heiligen Allianz zum Tragen, sich bei der Bekämpfung von Demokratisierungsbestrebungen gegenseitig zu unterstützen.
In einem Gespräch auf privater Ebene, das WILHELM II. am 24. Juli 1905 mit dem Zaren in der Bucht des finnischen Björkö zusammenführte, gelang es dem Kaiser, die Zwangslage des Zaren auszunutzen und NIKOLAUS II. zur Unterzeichnung eines Vertrages zu überreden, der gegenseitige Unterstützung in Europa mit allen Kräften zu Wasser

NEUTRALI-
TÄTSABKOM-
MEN ITALIEN –
FRANKREICH

Notizen:

ENGLISCH-
FRANZÖSI-
SCHE GESPRÄ-
CHE SEIT 1902

INTERESSEN-
ABGRENZUNG
IN AFRIKA

MOTIVE

AUSNUTZUNG
DER ZWANZS-
LAGE DES
ZAREN

und zu Lande vorsah, wenn Deutschland oder Rußland von einer europäischen Macht angegriffen würde.
Dieser Vertrag trat jedoch nie in Kraft. Die verantwortlichen russischen Politiker wußten sehr wohl, daß die Folgen des verlorenen Krieges gegen Japan weit eher durch das finanzstarke Frankreich als durch das vergleichsweise „arme" Deutschland behoben werden konnten. Ein Brief des Zaren an WILHELM vom November 1905 trug dieser Sachlage Rechnung. Zwar, so schrieb der Zar, stehe er nach wie vor zu seiner Unterschrift, er müsse aber auch auf seinen Verbündeten Frankreich Rücksicht nehmen. Deshalb schlage er vor, den Vertrag dahingehend zu ändern, daß er für den Fall eines Konfliktes mit Frankreich nicht gelten solle. Für Deutschland hatte der Vertrag damit jegliche Bedeutung verloren.

9.4.4 Der englisch-russische Ausgleich

Nach der russischen Niederlage von 1905 bedurfte das zaristische Reich dringend jeder Hilfe, die nur an eine Bedingung geknüpft war: Sie durfte der russischen Primärbindung an Frankreich nicht widersprechen. Außerdem hatte Japan soeben die Grenzen der russischen Expansionsmöglichkeiten in Ostasien aufgezeigt, was ein Einschwenken Rußlands auf die traditionelle Balkanpolitik zur Folge hatte. Damit aber rückte der Dreibundangehörige Österreich-Ungarn wieder als Hauptgegner in den Vordergrund. Unter diesen Umständen lag es nahe, daß die russische Politik Anschluß an das starke englisch-französische Bündnis suchte.
Die französische Diplomatie nutzte geschickt die Chance, Engländer und Russen miteinander ins Gespräch zu bringen mit dem Ergebnis, daß im August 1907 die beiden Mächte ihre Interessensphären in Asien in einem Abkommen abgrenzten. Beide Länder verzichteten darauf, sich in Tibet einzumischen. Rußland erklärte „Interesselosigkeit" an Afghanistan, während England versprach, dieses Land nicht besetzen zu wollen, wenn sich die englischen Interessen dort ungestört entfalten könnten. Der Streit um Persien wurde auf die Weise bereinigt, daß das Land in eine nördliche russische Einflußsphäre, eine südliche englische Zone und eine mittlere Region geteilt wurde, in der die beiden Mächte auf den Erwerb wirtschaftlicher Konzessionen verzichten wollten.

9.4.5 Einkreisung oder Auskreisung?

So war um die Mitte des Jahres 1907 zwischen den beiden westlichen Demokratien und dem autokratischen Rußland eine Entente zustande gekommen, d. h. ein politisches Einvernehmen vor allem in kolonialen Fragen und in einer andeutungsweise gemeinsamen Verteidigungskonzeption, jedoch ohne weitere feste Verpflichtungen etwa im Sinne der deutsch-österreichischen „Nibelungentreue". Freilich dürfen die Bindungen, die die Ententemächte eingegangen waren, nicht als so locker verstanden werden, daß sie den einzelnen Regierungen völlige politische

Notizen:

AUSSETZUNG
DES
VERTRAGES

ÖSTERREICH-
UNGARN
NACH 1905
WIEDER
HAUPT-
GEGNER
RUSSLANDS

INTERESSEN-
AUSGLEICH IN
ASIEN

ENTENTE
ZWISCHEN
FRANKREICH,
ENGLAND
UND
RUSSLAND

Entscheidungsfreiheit belassen hätten. Ein isolierter kriegerischer Konflikt zwischen einzelnen Mächten der beiden Bündnissysteme war nunmehr undenkbar geworden. Verlor nämlich ein System auch nur einen seiner Partner, so mußte es dem anderen gegenüber als so geschwächt erscheinen, daß es für eine Verteidigungskonzeption, die auf Abschrekkung basierte, wertlos wurde. Der Zwang, dem Partner zu folgen – nicht unbedingt bei seinen politischen Abenteuern, wohl aber, wenn diese zum Krieg führten –, war also für die beiden europäischen Mächtegruppierungen gleichermaßen gegeben.

Als die deutsche Seite endlich einsehen mußte, daß alle ihre Versuche, die Entente zu verhindern, zum Scheitern verurteilt waren, suchte sie die Schuld nicht etwa in der eigenen verfehlten Politik, sondern in der Mißgunst Englands. Das „perfide Albion" habe Deutschland eingekreist, eine Interpretation, die von der Geschichtswissenschaft übernommen wurde und sich nicht nur in Geschichtsbüchern bis in unsere Zeit herübergerettet hat. Die Tatsachen enthüllen ein anderes Bild:

1. Die deutsche Annexion von Elsaß-Lothringen hat das deutsch-französische Verhältnis so unheilvoll belastet, daß gute Beziehungen ausgeschlossen waren.
2. Das mehrmalige Angebot Rußlands, den Rückversicherungsvertrag zu erneuern, schlug Deutschland aus. Dies ermöglichte das französisch-russische Bündnis und damit den Zweifrontendruck.
3. Dem englischen Wunsch nach einer Verständigung in Form einer Entente wurde deutscherseits nicht entsprochen. Mit der Flottenaufrüstung errichtete Deutschland selbst die dritte Front. Deutschland war nicht eingekreist worden, Deutschland hatte sich selbst ausgekreist.

9.5 Krisen vor dem Ersten Weltkrieg

Man hat die Tatsache, daß keine der schnell aufeinander folgenden politischen Krisen in der Zeit der imperialen Expansion zum Ausbruch eines großen Krieges geführt hat, zum Anlaß genommen, für die Entstehung des Ersten Weltkriegs die Bedeutung der Krisen überhaupt zu bestreiten. Sie seien, wie ihr Ausgang so häufig beweise, ebensowenig „zwingende Ursache des Krieges" gewesen, wie „der Kapitalismus, die soziale Frage, ... der Kampf um die Absatzmärkte und Rohstoffe, noch der von allen Mächten gehegte Ehrgeiz, Weltmacht zu werden, also kurz der sogenannte Imperialismus" (v. MURALT). Denn schließlich wären trotz aller Spannungen und Krisen gerade die stärksten Industrieländer vor 1914, England und Deutschland, gegenseitig die besten Kunden geblieben und den deutschen Reichskanzlern nach Bismarck sei es gelungen, „mit den wichtigsten Nachbarn, so auch mit Rußland, langfristige Handelsverträge abzuschließen, welche gerade eine Fortdauer des bestehenden Friedenssystems voraussetzten" (v. MURALT). Was bezweckt eine derartige Interpretation?

Der Zusammenhang von Kapitalismus und Imperialismus, von dem

Notizen:

EINKREISUNG
DURCH DAS
„PERFIDE
ALBION"

FUNKTION
DER KRISEN

Kampf um Absatzmärkte und Rohstoffe und außenpolitischer Krise soll anscheinend nicht bestritten werden. Damit aber das System als solches nicht kompromittiert werde und das zufällige Versagen einzelner Politiker für die Katastrophe verantwortlich gemacht werden kann, wird die erste und einleuchtendste Beziehung, nämlich die von Krise und Krieg, mit leichter Hand einfach hinwegeskamortiert.

Kritik

1. Niemand wird ernsthaft behaupten, daß jeder Kapitalist einen Krieg herbeiwünsche. Es geht allein um die Frage, ob das System unter bestimmten Voraussetzungen bestimmte Bedingungen schafft, die den Krieg als einzigen Ausweg erscheinen lassen, bzw. ob in diesem gesellschaftlichen System eine Herrschaftsschicht existiert, die stark genug und gewillt ist, ihre Interessen nötigenfalls auch mit Hilfe eines Krieges durchzusetzen.
2. Die Auffassung, die von einer permanenten Expansionstendenz des Kapitalismus ausgeht und aus ihr die außenpolitischen Komplikationen und letztlich auch den Krieg herleitet, ist durch die Existenz florierender wirtschaftlicher Beziehungen zwischen den imperialistischen Mächten durchaus nicht widerlegt. Wo die Produktion einer nationalen Wirtschaft abgesetzt wurde, war schließlich gleichgültig. Nur, sie mußte abgesetzt werden. Dies war innerhalb der imperialistischen Industrienationen dann unmöglich, wenn deren Gesamtsumme an zusätzlichen Investitionsausgaben kleiner war als die kalkulierten Unternehmerprofite aus dem Mehrprodukt der ursprünglichen Investition abzüglich des zusätzlichen Unternehmerkonsums. (Im übrigen waren einzelne Handelsverträge alles andere als friedensfördernd. Gerade der deutsch-russische Handelsvertrag, der nach der russischen Niederlage von 1905 abgeschlossen wurde, konnte von Rußland nur als demütigend empfunden werden.)
3. Das Zeitalter der imperialen Expansion war auch an Kriegen nicht gerade arm. Zwar richteten sich die Angriffe meist „nur“ gegen Eingeborene, Buren, Mahdisten, Chinesen oder Hottentotten. Der amerikanisch-spanische Krieg, der russisch-japanische Krieg und der Tripoliskrieg (s. S. 520f.) bewiesen jedoch, daß die imperialistischen Mächte auch vor internen kriegerischen Auseinandersetzungen nicht zurückschreckten. Schon frühzeitig befürchteten vorausschauende Zeitgenossen, daß sich die gegenwärtig auf die Peripherie beschränkten Auseinandersetzungen zu einem Weltkrieg um die Weltherrschaft ausweiten könnten.
4. Die Behauptung, daß zwischen den imperialistischen außenpolitischen Krisen und einem Weltkrieg kein zwingend notwendiger Zusammenhang bestehe, weil eine Vielzahl von Krisen erwiesenermaßen nicht zu einem Krieg geführt hätte, ist von dergleichen Logik wie der Satz: Ein ursächlicher Zusammenhang zwischen Geschlechts-

Notizen:

akt und Zeugung besteht nicht, weil viele Fälle bekannt sind, wo keine Zeugung stattfand.

Erkannte die soeben kritisierte Auffassung den Zusammenhang zwischen organisiertem Kapitalismus und imperialistischer außenpolitischer Krise und versuchte dann, die Konsequenzen durch einen logischen Salto mortale zu vermeiden, so hält eine andere den Zusammenhang von Krise und Krieg zwar für gegeben, bestreitet aber entschieden die Linie Kapitalismus-Krise. Sie meint im Gegenteil: „Ungeachtet des extremen Nationalismus des Zeitalters entwickelte der Kapitalismus, seinem wahren Wesen gemäß, Formen internationaler Kooperation, die, wäre nicht der Erste Weltkrieg dazwischengekommen, auf die internationalen Beziehungen entschärfend hätten wirken können." (W. J. MOMMSEN)
Eine derartige Behauptung kann man eigentlich nur aufstellen, wenn man die Aussage eines einzigen Satzes zweimal grundlegend einschränkt: „Ungeachtet ..." und „... wenn nicht ..." und dazu noch gleichzeitig per definitionem dem Kapitalismus kosmopolitische Züge andichtet. Soll man Mommsen wirklich abnehmen, daß sämtliche Industrienationen jahrzehntelang stumpf und hoffnungslos verblendet gegen ihren eigenen Vorteil ankämpften? Wer, so fragt man, war denn so sehr daran interessiert oder dazu in der Lage, „das wahre Wesen" des Kapitalismus der Welt so lange zu verheimlichen? Sollte MOMMSEN dafür in Anlehnung an SCHUMPETER (der seine Auffassung übrigens später selbst revidiert hat) postfeudale Restbestände verantwortlich machen, so wäre ihm entgegenzuhalten, daß England, Frankreich und die USA ebenso imperialistische Politik trieben, von einem gesellschaftsrelevanten Feudalismus dort aber keine Rede sein kann. Auch mit überschäumendem Nationalismus ist grundsätzlich nichts erklärt.
Muß man nicht vielmehr annehmen, daß politisches und wirtschaftliches System eine Einheit bildeten, korrespondierten, das eine dem anderen Ziel und Weg vorschrieb? Die Durchsicht der Quellen führt zu keinem anderen Ergebnis. Versteht man allerdings die Tatsache, daß man „etwa seit der Mitte der neunziger Jahre begann, über die Grenzen der einzelnen nationalen Volkswirtschaften hinweg internationale Kartelle und Kombinationen ins Leben zu rufen und die Märkte der Welt untereinander aufzuteilen" (MOMMSEN) als Ausdruck neuartiger freundschaftlicher „internationaler Kooperation", dann freilich ermöglichen auch Tatsachen die erstaunlichsten Schlüsse.
Kartelle, vor allem auch internationale, entstanden im Zuge des wirtschaftlichen Konzentrationsprozesses und waren ein Mittel, der Anarchie des Marktes und der Produktion entgegenzuwirken. Sie sind zu verstehen als Kampfzusammenschluß, der sich sowohl gegen Konkurrenten als auch Konsumenten richtete, und zwar einzig und allein nach Maßgabe einer möglichst hohen Gewinnerzielung. Kartellabsprachen selbst galten nur solange, als sie den wirtschaftlichen Kräfteverhältnissen der Partner entsprachen. „Diese internationalen Monopole",

Notizen:

ZUSAMMEN-
HANG
KAPITA-
LISMUS-
KRISE

INTER-
NATIONALE
KARTELLE

schreibt Jürgen KUCZYNSKI, „nehmen eine friedliche Verteilung der Welt unter sich vor, bis einer der Partner sich stark genug fühlt, um entweder das Monopol zu zerstören und ... die anderen niederzukonkurrieren, oder es ihm gelingt, durch die Androhung einer solchen Aktion sich eine höhere Quote zu sichern." Als Beispiel sei nur das internationale Schienenkartell genannt.
Wenn es so etwas wie ein „wahres Wesen" des Kapitialismus gibt, so heißt es bestimmt nicht Kooperation, sondern Profitmaximierung: Verwertung des Kapitals zum Zwecke seiner Vermehrung. Diese Orientierung des Kapitals hat „gute" Seiten, z. B. die hohe Zuwachsrate der Produktivität und „schlechte"; vor allem aber hat sie in verschiedenen historischen Zeiträumen unterschiedliche politische Folgen. Diese Folgen haben wir für den Zeitraum von 1873 bis 1914 unter den Sammelbegriff „imperiale Expansion" gestellt und im Kapitel Imperialismustheorie begründet.

9.5.1 Die ägyptische Krise

Schon seit längerer Zeit war französisches und englisches Privatkapital in Ägypten angelegt worden. Frankreich hatte den Suezkanal gebaut, England den ägyptischen Anteil der Suezkanalaktien erworben. Als 1882 der Aufstand der nationalen Bewegung Achmed Arabis die europäischen Geldanlagen gefährdete, schickte England eine Strafexpedition nach Ägypten, was zum Ausgangspunkt der endgültigen Okkupation durch England werden sollte.
Frankreich, das sich geweigert hatte, an der Expedition teilzunehmen, weil eine gemeinsame Aktion die Anerkennung eines englisch-französischen Kondominiums und nicht alleiniges französisches Protektorat bedeutet hätte, protestierte scharf und verlangte den Abzug der englischen Truppen.
Wohl wäre England bereit gewesen, auf die französische Forderung einzugehen, jedoch nur unter der Bedingung, daß seine zukünftige wirtschaftliche Entfaltung in Ägypten gesichert sei. Im Falle einer Gefährdung durch einen neuen Aufstand sollten die europäischen Großmächte den Engländern das Recht auf militärische Intervention zugestehen. Als diese Zusage auf sich warten ließ und Frankreich seine Absicht, sich einseitig in Ägypten festzusetzen, nach wie vor nicht aufgegeben hatte, nützte die englische Regierung die Situation, die durch die Ermordung des englischen Heerführers Gordon durch Mahdisten in Khartum 1885 entstanden war, um sich endgültig in Ägypten zu etablieren, obwohl die englische Herrschaft völkerrechtlich durch nichts zu begründen war.

9.5.2 Faschoda

Mehrmals schien sich der englisch-französische Konflikt in Nordafrika zu einem großen militärischen Zusammenstoß der beiden Nationen aus-

Notizen:

FRANZÖSI-
SCHES UND
ENGLISCHES
PRIVAT-
KAPITAL IN
ÄGYPTEN

ERMORDUNG
GORDONS

zuweiten. Die Engländer drangen von Norden her nilaufwärts in den Sudan vor, die Franzosen näherten sich dem gleichen Ziel von ihrem Besitz in Westafrika aus. Im Juli 1898 erreichte der französische Hauptmann MARCHAND die Festung Faschoda und hißte die Trikolore, was nach allgemein geübtem Besitznahmerecht bedeutete, daß das Gebiet am oberen Nil rechtmäßig von Frankreich beansprucht werden durfte. Gleichwohl forderte Lord KITCHENER, der Faschoda erst im September erreichte, weil brutalste Vernichtungskriege gegen die Mahdisten ihn so lange aufgehalten hatten, den französischen Hauptmann auf, die Festung und das Gebiet sofort zu räumen, um seinerseits ein englisch-ägyptisches Kondominium über den Sudan zu errichten, das sich auf ältere ägyptische Rechtsansprüche stützte. MARCHAND erklärte, die Entscheidung seiner Regierung abwarten zu wollen.
In Frankreich gingen die Wogen der Empörung hoch. Wenn es trotzdem nicht zum Krieg kam, so war das allein der schwierigen Lage zu danken, in der Frankreich sich damals befand. Sein Außenminister DELCASSÉ riet zum Rückzug, weil Frankreich einen Krieg zur See mit England nicht wagen könne und überdies vom Verbündeten Rußland durch dessen augenblickliches Engagement in Ostasien wirksame Hilfe nicht erwartet werden könne. Die innere Krise, in die die DREYFUS-Affäre (s. S. 416f.) die Nation gestürzt hatte, ließ Abenteuer dieses Ausmaßes auch nicht ratsam erscheinen. Frankreich zog sich zurück.
In den folgenden Jahren gelang es der zielbewußten Verständigungspolitik DELCASSÉS, den Ausgleich mit England in kolonialen Fragen herbeizuführen. Schon 1899 einigten sich die beiden Kontrahenten vorläufig über die Aufteilung der Interessensphären in Nordafrika: England erhielt Ägypten und den Sudan, Frankreich das ganze Gebiet von Nordwestafrika bis zum Kongo zugesprochen. Die Regelung der Entente cordiale (s. S. 498) schaffte den Streit endgültig aus der Welt.

9.5.3 Die erste Marokkokrise

Die Entente cordiale hatte u. a. Marokko dem französischen Einflußgebiet zugeteilt, obwohl die englische Diplomatie noch anläßlich der deutsch-englischen Bündnisverhandlungen um die Jahrhundertwende an Deutschland das Angebot gerichtet hatte, in Gespräche über eine Interessenabgrenzung in Marokko einzutreten. Mit der neuen Situation zerstoben alle bisher gehegten Illusionen der deutschen Politiker, die gerade von der „Politik der freien Hand" erwartet hatten, daß ihnen ein großes Kolonialreich wie eine reife Frucht in den Schoß fallen werde. Eine Äußerung Holsteins zeugt von der Katerstimmung in der Wilhelmstraße: „Jetzt haben wir die Bescherung ... wir sind außerstande, irgendwelche überseeischen Erwerbungen zu machen."
Das Eingeständnis des Scheiterns bildete jedoch nur die eine Seite für die Hektik der deutschen Politik dieser Zeit. Die andere bestand darin, die sich abzeichnende, für Deutschland gefährliche Bündniskonstellation zu verhindern. Der Ausfall von Frankreichs Bündnispartner Ruß-

Notizen:

MARCHAND

KITCHENER

VERSTÄNDI-
GUNGS-
POLITIK
DELCASSES

SCHEITERN
DER „POLITIK
DER FREIEN
HAND“

DRUCK AUF
FRANKREICH

land durch den russisch-japanischen Krieg schien die Möglichkeit zu eröffnen, durch diplomatischen und militärischen Druck auf Frankreich die junge englisch-französische Entente so stark zu belasten, daß sie vielleicht auseinanderbrach.
Marokko schien als Ansatzpunkt deshalb besonders geeignet, weil Deutschland neben beträchtlichen Wirtschaftsinteressen auch auf die rechtliche Situation hinweisen konnte, die zu seinen Gunsten sprach: Die Madrider Konvention über Marokko von 1880 räumte allen Unterzeichnerländern gleiche politische und wirtschaftliche Rechte ein. Frankreich hatte nun seine Stellung einseitig ausgebaut, ohne für seine Herrschaft ein völkerrechtliches Mandat zu besitzen. Im März 1905 landete WILHELM II. in Tanger, um damit sichtbar die deutschen Ansprüche zu dokumentieren und mit einer Garantieerklärung für die Souveränität des Sultans von Marokko die Rechtmäßigkeit des französischen Vorgehens infrage zu stellen. Diese Aktion war mit den verantwortlichen Leitern der deutschen Außenpolitik, BÜLOW und HOLSTEIN, abgesprochen gewesen.
Die Androhung militärischer Maßnahmen verhalf dem Unternehmen zunächst wenigstens zu einem Teilerfolg. Im Juni mußte der französische Außenminister DELCASSÉ, der die englisch-französische Aussöhnung zustande gebracht hatte (!), demissionieren. Damit aber gab sich die deutsche Politik nicht zufrieden. Ihr Ziel – endlich spektakuläre Kolonialerwerbungen, „nach denen die Massen schreien" (HOLSTEIN) – hatte sie noch nicht erreicht. In dem Glauben, die Mehrheit der Signatarmächte der Madrider Konvention würde aus ihren Interessen heraus sein Vorgehen billigen (gleiche politische und wirtschaftliche Rechte in Marokko und Unantastbarkeit der Souveränität des Sultans), forderte Deutschland eine internationale Marokkokonferenz, die im Januar 1906 nach Algeciras einberufen wurde. Über die Zustimmung, die den deutschen Vorschlägen dort zuteil werden sollte, hatten sich BÜLOW und HOLSTEIN jedoch gründlich verrechnet. Die anderen Mächte spürten sehr wohl, daß die moralische Entrüstung der deutschen Politik nur vorgetäuscht war, um zu erreichen, daß noch ein Stück von der Beute für sie abfiel. Zwar ließ die völkerrechtliche Situation eine grundsätzliche Revision der Madrider Konvention nicht zu. Die Übertragung der Polizeirechte aber an Frankreich und in seiner Interessensphäre an Spanien eröffnete diesen Ländern die Möglichkeit, Marokko stufenweise ihrer Herrschaft einzugliedern.
Wichtiger noch als dieser sichtbare Mißerfolg der deutschen Politik waren die bündnispolitischen Konsequenzen, die für Deutschland mit dem Marokkoabenteuer verbunden waren. Die Entente konnte nicht gesprengt werden, im Gegenteil, während der Krise kam es erstmals zu englisch-französischen Absprachen für den Fall eines Krieges, d. h. das Einvernehmen über die koloniale wurde durch die Krise auf die europäische Politik ausgeweitet. Solche Folgen wären ohne allzu große geistige Anstrengungen vorauszusehen gewesen. Der in der Entente cordiale festgelegte vorherrschende Einfluß Frankreichs in Marokko war mit

Notizen:

DRUCK AUF
FRANKREICH

LANDUNG
WILHELMS IN
TANGER

DEMISSION
DELCASSES

ALGECIRAS

NIEDERLAGE
DER DEUT-
SCHEN
POLITIK

dem englischen Besitz Ägyptens gekoppelt. Ein Vorstoß in der Marokkofrage bedeutete also einen direkten Angriff auf Frankreich und England. Da auch BJÖRKÖ (s. S. 498f.) nur Episode geblieben war, hatte sich die deutsche Politik schon jetzt in eine hoffnungslos isolierte Position hineinmanövriert.

9.5.4 Die Annexionskrise

Seit der Berliner Kongreß 1878 Österreich-Ungarn das Recht der Verwaltung und Besetzung von Bosnien und der Herzegowina zugesprochen hatte, verfolgte Österreich den Plan, diese Gebiete zu annektieren. Inzwischen waren zudem Ereignisse eingetreten, die eine schnelle Annexion ratsam erscheinen ließen. Der Einfluß Rußlands auf die Slawenvölker hatte sich verstärkt. Die zentrifugale Kraft der Nationalismen machte dem Vielvölkerstaat immer schwerer zu schaffen. Die Serben strebten ein alle Südslawen erfassendes Großserbien an. Als ersten Schritt dazu hatten sie in der Revolution von 1903 die Herrschaft der OBRENOVIČ beseitigt, die sich eng an Österreich angelehnt hatte.
Nach dem russisch-japanischen Krieg schien für Österreich ein günstiger Zeitpunkt gekommen, um seine Pläne in die Tat umzusetzen. Zunächst sollte eine Bahnlinie von Sarajewo durch den Sandschak von Novibazar nach Saloniki (Sandschakbahn) Österreich größeren politischen und wirtschaftlichen Einfluß verschaffen.
Als die jungtürkische Bewegung versuchte, die Türkei in einen Verfassungsstaat umzuwandeln und die österreichische Außenpolitik befürchten mußte, daß diese Bewegung auch auf Bosnien und die Herzegowina, die ja immerhin noch unter türkischer Oberhoheit standen, übergreifen und zu ihrer Loslösung von Östereich führen könnte, wurde die Annexion nicht länger aufgeschoben.
In Buchlau in Mähren trafen im September 1908 der österreichische und der russische Außenminister, v. AEHRENTHAL und ISWOLSKIJ, zusammen, um sich über die Beuteanteile zu verständigen. ISWOLSKIJ stimmte der Annexion unter der Bedingung zu, daß Österreich bei den übrigen Mächten durchsetzte, daß Rußland die Durchfahrt von Kriegsschiffen durch die Meerengen gestattet würde. Freilich wußte Österreich genau, daß England einem solchen Ansinnen kaum zustimmen würde, schuf deshalb lieber ein fait accompli und proklamierte die Annexion von Bosnien und der Herzegowina am 5. Oktober 1908, ohne die russischen Wünsche berücksichtigt zu haben.
Die russische Politik protestierte und weigerte sich, die Annexion anzuerkennen. BÜLOW jedoch stellte sich in „Nibelungentreue" hinter den Bündnispartner und zwang Rußland durch ein scharfes diplomatisches Ultimatum zum Einlenken. Einen Krieg konnte Rußland damals unmöglich wagen. Daraufhin mußte auch Serbien nachziehen und eine Loyalitätserklärung zur vollzogenen Annexion abgeben. Und mit den Tatsachen abzufinden hatte sich natürlich auch die Türkei.
Scheinbar hatten die Mittelmächte seit langer Zeit wieder einmal einen

Notizen:

ISOLATION
DEUTSCH-
LANDS

REGELUNG
DES BERLINER
KONGRESSES

SANDSCHAK-
BAHN

JUNGTÜRKEN

DAS BUCH-
LAUER
TREFFEN
1908

ANNEXION
VON BOSNIEN
UND DER HER-
ZEGOWINA

NUR SCHEIN-
BARER SIEG
DER MITTEL-
MÄCHTE

großen politischen Sieg errungen. Rußland war gedemütigt, die aufmüpfigen Serben waren zur Räson gebracht, als der österreichische Generalstab und auch Aehrenthal ernsthaft mit der „Aushebung des serbischen revolutionären Nestes“ drohten.
Die weiterreichenden Folgen waren jedoch eindeutig negativ.
Rußland fühlte sich gedemütigt, übertölpelt, bei seinen „slawischen Brüdern“ kompromittiert und nahm naturgemäß in Zukunft eine feindselige Haltung ein. Hatten die Balkanvölker bisher in der Türkei den Gegner gesehen, an dessen Widerstand ihre politischen Wünsche zerschellten, so mußten sie nun, vor allem die Serben, in Österreich ihren Hauptfeind erkennen. Italien, das nach dem Dreibundvertrag bei Veränderungen des Status quo auf dem Balkan zugezogen werden mußte, war nicht informiert, geschweige denn irgendwie besänftigt worden. Es zog die Konsequenzen und schloß im Oktober 1909 einen Geheimvertrag mit Rußland, in dem sich beide Mächte verpflichteten den Status quo auf dem Balkan erhalten zu wollen. Ferner wollten sie ihre Politik in Zukunft am Nationalitätsprinzip (!) ausrichten. In der Meerengenfrage versprach Italien Unterstützung, Rußland wollte dagegen beim Erwerb von Tripolis behilflich sein.

9.5.5 Die zweite Marokkokrise

Seit ALGECIRAS hatte Frankreich seine von den Großmächten außer Deutschland und Österreich-Ungarn tolerierte Herrschaft über Marokko ständig ausgebaut. Mit der Zeit war sie soweit gediehen daß sogar Deutschland nicht umhin konnte, in einem Vertrag vom Februar 1909 die faktische französische Vorherrschaft anzuerkennen, wenn die wirtschaftlichen Interessen Deutschlands sich ungehindert entfalten könnten und an Konzessionen und marokkanischen Staatsaufträgen angemessen beteiligt würden. Gegen diesen „Ausverkauf“ richtete sich allerdings eine heftige Kampagne der Alldeutschen und der Gebrüder MANNESMANN, die als bedeutendstes deutsches Unternehmen in Marokko um ihre einträglichen Erzkonzessionen fürchteten. Der Protest gewann breitere Resonanz, als auch in der Folgezeit die Streitigkeiten zwischen deutschen und französischen Firmen vor allem um die Anteile bei den marokkanischen Eisenbahnbauten nicht nachließen.
1911 brach in Fez ein Aufstand aus, der sich gegen den Sultan richtete. Die Franzosen gingen gegen die Aufständischen vor, um damit ihren eigenen Rechtsanspruch auf Marokko sicherzustellen, der immerhin von der – wenn auch erzwungenen – Zustimmung des Sultans abhängig war. Dieser einseitige Bruch der Algeciras-Akte bedeutete für das Reich nach einer Äußerung KIDERLEN-WÄCHTERS, Staatssekretär des Äußeren seit 1910, „die letzte Gelegenheit, ohne zu fechten, etwas Brauchbares in Afrika zu erhalten“. Diesmal allerdings wollte man sich nicht auf den guten Willen der anderen Mächte verlassen wie 1905/06, sondern seinen Machtmitteln vertrauen.
Am 1. Juli 1911 erschien das deutsche Kanonenboot „Panther“ vor dem marokkanischen Hafen Agadir (Panthersprung), wenig später folgte die

Notizen:

WEIT-
REICHENDE
FOLGEN

GEHEIMVER-
TRAG
ITALIEN-
RUSSLAND

AUSBAU DER
FRANZÖSI-
SCHEN HERR-
SCHAFT ÜBER
MAROKKO

AUFSTAND IN
FEZ

PANTHER-
SPRUNG NACH
AGADIR

„Berlin". Zugleich hatte KIDERLEN-WÄCHTER, der Initiator und Leiter der Aktion, die Presse mobilisiert, die Wirtschaft veranlaßt, promarokkanische Eingaben an das Auswärtige Amt zu richten; KIDERLEN war sogar mit dem Alldeutschen Verband in Verbindung getreten, um dessen Broschüre „Westmarokko-deutsch" mit vorzubereiten. Zwar kann man auch die französische Reaktion auf das deutsche Vorgehen nicht gerade als freundlich bezeichnen, zu derartig krassen Äußerungen, wie sie in der schwerindustriellen „Rheinisch-Westfälischen Zeitung" zu lesen waren, ließ sie sich aber niemals hinreißen: „Vor Agadir liegt nun ein deutsches Kriegsschiff! Die Verständigung mit uns über die Aufteilung Marokkos steht den Franzosen noch frei, wollen sie nicht, dann mag der Panther die Wirkung der Emser Depesche haben."

Glücklicherweise reagierten die Franzosen vernünftiger und willigten in Verhandlungen ein. Diese gestalteten sich jedoch äußerst schwierig und langwierig vor allem dadurch, daß man die Franzosen über seine wahren Absichten im Unklaren ließ oder lassen mußte. KIDERLEN nämlich verfolgte den Plan, durch den Druck auf Marokko nicht in erster Linie marokkanisches Gebiet zu erwerben, sondern die Franzosen zur Herausgabe des ganzen französischen Kongo zu veranlassen. Er sollte die Grundlage eines geschlossenen deutschen mittelafrikanischen Kolonialreiches werden, indem man Belgisch-Kongo und Angola hinzuerwarb. Zusammen mit Kamerun, Deutsch-Südwestafrika und Deutsch-Ostafrika hätte Deutschland dann endlich über ein relativ einheitliches koloniales Imperium verfügt.

Die Franzosen gingen auf diesen Vorschlag KIDERLENS, als er endlich damit herausrückte, nicht ein. Ihr Widerstand konnte auf die Unterstützung Englands rechnen, das ernsthaft die Errichtung eines deutschen Flottenstützpunktes in Agadir befürchtete und durch den deutschen Vorstoß in Marokko natürlich vor allem seine ägyptische Position gefährdet sah. Der Schatzkanzler LLOYD GEORGE hielt im Juli im Londoner Mansion House eine Rede, wo er wissen ließ, daß England im Falle eines Krieges aktiv auf der Seite Frankreichs eingreifen werde. Zwischen dem englischen und dem französischen Generalstab fanden bereits Einsatzbesprechungen statt. Ende Juli ordnete die englische Regierung die Teilmobilmachung der Flotte an. Immer noch liefen die Verhandlungen. KIDERLEN resümierte: „Unser Ansehen ist heruntergewirtschaftet, im äußersten Falle müssen wir fechten." Um ein Haar wäre der Erste Weltkrieg drei Jahre früher ausgebrochen.

Daß Europa noch einmal eine Frist bekam, in der es sich besinnen konnte, dankt es in erster Linie den Russen, die in Paris verkünden ließen, daß die Marokkofrage Rußlands „vitale Interessen" nicht berühre und damit die Franzosen zum Einlenken veranlaßten. In Deutschland war eine Börsenpanik, entstanden dadurch, daß Frankreich hohe kurzfristige Anleihen vom deutschen Geldmarkt abzog, der Grund, vorsichtigere Töne anzuschlagen. Im November wurden dann die beiden Verträge über Marokko und den Kongo unterzeichnet: Deutschland erhielt den größeren, aber wertloseren Teil des französi-

Notizen:

PRESSE-
KAMPAGNE

VERHAND-
LUNGEN

ENGLISCHE
UNTER-
STÜTZUNG
FRANKREICHS

EINLENKEN
DER KONTRA-
HENTEN

schen Kongo, Frankreich bekam in Marokko politisch und militärisch freie Hand.
An der grundsätzlichen Mächtekonstellation hat diese Krise nichts mehr geändert. Wohl aber läßt sich eine allgemeine Verhärtung der Fronten feststellen. Außer der Sozialdemokratie mißbilligten alle Parteien des deutschen Reichstages die Ausverkaufspolitik der Regierung. Die anglophobe Welle erreichte einen neuen Höhepunkt. Nach dem neuerlichen Eingreifen Englands glaubte man jetzt zu „wissen, wo der Feind steht". In Frankreich wurde der Ministerpräsident CAILLAUX gestürzt, dem das Verdienst, den Krieg verhindert zu haben, eigentlich gebührt (s. S. 394). Poincaré bildete an seiner Stelle ein großes Kabinett, das sich besonders durch verstärkte Aufrüstung hervortat. England schließlich hatte sich, wie zu erwarten war, eindeutig festlegen müssen. Die Rolle des Vermittlers blieb im europäischen Trauerspiel unbesetzt.

9.5.6 Tripoliskrieg und Balkankriege

Der französische Erfolg in Marokko ermunterte Italien, seine Expansionspläne in Nordafrika nicht länger hinauszuschieben. Am 28. September 1911 marschierte es in das türkische Tripolis ein. Dieser Krieg zwischen dem Bundesgenossen und der befreundeten Türkei belastete den Dreibund erneut schwer. Zudem fürchtete Österreich, die italienische Expansion werde demnächst auf den Balkan übergreifen.
Der Tripoliskrieg gab das Signal zum Generalangriff der Balkanvölker auf die osmanische Herrschaft. Mit russischer Hilfe kam im März 1912 ein geheimes Schutz- und Trutzbündnis zwischen Serbien und Bulgarien, der sog. Balkanbund zustande. Griechenland schloß sich im Mai, Montenegro im August an.
Noch ehe die Türkei mit Italien zu einer endgültigen Friedensregelung gekommen war, eröffnete König Nikita von MONTENEGRO am 8. Oktober 1912 den Krieg. Am 15. Oktober trat die Türkei im Frieden von OUCHY Tripolis gegen eine Geldentschädigung an Italien ab. Schon zwei Tage später, am 17. Oktober, erklärte der Balkanbund insgesamt der Türkei den Krieg. Der militärische Zusammenbruch des osmanischen Reiches folgte über Erwarten schnell. Schon im November mußte die türkische Regierung die Großmächte um die Vermittlung eines Friedens bitten. Am 30. Mai 1913 kam der Londoner Präliminarfriede schließlich zustande, zu spät zwar, um die Bulgaren an der Einnahme von Adrianopel noch hindern zu können, aber früh genug, um sie noch vor der Eroberung von Istanbul zu bremsen. Ihren europäischen Besitz jedoch mußte die Türkei bis auf einen schmalen Landstreifen vor Istanbul abtreten.
Bulgarien jedoch wollte sich mit der Verteilung des eroberten Gebietes, die einem russischen Schiedsspruch entsprungen war, nicht zufrieden geben. Es eröffnete sofort einen neuen Krieg gegen die Serben, ihren Partner im Balkanbund, denen aber Griechen, Rumänen und Türken zu Hilfe kamen, die einen, um die drohende bulgarische Hegemonie auf

Notizen:

VERHÄRTUNG
DER FRONTEN

BELASTUNG
DES DREI-
BUNDES

1. BALKAN-
KRIEG

MILITÄRI-
SCHER
ZUSAMMEN-
BRUCH DER
TÜRKEI

dem Balkan zu verhindern, die anderen, um auf diese Weise wenigstens teilweise verlorenen Besitz wieder zurückzuerobern. Der zweite Balkankrieg endete mit einer Katastrophe für Bulgarien. Der Friede von Bukarest vom 10. August 1913 sprach Bulgarien den weitaus größten Teil seiner Gewinne aus dem ersten Balkankrieg wieder ab. Serbien sicherte sich den Löwenanteil und verdoppelte sein Territorium. Rumänien nahm sich die Dobrudscha, Griechenland drang von Süden aus vor und die Türkei erhielt Adrianopel zurück.
Die Kämpfe der Balkanstaaten untereinander bilden jedoch nur die eine Seite des Problems. Parallel dazu, bzw. mit ihnen verknüpft, entwickelte sich wiederum ein Konflikt der europäischen Großmächte, und erneut kam Europa nur mit Mühe an einem allgemeinen Krieg vorbei.
Eine Schwächung der balkanischen Stellung der Türkei war, wenn sie mit einer Stärkung der Position Rußlands und Serbiens verbunden war, gleichbedeutend mit einer Schwächung Österreichs. Nur mit Mühe konnte Deutschland verhindern, daß sein Bündnispartner schon 1912 in den ersten Balkankrieg eingriff. Ganz und gar unnachgiebig aber blieb Österreich in seinem Entschluß, Serbien den Weg an die Adria zu verlegen und deshalb auf die Errichtung eines selbständigen Fürstentums Albanien zu dringen, das natürlich bei dem serbischen Druck so selbständig nicht bleiben würde. In diesem Punkt genoß Österreich die vollständige Unterstützung Deutschlands, das eine Schwächung seines Bündnispartners als eine eigene betrachtete. Ebenso plädierten Italien und England für eine solche Lösung. Rußland dagegen schien fest entschlossen, Serbien zu einem Hafen an der Adria zu verhelfen.
Als klar ersichtlich wurde, daß der Ausgang des ersten Balkankrieges eine Regelung im Sinne der Serben präjudizieren würde, waren weiteste Kreise Österreichs zum militärischen Eingreifen entschlossen. Sowohl Rußland als auch Österreich trafen militärische Vorbereitungen für den Krieg. In einer Reichstagsrede stellte sich BETHMANN HOLLWEG vorbehaltlos und in scharf antirussischer Tendenz hinter die Politik des Bündnispartners, was in England als „Kriegsrede“ gewertet wurde und Außenminister GREY zu der deutlichen Warnung veranlaßte, England werde bei einem Krieg nicht mitansehen, wie das europäische Gleichgewicht zerstört werde. Auf der Londoner Botschafterkonferenz im Dezember 1912 gelang jedoch eine vorläufige Beilegung des Konflikts; Rußland mußte der Schaffung eines selbständigen Staates Albanien unter dem Prinzen Wilhelm zu WIED zustimmen.
Dieser Regelung mußte sich schließlich auch Serbien beugen. Im Londoner Präliminarfrieden stimmte der Balkanbund der Errichtung Albaniens durch die Großmächte zu. Österreich war formal als Sieger aus dem Konflikt hervorgegangen. Doch schon der Ausgang des zweiten Balkankrieges, der Serbien als Hauptgewinner gesehen hatte, ließ Wien neue militärische Interventionspläne erwägen. Man dachte an eine Revision des Bukarester Friedens von 1913 zugunsten des Verlierers Bulgarien, mit dessen Hilfe Serbien isoliert werden sollte. Die deutsche Diplomatie versuchte zunächst mehr, auf Rumänien und die Türkei Einfluß

Notizen:

2. BALKAN-
KRIEG

KONFLIKT
DER EUROPÄ-
ISCHEN
GROSS-
MÄCHTE

ÖSTERREI-
CHISCHE UND
RUSSISCHE
BALKAN-
PLÄNE

VORLÄUFIGE
BEILEGUNG
DES KON-
FLIKTS 1912 IN
LONDON

zu nehmen, während Rußland auf Serbien baute. Die Großmächte hatten es verstanden, die balkanischen Nationalitäten gegeneinander auszuspielen, indem sie ihnen einzeln die Erfüllung ihrer politischen Wünsche versprachen. Die Folge war, daß sich die europäischen Gegensätze immer gleichartiger auf dem Balkan reproduzierten.

Themen und Fragen zur eigenen Weiterarbeit:

vgl. nach Kapitel 10, S. 576

Literatur:

ASKEW, William C.: The Austro-Italian Antagonism. 1896–1914. In: Power, Public Opinion, and Diplomacy. Essays in Honor of E. M. Caroll. Durham 1959
BECKER, Otto: Die Wende der deutsch-englischen Beziehungen. In: Festschr. f. Gerhard Ritter. Tübingen 1960, S. 353–400
BERGHAHN, Volker R.: Zu den Zielen des deutschen Flottenbaus unter WILHELM II. In: HZ 210(1970), S. 34–100
ders.: Der TIRPITZ-Plan. Genesis und Verfall einer innenpolitischen Krisenstrategie unter WILHELM II. Düsseldorf 1971
ders.: Flottenrüstung und Machtgefüge. In: Das Kaiserliche Deutschland, Hg. M. Stürmer, Düsseldorf [2]1977, S. 378–396
BROWN, R. G.: Fashoda Reconsidered. The Impact of Domestic Politics on French Policy in Africa 1893–98. Baltimore 1970
BRUNN, G.: Deutschland und Brasilien 1890–1914. Köln 1971
BRUNSCHWIG, Henri: Mythes et réalités de l'impérialisme colonial français 1871–1914. Paris 1960
COLLINS, Robert O.: The Partition of Africa: Illusion and Necessity. Chichester 1959
ELEY, G.: Sammlungspolitik, Social Imperialism and the Navy Law of 1898. In: Militärgeschichtliche Mitteilungen 1 (1974) S. 29–63
GEISS, Imanuel: German Foreign Policy 1871–1914. London 1975
GUILLEN, Pierre: L'Allemagne et le Maroc. 1870–1905. Paris 1967
HAUSER, Oswald: Deutschland und der englisch-russische Gegensatz 1900–1914. 1958
HENNING, H.: Deutschlands Verhältnis zu England in Bethmann Hollwegs Außenpolitik 1909–1914. Diss. Köln 1962
HERZFELD, Hans: Die Liman-Krise und die Politik der Großmächte in der Jahreswende 1913/14. In: Berliner Monatshefte Jg. XI (1933)
HUBATSCH, Walter: Die Ära Tirpitz. Studien zur deutschen Marinepolitik. 1890–1918. Göttingen 1955
KAMPEN, Wilhelm van: Studien zur deutschen Türkeipolitik in der Zeit Wilhelms II. Diss. (Masch.) Kiel 1968
KITSON, Clark G.: An expanding Society: Britain 1890–1900. Cambridge 1967
KOHN, Hans: Die Slawen und der Westen: Geschichte des Panslawismus. Wien 1956
LOWE, C.: The Reluctant Imperialists. British Foreign Policy 1878–1902. London 1967
MARDER, Arthur J.: From the Dreadnought to Scapa Flow. Vol. I–IV. London 1969

GROSSMÄCHTE UNTERSTÜTZEN NATIONALBEWEGUNGEN

Notizen:

MURALT, Leonhard von: Bismarcks Politik der europäischen Mitte. 1954
MANSERGH, Nikolas: The Coming of the First World-War. A Study in the European Balance 1878–1914. New York 1949
MEINECKE, Friedrich: Geschichte des deutsch-englischen Bündnisproblems. 1890–1901. München 1927
MOMMSEN, Wolfgang J.: Imperialismus in Ägypten. München 1961
MONGER, George: The End of Isolation. British Foreign Policy 1900–1907. Edingburgh 1963
PÖNICKE, H.: Die Hedschas- und Bagdadbahn. Düsseldorf 1958
PRADALIÉ, G.: Le Second Empire. Paris 1963
RATHMANN, L.: Berlin – Bagdad. Berlin 1962
ders.: Die Nahostexpansion des deutschen Imperialismus vom Ausgang des 19. Jhs. bis zum Ende des Ersten Weltkrieges. Phil. Habil. Schrift (MS) Leipzig 1961
RAULFF, Heiner: Zwischen Machtpolitik und Imperialismus. Die deutsche Frankreichpolitik 1904–1905. Düsseldorf 1976
RENOUVIN, Pierre: Les Politiques d'Expansion Impérialiste. Paris 1949
ders.: Les Origines de l'Expédition de Faschoda. In: Revue Historique 102 (1948)
RICH, Norman: Friedrich von Holstein. 2 Bde. Cambridge 1965
ROBINSON, R./GALLAGHER, J.: Africa and the Victorians. The Official Mind of Imperialism. London 1961
ROTHFELS, Hans: Studien zur Annexionskrise von 1908/09. In: HZ 147 (1933)
STEINER, Zara S.: The Foreign Office and Foreign Policy. 1898–1914. Cambridge 1970
STOLTENBERG, Gerhard: Tirpitz und seine Flottenpolitik. In: GWU 13, 9, S. 549
TAYLOR, Alan John Percivale: Prelude to Faschoda. In: Engl. Hist. Rev. 65 (1950)
ders.: La Conférence d'Algésiras. In: Revue Historique 208 (1952)
THADEN, Edward C.: Russia and the Balkan Alliance of 1912. Clinton (Mass.) 1965
ÜBERSBERGER, Hans: Österreich zwischen Rußland und Serbien. Köln/Graz 1958
VOGEL, Barbara: Deutsche Rußlandpolitik. Das Scheitern der deutschen Weltpolitik unter Bülow 1900–1906. Hamburg 1973
WERNECKE, Klaus: Der Wille zur Weltgeltung. Außenpolitik und Öffentlichkeit in Deutschland am Vorabend des Ersten Weltkrieges. Düsseldorf 1969
YOUNG, L. K.: British Policy in China. 1895–1902. Oxford 1970
ZECHLIN, Egmont: Die türkischen Meerengen – ein Brennpunkt der Weltgeschichte. In: GWU 17, 1, S. 1–31
ZMARZLIK, Hans-Günter: Bethmann Hollweg als Reichskanzler 1909–1914. Düsseldorf 1957

Die neuere, meist russische Literatur zum Problem der deutsch-russischen Spannungen vor dem Ersten Weltkrieg wird behandelt in: FISCHER, Fritz: Krieg der Illusionen. Düsseldorf 1969

Vgl. auch die Ausgewählte Bibliographie zur Geschichte der Neuzeit von 1871 bis 1914, S. 635 ff.

Notizen:

10 DAS LETZTE FRIEDENSJAHR (SOMMER 1913 – SOMMER 1914) UND DER AUSBRUCH DES ERSTEN WELTKRIEGS

10.1 „Les années de la paix précaire" („Die Jahre des fragwürdigen Friedens")

Die Zeit zwischen dem Frieden von Bukarest und dem Attentat von Sarajewo war die Zeit eines „fragwürdigen Friedens". Der Balkan blieb das „Pulverfaß Europas"; die Bündnisverflechtungen wurden erweitert; die Mächtekonstellationen versteiften sich. Eine Aufrüstungswelle ergriff die europäischen Großmächte. Und gemeinsam war fast allen Staaten eine mehr oder weniger stark gespannte Lage im Innern.

10.1.1 Die innenpolitische Situation in Europa

10.1.1.1 England

Als im Februar 1911 nach zweijährigen inneren Streitigkeiten die „Parliamentary Bill" angenommen wurde, bedeutete das einen großen Erfolg für die liberale Regierung Asquith. Jetzt beherrschten noch zwei Probleme die englische Innenpolitik: die irische Frage und das soziale Problem. Zwar bemühte sich die Regierung, die Lage der Arbeiter durch Ausbau der Sozialgesetzgebung (Unfallentschädigung, 8-Stundentag im Bergbau, teilweise Einführung eines Mindestlohnsystems, Kranken- und Arbeitslosenversicherung (1911)) zu verbessern, doch wuchs die Unruhe ständig, durch die sinkenden Reallöhne begünstigt. Ab 1911 erschütterte eine große Zahl von Massenstreiks – meist bei den Bahn-, Hafen- und Bergarbeitern – die englische Wirtschaft und Gesellschaft. 1913 erhielten die Gewerkschaften das Recht, einen Teil der Beiträge für politische Zwecke zu verwenden. Doch die Lage blieb gespannt und noch im Juli 1914 äußerte sich der Schatzkanzler LLOYD GEORGE sehr besorgt über die innere Ordnung.
Eine noch kritischere Situation beschwor der Kampf um die „Government of Ireland Bill" herauf, die für ganz Irland – zwar machtmäßig eingeschränkt – ein eigenes Parlament und eine eigene Regierung forderte (zur Vorgeschichte s. S. 432 f.). Befürwortet wurde das Gesetz von der liberalen Regierung und den irischen Nationalisten (REDMOND), abgelehnt wurde es vom House of Lords, von den Konservativen und von der protestantischen Bevölkerung der stark englisch beeinflußten nordirischen Provinz Ulster. Es herrschten bereits bürgerkriegsähnliche Zustände in Irland, als die vom House of Commons verabschiedete Gesetzesvorlage nach Ablauf des suspensiven Vetos der Lords im Januar 1914 in Kraft trat. Als die Regierung die Gesetzesdurchführung mit Waffengewalt erzwingen wollte, weigerten sich viele britische Offi-

(Forts. S. 532)

Karte 6: Die Welt im Jahre 1914
(Bitte umblättern!)

SOZIAL-
POLITIK

HOME RULE

WIDERSTAND
IN ULSTER

Karte 6: Die Welt im Jahre 1914

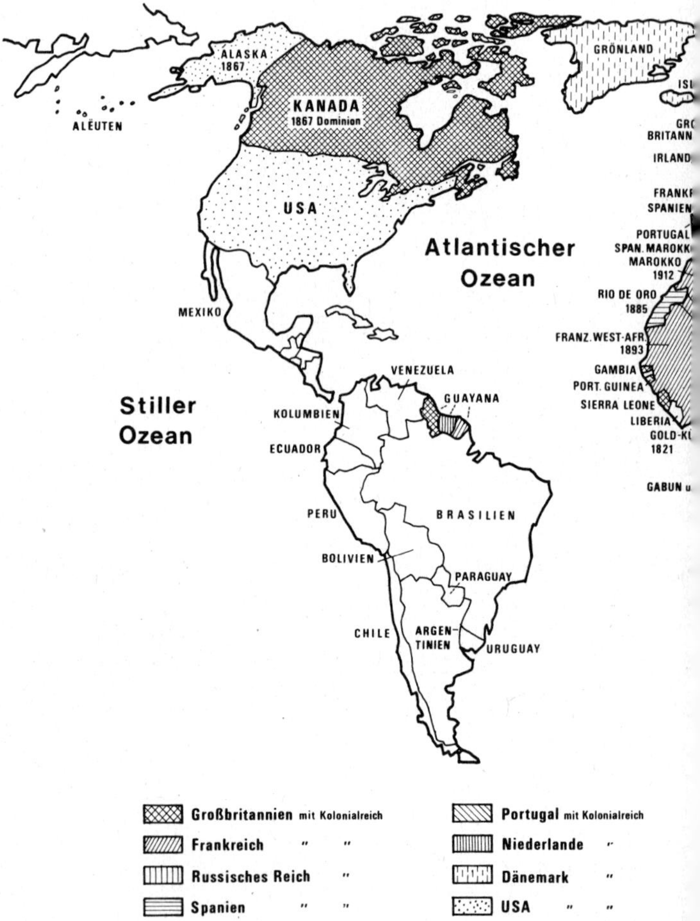

NOR
SCHW.
RUSSISCHES REICH
Österreich Ungarn
ITALIEN
TÜRK. REICH
TUNES. 1881
brit. ZYPERN
LIBYEN 1912
ÄGYPT. brit. 1882
Kuweit 1899
PERSIEN
AFGH.
MONGOLEI
TIBET
INDIEN
OMAN 1891
HADRAMAUT
Aden
ERITREA
ENGL. ÄGYPT. SUDAN
Djibuti
Äthiop. 1889-96 italienisch
BRIT. ITAL. SOMALILAND 1889
NIGERIA
BELGISCH KONGO 1908
BRIT. OSTAFRIKA-KENIA 1886
DEUTSCH-OST-AFRIKA 1885
ANGOLA
RHODESIEN
BETSCHUANALAND
MADAGASKAR 1896
MOÇAMBIQUE
Südafrikanische Union seit 1909
1910 Dominion
SACHALIN 1905
KOREA
JAPAN m. Kolonialreich
TAIWAN 1895
Stiller Ozean
BURMA
SIAM
INDOCHINA
PHILIPPINEN 1898 USA
CEYLON
MALAYA
NIEDERL. INDIEN
NEUGUINEA 1884
KAISER-WILHELM-LAND
Timor
Indischer Ozean
AUSTRALIEN 1901 Dominion
NEUSEELAND 1907 Dominion
Deutsches Reich mit Kolonialreich
Türkisches Reich "
Belgien " "
Italien " "
Japan mit Kolonialreich
1 Niederlande
2 Dänemark
3 Belgien

ziere unter dem Beifall der Konservativen und hoher Militärs gegen die Nordiren unter CARSONS vorzugehen. Im Juli 1914 suchte man in London verzweifelt nach einer friedlichen Lösung für die sich immer stärker radikalisierenden irischen Verhältnisse. Der Weltkrieg verdrängte die Frage zunächst, aber danach löste sich dann Irland völlig von England, um dann gegen den Willen von Parlament und Krone den Iren das Selbstbestimmungsrecht zu geben.

Gefördert durch die Abneigung der öffentlichen Meinung gegenüber Deutschland und bestimmt durch die eigenen imperialistischen Bestrebungen beteiligte sich auch England am allgemeinen Wettrüsten. Der erweiterte Flottenetat von 1909 wahrte den Vorsprung vor der deutschen Flotte, der zeitweise ungesichert erschien (s. S. 470ff.), der jedoch ab 1911 noch vergrößert wurde. Durch die Haldanesche Heeresreform wurde das Heer modernisiert, und, ohne die allgemeine Wehrpflicht einzuführen, wurde durch die Aufstellung einer Expeditionsarmee von sechs Divisionen eine starke Reserveformation geschaffen.

10.1.1.2 Frankreich

Nachdem mit den Gesetzen von 1905 (Trennung von Staat und Kirche) und 1907 (keine staatliche Kontrolle religiöser Veranstaltungen, endgültiger Verlust eines Großteils des französischen Kirchenvermögens) das Verhältnis von Staat und Kirche allmählich den Charakter politischen Sprengstoffes verlor, fiel der Antiklerikalismus als Integrationsfaktor der inhomogenen französischen Linken fort. Doch Laisierung wie auch die Rehabilitierung von DREYFUS (1906) wirkten sich zugunsten der unbestrittenen Herrschaft der Linken in der – bürgerlichen – 3. Republik aus, die auch von den Kampagnen der rechtsgerichteten **Action Française** nicht gefährdet wurde.

Hatte die Regierung Georges CLEMENCEAUS auch eine eindrucksvolle Regierungsmannschaft (BRIAND, CAILLAUX, BOURGEOIS, VIVIANI, PICQUART) und ein stattliches soziales Reformprogramm (allgemeine Arbeiteraltersversorgung, Zehnstundenarbeitstag, Ausdehnung der Unfallversicherung, moderne progressive Besteuerung), erwies sie sich doch infolge der Interessengegensätze in der Kammer und dem Widerstand des Senats als wenig durchschlagskräftig. Lediglich der Zehnstundentag und die Altersversorgung für Arbeiter blieben vom Reformprogramm übrig. Die Steuerfrage wartete noch im Juli 1914 auf Lösung. So nahm die Unruhe unter den Arbeitern – und auch unter den Beamten – ständig zu. Doch Clemenceau unterdrückte rücksichtslos und mit allen ihm zur Verfügung stehenden Mitteln (auch Militär) sowohl die syndikalistische Streikwelle von 1907–1909, als auch die Streiks der Beamten. Ebenso hart reagierte sein Nachfolger Aristide BRIAND, als im Oktober 1910 ein Eisenbahnerstreik der Anfang eines großen Massenstreiks werden sollte.

Nach den Wahlen 1910 – der Wahlkampf wurde um die Frage der Reform des traditionellen Mehrheitswahlrechts geführt – wechselten eine Zeit lang, bedingt durch die parteipolitische Zersplitterung des

Irische Unabhängigkeit

AUFRÜSTUNG

Nachdem das Government of Ireland Gesetz gescheitert war, kam es 1916 zu Straßenkämpfen gegen die britische Herrschaft, die sich allerdings noch einmal mit blutiger Unterdrückung durchsetzen konnte. 1920 verabschiedete das Unterhaus in London ein home-rule Gesetz, das die sechs nördlichen Provinzen (Ulster) abtrennte und ihnen ein eigenes Parlament gab. Sofort begann wieder der Kampf gegen die britische Besatzung aufzuflackern. Der britische Premierminister Lloyd George konnte dann Ende 1921 mit der irischen Unabhängigkeitsbewegung einen „Friedensvertrag" abschließen, der Südirland weitgehende Unabhängigkeit gab. Schritt für Schritt trennte die neue Republik die noch bestehenden staatsrechtlichen Bande: 1933 wurde der Treueid auf den englischen König abgeschafft, 1938 mußten die letzten britischen Truppen Südirland verlassen und 1948 kündigte die Regierung einseitig die Mitgliedschaft im Commonwealth auf. Südirland war jetzt ein unabhängiger, demokratischer Staat geworden. Allerdings wurde der Anspruch auf Nordirland nie aufgegeben.

Erläuterung 33: Action Française:

TRENNUNG VON STAAT UND KIRCHE

Diese Zentralorganisation der französischen Royalisten wurde 1898 von Charles MAURRAS und Léon DAUDET in Paris gegründet. Ihr geistiger Kristallisationspunkt war seit 1908 die Tageszeitung gleichen Namens. Im gleichen Jahr wurde auch ihr, besonders vor dem 1. Weltkrieg wirksamer, Stoßtrupp gegründet: die Camelots du roi, ein Kampfverband der royalistischen Jugend. Die Ziele der Action berührten sich eng mit späterem faschistischem Gedankengut. Entsprechend den Lehren MAURRAS vertrat die Action Française den „nationalisme integral", der sich besonders gegen Deutsche und Juden richtete. Die Abneigung gegen Protestanten gründete sich auf den militanten Katholizismus der Organisation, die die katholische Kirche um der nationalen Einheit willen, aber auch wegen des Modellcharakters ihres hierarchischen Aufbaus bevorzugte. Denn auf dem staatlichen Sektor forderte die Action Française die Umgestaltung der Verfassung in eine autoritär gestufte, durch das erbliche Königtum gesicherte und getragene Ordnung. Aus diesem Grund bekämpfte sie die Demokratie und das parlamentarische System. So groß die Bedeutung ihrer Umtriebe in der Öffentlichkeit auch war, parlamentarisch gewann sie keinen Einfluß. Die Organisation wurde 1933 aufgelöst, während die Zeitung noch bis 1944 bestand.

KABINETT CLEMENCEAU 1906–1909

UNTER-DRÜCKUNG VON STREIKS

Parlaments, schwache radikalsozialistische Regierungen einander ab, bis mit CAILLAUX als Ministerpräsident für kurze Zeit eine starke Regierung ans Ruder kam. CAILLAUX Verdienst war die friedliche Lösung der zweiten Marokkokrise und gerade das benützte Clemenceau, um ihn im Januar 1912 zu stürzen. Ein starker antideutscher Nationalismus und der endgültige Zerfall der Sozialisten in „Ministerielle“ (BRIAND) und „Einheitspartei“ (Jean JAURÈS) begünstigten einen scharfen Rechtsruck: Raymond POINCARÉ bildete 1912 sein konservatives „Großes Kabinett“, das, unter Zurückstellung innenpolitischer Fragen, dem Land „das Gefühl der Sicherheit zu geben“ versprach. Auch als er 1913 die Staatspräsidentschaft (bis 1920) übernahm, wußte er seinen Willen durchzusetzen: gegen alle Widerstände – besonders von seiten der radikalen Linken – ließ er eine Heeresverstärkung durch Einführung der dreijährigen Dienstpflicht – eine andere war bei der sinkenden Bevökerungszahl nicht möglich – der unwilligen Kammer durch das Kabinett BARTHOU im Sommer 1913 aufzwingen. Die sonst zersplitterten bürgerlichen Kräfte, zusammengehalten durch den militanten Nationalismus – strukturell ähnlich dem deutschen (s. S. 230 f.) und dem besonders seit Zabern wachsenden Geist der Revanche, waren sich einig in der Unterstützung der Politik POINCARÉS. Auch als die Wahlen vom Frühjahr 1914 einen hohen Wahlsieg der radikalen Linken brachten, so daß die Gegner der dreijährigen Dienstpflicht und Anhänger der progressiven Besteuerung in der Mehrheit waren, verstand es POINCARÉ durch das Kabinett VIVIANI die Dienstpflicht aufrecht zu erhalten. Doch wurde zumindest das Steuerprojekt wieder in Angriff genommen, als der Ausbruch des Weltkrieges der Linken die volle Ausschöpfung ihres Wahlsieges verwehrte. Die nationale Begeisterung bildete in Frankreich – ähnlich wie in Deutschland die Basis für die „Union Sacrée“ aller Parteien während des Krieges. Man vergaß über der Kriegsbegeisterung die drängenden innen- und sozialpolitischen Probleme, was sich nach dem Krieg bitter rächte.

10.1.1.3 Rußland

Die kärglichen Reste einer formal freiheitlichen Verfassung waren alles, was von der russischen Revolution 1905 übriggeblieben war. Der Sieg der Reaktion zeigte sich in der „Ära des Scheinkonstitutionalismus“ (1906–1917); denn die Duma, das russische Parlament, war ein williges Werkzeug in der Hand der Regierung und neben sie trat überdies ein Reichsrat. In Wirklichkeit herrschte bis zu seiner Ermordung 1911 Ministerpräsident STOLYPIN und die Schicht aus der er stammte, nach ihm eine bürokratische Staatsmaschinerie, beide unterstützt, zum Teil selbst beherrscht, vom Terror der Geheimpolizei (Ochrana).
Mit seinen großangelegten Agrarreformen (Auflösung des Mir-Systems, Flurbereinigung und Siedlungsprojekte in Sibirien) versuchte STOLYPIN eine mittelständische, grundbesitzende Bauernschicht (Kulaken) zu schaffen, die aus eigenem Interesse der Stabilisierung des Systems die-

Literatur

GURIAN, Waldemar: Der integrale Nationalismus in Frankreich. Charles Maurras und die Action Française. 1931
WEBER, Eugen: Action Française, Stanford 1962
NOLTE, Ernst: Der Faschismus in seiner Epoche, München 1963

CAILLAUX

R. POINCARE

HEERESVERSTÄRKUNG

REVANCHEGESINNUNG

NATIONALE BEGEISTERUNG

SCHEINKONSTITUTIONALISMUS 1905–17

STOLYPINSCHE REFORMEN

nen sollte. Es entstand gleichzeitig jedoch ein großes ländlisches Proletariat. Die Unruhe unter den Bauern wuchs. Der sozialistische Einfluß auf Bauern und Arbeiter nahm ständig zu (1907 „zweite Duma des Volkszorns"). Die Unzufriedenheit der Arbeiter fand ihren Ausdruck in großen Streiks 1912/13, die von der zaristischen Polizei mit unglaublicher Brutalität unterdrückt wurden (z. B. Massenerschießungen 1912 in Goldgruben an der Lena). Auch setzte STOLYPIN mit sicherem Instinkt auf einen großrussischen Nationalismus, der durch die russische Oberschicht unterstützt wurde. Nichtrussische Nationalitäten waren starken Pressionen ausgesetzt, so daß es zu einer großen Auswanderungswelle (besonders der Polen und Balten) kam.
In der öffentlichen Meinung wurde die Kriegspartei – eben durch jenen Nationalismus und die imperialistische Ideologie – immer stärker, die die baldige Abrechnung mit dem Feind des Slawentums, Österreich-Ungarn und seinen deutschen Verbündeten, propagierte. Diese Kreise und die drängende Diplomatie der französischen Verbündeten veranlaßten das „große Programm" der russischen Heeresvermehrung, das eine Höchststärke von über zwei Millionen Mann vorsah, jedoch bei Kriegsbeginn noch nicht abgeschlossen war. Aber schon im Frieden war das russische Heer den vereinigten Truppen der Mittelmächte um dreihunderttausend Mann überlegen. Außerdem gewährte Frankreich noch im Frühjahr 1914 eine neue, große Anleihe, die speziell dem beschleunigten Ausbau der bei einem Krieg mit den Mittelmächten strategisch wichtigen russischen Westbahnen dienen sollte. Diese Tatsachen wurden in der Forschung meist dazu herangezogen, sowohl die These von der russischen Mobilmachungsschuld zu stützen, als auch die fortlaufende deutsche Heeresvermehrung zu legitimieren. Man vergaß dabei, daß die dauernden deutschen Heeresreformen, immer wieder die kontinentalen Nachbarn des Reiches zwang, ihre Überlegenheit auszubauen, und daß andererseits diese Überlegenheit an Soldaten nie zum Tragen kommen konnte, da es bei der Weite der russischen Räume ein technisches Problem war, diese Truppen, die zudem den deutschen in der Ausrüstung unterlegen waren, schnell an die Westfront zu bringen.

10.1.1.4 Die Balkanstaaten

Auch in diesen kleinen Staaten wurde die politische Entwicklung zunehmend vom Nationalismus bestimmt. Ihre innenpolitischen Verhältnisse korrelierten weitgehend mit den außenpolitischen, die ihrerseits mit dem Zerfall des Osmanischen Reiches und den imperialistischen Interessen der Großmächte gekoppelt waren. Nach dem Sturz Alexanders von BATTENBERG, des Königs von Bulgarien, erhoben die Sobranjewahlen 1887 Ferdinand von COBURG auf den Thron, was allerdings an der innenpolitischen Situation nichts änderte. Das konstitutionelle System war im Volk nicht stark verwurzelt, „liberale" und konservative Parteien großbürgerlicher Politiker wechselten sich in der Regierung ab.

Notizen:

SOZIALE UNRUHE

HEERESVERSTÄRKUNG

LOGISTISCHE PROBLEME

BULGARIEN

1908 proklamierte Ferdinand die Unabhängigkeit seines Landes von der Türkei. Damit begann die politische Konsolidierung Bulgariens.
Von dem durch fortschreitende Industrialisierung und speziell die Erschließung großer Ölquellen wachsenden Wohlstand profitierte in Rumänien eine kleine Schicht von Großgrundbesitzern, die zusammen mit dem Großbürgertum die Macht in der Hand hielt, ohne in irgendeiner Weise von der Notlage der unterdrückten, meist bäuerlichen Massen Kenntnis zu nehmen. Trotz eines gesetzlich festgelegten Minimallohns für Landarbeiter war Rumänien neben Rußland sozial am rückständigsten. Der große Bauernaufstand von 1907 setzte ein Fanal, das jedoch von den Herrschenden nicht begriffen, sondern mit brutaler Repression beantwortet wurde. Die Agrarreform der folgenden Jahre blieb völlig unzureichend: Großgrundbesitzer und Gesetzgeber waren identisch. 1909 gelangte der Linksliberale Johann BRĂTIANU, der sich auf die immer stärker werdende Mittelklasse stützen konnte, an die Regierung. Durch großangelegte Wahlfälschungen stürzte ihn der König 1910 zugunsten eines konservativen Kabinetts. In den folgenden Jahren kämpfte BRĂTIANU, der das Zensuswahlrecht abschaffen und die Verfassung reformieren wollte, mit dem König um die Macht. Gegen den Willen CAROLS I. (aus dem Hause Hohenzollern-Sigmaringen), der Deutschland zuneigte (und auch 1883 einen entsprechenden Geheimvertrag mit den Mittelmächten abgeschlossen hatte), setzte BRĂTIANU bei Kriegsausbruch die Neutralität Rumäniens durch.
In Serbien bestand schon seit 1889 eine konstitutionelle Verfassung, die das extrem konservative Regiment König Alexander OBRENOVIĆS völlig unbeachtet ließ. Nach Beseitigung der Dynastie OBRENOVIĆS (1903), setzte eine Nationalversammlung die Verfassung wieder ein und wählte den russophilen Peter KARADJORDJEVIĆ zum König, der sich auf die Radikalen unter PAŠIĆ, der Ministerpräsident wurde, stützen konnte. Die nationalserbisch ausgerichtete Politik beantwortete Österreich 1906 mit einer Viehimportsperre („Schweinekrieg"), die Serbien empfindlich treffen solte (Vieh machte 83% der serbischen Ausfuhr aus), doch mit französischer Kapitalhilfe gut überstanden wurde: Man begann eine eigene, landwirtschaftliche Produkte verarbeitende Industrie aufzubauen. Unangenehm wurden die radikalen südslawischen Bewegungen, die in Serbien Geheimorganisationen (z. B. Narodna Odbrana oder Udjedinjenje ili smrt) aufbauten und der Regierung ihr jugoslawisches Programm aufzuzwingen suchten.
Die Enosis-Bewegung, die den Zusammenschluß aller Griechen anstrebte, hielt in Griechenland die Innenpolitik in Bewegung. Die Monarchie unter dem gewählten König GEORG I. (aus dem Hause Glücksburg) war schwach. Kreta erlangte nach zwei mißlungenen Aufständen Autonomie unter türkischer Oberhoheit. 1905 proklamierte VENIZELOS, der Führer der kretischen Unabhängigkeitsbewegung, den Anschluß an Griechenland. 1908 kam es nach einem von der nationalistischen Begeisterung der Massen getragenen Staatsstreich einer Offiziersjunta, der die bisherigen Parteien hinwegfegte, zur Vereinigung

Notizen:

RUMÄNIEN

SERBIEN

GRIECHEN-
LAND

Kretas mit Griechenland. VENIZELOS, die Seele dieser Bewegung, wurde 1910 griechischer Premierminister und begann das Land in eine moderne, demokratische Monarchie umzuwandeln. Ziel der Politik war die Rückgewinnung der noch unter türkischer Oberhoheit stehenden griechischen Gebiete.

10.1.1.5 Italien

Nach dem Scheitern der „großen Politik" CRISPIS (1882–1900) prägte der piemontesische Politiker Giovanni GIOLITTI die Politik Italiens bis zum Weltkrieg. Das Land wurde von dem schier unlösbaren Konflikt zwischen industriellem Norden und agrarischem Süden, zwischen regierender bürgerlicher Schicht und Arbeitermassen beherrscht. Der große Bevölkerungsüberschuß fand sein Ventil in der Auswanderung. Das Ziel GIOLITTIS, des „starken Mannes" der Liberalen, war die Erhaltung der bestehenden Staatsordnung. Geschickt wußte er Parteien und Interessengruppen gegeneinander auszuspielen und gewann Sozialisten und Katholiken zur Verwirklichung seines sozialen Reformprogrammes, das die Arbeiterschaft in den Staat der sozialen Monarchie integrieren sollte. Es gelang ihm, die Verstaatlichung der Eisenbahn, Arbeiterschutz und Sozialversicherung, Verbesserung der Arbeiteraltersversorgung und die Anerkennung der Gewerkschaften durchzusetzen. 1909 scheiterte er an der Durchsetzung der progressiven Einkommensteuer. Als er 1911 wieder die Regierung übernahm, verstaatlichte er alle italienischen Versicherungen und führte 1912 das allgemeine, gleiche und direkte Wahlrecht ein. Mit dieser politischen Öffnung nach links gewann GIOLITTI die Sozialisten für die parlamentarische Arbeit. Die Streiks begannen nachzulassen. Doch als der lybische Feldzug (1911) und der italienisch-türkische Krieg (1911/12) zu schweren finanziellen Belastungen für Italien führte, kehrten die Sozialdemokraten zum revolutionären Sozialismus zurück. Zwar brachten die Wahlen 1913, bei denen erstmals 8,6 Mill. Italiener wahlberechtigt waren (statt vorher 3,3 Mill.), einen Sieg der bürgerlichen Mitte, doch GIOLITTI, dem sein den antiklerikalen Traditionen des italienischen Nationalstaates widersprechendes geheimes Wahlabkommen (Patto gentiloni) mit den Katholiken schwer vorgeworfen wurde, verlor die Unterstützung der Linken vollständig. Seine Position war entscheidend geschwächt. Zudem gewann die rechtsgerichtete Nationalistenpartei (1910), die verstärkte imperialistische Politik (statt Klassenkampf „Kampf der Nationen") forderte und GIOLITTI mit extrem nationalistischen Parolen attackierte, zunehmend an Einfluß. (D'Annunzio's nationalistische Canzonen). GIOLITTI trat im März 1914 nach einer Kabinettskrise um das Zivilstandsgesetz (Zivilehe obligatorisch) zurück, doch war unter ihm noch das Neutralitätsversprechen an Frankreich (1912) zustande gekommen. Die folgende Ministerpräsidentschaft des Konservativen SALANDRA bedeutete einen scharfen Rechtsruck. Imperialistischer Nationalismus nach außen, Kampf gegen die Linke nach innen. Die Folge war eine Welle von Streiks und

Notizen:

ÄRA GIOLITTI
1900–1914

REFEORMEN

ERSTE ALLGE-
MEINE
WAHLEN

REGIERUNG
SALANDRA

anarchistischen Unruhen („rote Woche" Juni 1914). Am 3. August 1914 erklärte Italien seine Neutralität. Salandra propagierte im Streit zwischen Neutralisten und Interventionisten erfolgreich den einigenden „Sacro egoismo per Italia".

10.1.1.6 Österreich-Ungarn

In dem Vielvölkerstaat, der 1910 eine Bevölkerung von 51 Mill. hatte, beherrschten 12 Mill. Deutsche und 10,1 Mill. Ungarn: 8,5 Mill. Tschechen und Slowaken, 5,2 Mill. Serben und Kroaten, 5 Mill. Polen, 4 Mill. Ruthenen (Ukrainer), 3,2 Mill. Rumänen, 1,3 Mill. Slowenen und 1 Mill. Italiener. **(Vgl. S. 442 ff.)**
1904/05 kam es nach dem Sturz der Regierung KOERBER zu einer gefährlichen innenpolitischen Krise: Innerhalb des ungarischen Adels gewann die radikal-nationalistische Richtung die Mehrheit und forderte eine selbständige ungarische Armee. Das letzte Ziel der Bewegung war die Loslösung von Österreich. Der Kaiser reagierte mit diktatorischen Maßnahmen gegenüber dem ungarischen Reichstag und der Ankündigung des allgemeinen, gleichen, direkten und geheimen Wahlrechts, was dem magyarischen Adel die Überlegenheit in Transleithanien gekostet hätte. Die Parteien lenkten ein, und die Wahlrechtsreform für Ungarn wurde vergessen. Ab 1910 setzten sich die konservativen Kräfte des ungarischen Adels, die aus dem hocharistokratischen Großgrundbesitz stammten und unbedingt kaisertreu waren, wieder durch und Graf István TISZA übernahm 1913 wieder die Regierung. Bis 1917 lenkte er mit seiner „Politik der harten Hand" unter Ausschaltung jeder Opposition und weiterer Ablehnung des allgemeinen Wahlrechts die transleithanische Reichshälfte.
Unter dem Eindruck der russischen Revolution kam es in den cisleithanischen Reichslanden zu gewaltigen Wahlrechtsdemonstrationen (besonders in Wien und Prag), so daß Kaiser Franz JOSEPH 1905 eine Reform des Wahlrechts zusagte (statt Kurienwahlrecht, das die Besitzenden begünstigt, allgemeines, gleiches, direktes und geheimes Wahlrecht für den Reichsrat Cisleithaniens). Die nächsten Wahlen brachten starke soziale (Sozialdemokraten stärkste Partei, gefolgt von den antisemitischen Christlichsozialen des Wiener Bürgermeisters Karl LUEGER) und nationale Verschiebungen. Zu einem Abbau des Nationalitätenhasses führte das allgemeine Wahlrecht jedoch nicht, da die Landtage weiter das Kurienwahlrecht hatten. Zwar gelang es z. B. in Mähren, der Bukowina und Galizien die Kurien in nationale Sektionen zu gliedern, für Böhmen scheiterten die Versuche. Die allgemeine Liberalisierung wurde durch den Sturz der Regierung Beck 1908 abrupt abgebrochen. Hochkonservative Kreise und der Thronfolger erzwangen mit einem bürokratisch-autoritären Kabinett die Rückkehr zu deutschbestimmtem Zentralismus. Der Nationalitätenkampf hielt folglich an. Durch die Obstruktion der slawischen Mehrheit wurde der Reichsrat arbeitsunfähig. Seit 1909 regierte man in Wien auf dem Weg des monar-

Notizen:

SACRO
EGOISMO

UNGARN

POLITIK DER
HARTEN
HAND

CIS-
LEITHANIEN

WAHLRECHTS-
REFORM

NATIONALITÄ-
TENPROBLEM

chischen Verordnungsrechts (besonders Ministerpräsident Graf STÜRGKH seit 1911).
Die Nationalitätenfrage wurde in den außerparlamentarischen Raum gedrängt. In Kroatien und Slowenien entstand eine fast revolutionäre Situation mit Terror und zahlreichen Attentaten, der die Zentralregierung durch einen diktatorisch regierenden Kommissar Herr zu werden versuchte. Während die Tschechen und auch die galizischen Polen in der Mehrheit noch am österreich-ungarischen Gesamtstaat festhielten und nur ihre Gleichstellung mit den anderen Nationalitäten forderten, war die Situation in Bosnien und der Herzegowina am schlimmsten. Hier versuchte die 1911 gegründete „schwarze Hand" durch eine Reihe von Gewaltakten die Welt auf die Unrechtmäßigkeit der Habsburgerherrschaft in diesem Gebiet aufmerksam zu machen und nationale Unabhängigkeit zu erzwingen. In Wien glaubte man schon längst nicht mehr an eine friedliche Lösung, sondern versuchte Serbien politisch zu isolieren, bzw. durch einen Krieg zur Ruhe zu zwingen. Aus diesem Grund, mehr noch im Hinblick auf die Folgen eines solchen Krieges und gezwungen durch die Bündnisverpflichtungen, führte auch die Doppelmonarchie 1912 eine wesentliche Heeresverstärkung durch.

10.1.1.7 Deutschland

Die innenpolitischen Hauptprobleme der Wilhelminischen Zeit waren die dringend anstehenden Verfassungsreformen (besonders in Preußen), die Demokratisierung des öffentlichen Lebens und die militaristischen Tendenzen, die auch das zivile Leben beherrschten. Als BÜLOW sich 1906 an eine bestimmte Parteienkonstellation gebunden erklärte, glaubte man Anzeichen für eine Annäherung an den Parlamentarismus zu sehen. Doch schon die nächsten Gesetze (Vereinsgesetz, Ansiedlungsgesetz) zeigten, daß die Erhaltung der konservativen Vorherrschaft innenpolitisches Ziel des Reichskanzlers war und die längst überfällige politische und gesellschaftliche Reform wieder aufgeschoben wurde. Auch gelang es den Parteien nicht, trotz allgemeiner Empörung, verfassungsrechtliche Konsequenzen aus der Daily-Telegraph-Affäre zu erzwingen (s. S. 412). BÜLOW stürzte 1909 über der Reichsfinanzreform, die zeigte, wo die Macht im Staate lag: Die Konservativen, denen es gelang das Zentrum zu sich herüberzuziehen, zwangen dem Reichstag ihre Vorstellungen von Steuergesetzen auf.
BÜLOWS Nachfolger wurde – weil als geschickter Innenpolitiker bekannt – Theodor von BETHMANN HOLLWEG. Er erkannte zwar die Problematik der Innenpolitik, doch fehlten ihm Entschlußkraft und Aktivität, um die notwendigen Änderungen auch durchzusetzen. Er versuchte einen gouvernementalen Kurs oberhalb der Parteien zu steuern, der die Staatsautorität stärken und parlamentarischen Einfluß zurückdrängen sollte. Um der innenpolitischen Auseinandersetzung einige Spitzen zu nehmen, versuchte er verschiedene Reformen durchzuführen. Doch trotz seiner Reichsversicherungsordnung verharrten die

Notizen:

UNRUHIGE
LAGE IN
SERBIEN UND
KROATIEN

HEERESVER-
STÄRKUNG

BÜLOW-
BLOCK 1906–09

DAILY-TELE-
GRAPH-
AFFÄRE 1908

REICHS-
KANZLER
BETHMANN
HOLLWEG

Arbeiter ablehnend. Sein – obschon zahmer – Versuch einer preußischen Verfassungsreform 1910 scheiterte an den Konservativen, die auch die neue Verfassung für Elsaß-Lothringen als gefährlichen Präzedenzfall bekämpften, weil darin das allgemeine, gleiche, direkte und geheime Wahlrecht sowie volle innere Autonomie vorgesehen war. Den Erdrutsch der Reichstagswahlen 1912 zugunsten der freilich politisch einflußlos bleibenden SPD gegen die „Parteien des Besitzes" konnte er nicht aufhalten. Seine ordnungsorientierte Politik in der Zabernaffäre (s. S. 412f.) und seine Haltung in der Julikrise erwiesen ihn als zuverlässig für die reaktionären Kreise bei Hof, im Staat und im Offizierskorps. Wenn es BETHMANN HOLLWEG auch gelang, die Zustimmung der SPD-Fraktion zur letzten großen Heeresvorlage (1913) zu bekommen, die eine Verstärkung um 132000 Mann vorsah und für Frankreich die Einführung der dreijährigen Dienstpflicht so wichtig machte, so waren damit die Arbeitermassen noch keineswegs „eingegliedert". Sie litten am meisten unter der seit 1911 einsetzenden Lebensmittelteuerung, zu der noch seit Mitte 1913 eine starke Arbeitslosigkeit kam. Ihrem Unwillen verliehen zahlreiche Streiks Ausdruck (z. B. 1912 Bergarbeiter im Ruhrgebiet, 1913 Werftarbeiter in den Hafenstädten u. a.), die meist ohne Unterstützung der Gewerkschaften durchgeführt wurden und die von der staatlichen Macht zum Teil schnell gebrochen wurden. Auch in Deutschland wurden die drängenden inneren Probleme mit nationalistisch-imperialistischer Kriegsbegeisterung verdrängt, anstatt sie einer friedlichen demokratischen Regelung zuzuführen.

Die ideologische Kriegsvorbereitung in Deutschland lief, wie auch in den anderen Ländern, bereits auf Hochtouren, und zeigte schon im Rüstungswettlauf und später bei Kriegsausbruch ihre „glänzenden Erfolge". In Deutschland waren die Jahrhundertfeiern zur Befreiung vom napoleonischen Joch (1913) und das 25jährige Regierungsjubiläum des Kaisers ausgezeichnete Gelegenheiten für eine hemmungslose Propaganda gegen den „französischen Erbfeind". Große Popularität genoß in Deutschland die absurde Idee von der „weltgeschichtlichen Bedeutung der bevorstehenden Auseinandersetzung zwischen Germanentum und Slawentum", die sich auch der Kaiser zu eigen machte. Die imperialistischen Träume Deutschlands von Vorherrschaft in Europa und einem großen Kolonialreich wurden genährt und gelenkt durch die Aktionen der einschlägigen Organisationen wie Alldeutscher Verband (s. S. 461ff.), Flottenverein (s. S. 471f.), deutsche Kolonialgesellschaft (s. S. 191f.) und anderer, sowie durch populäre Bücher wie z. B. Friedrich von BERNHARDIS „Deutschland und der nächste Krieg", der geradezu von der „Pflicht zum Kriege" sprach. Die militaristischen Traditionen hielten die im Kyffhäuser-Bund zusammengeschlossenen Kriegervereine aufrecht, die gerade durch ihre Tätigkeit im kleinen Kreis großen Einfluß auf das öffentliche Leben gewannen. Die Jugend für Krieg und Militär zu begeistern übernahm der Jungdeutschlandbund (gegründet 1911). Diesen Kräften war es zuzuschreiben, wenn immer mehr Menschen der Ansicht zuneigten, daß man nun mit den verfügbaren

Notizen:

ZABERN-
AFFÄRE

HEERESVER-
STÄRKUNG

IDEOLOGI-
SCHE KRIEGS-
VORBEREI-
TUNG

„PFLICHT ZUM
KRIEGE“

militärischen Machtmitteln eine „angemessene" Berücksichtigung deutscher Interessen in der internationalen Politik erzwingen müsse. Dieses Bewußtsein zum Allgemeingut zu machen, mußte Anliegen der Kreise sein, die zur Durchsetzung ihrer eigenen imperialistischen Interessen der Unterstützung der breiteren Volksschichten bedurften.

10.1.2 Außenpolitik am Vorabend des Weltkrieges

10.1.2.1 Verbündetenwerbung auf dem Balkan

Verstärkt versuchten nach dem zweiten Balkankrieg Rußland und Österreich ein Satellitensystem zu errichten. Rußland konnte dabei auf die großserbisch nationalrevolutionäre Bewegung und die Ideologie des Panslawismus vertrauen. Österreich sah in Bulgarien den gegebenen Partner, wogegen Deutschland zu einer Koalition der konservativen Monarchien Rumänien, Griechenland und Türkei riet. Jedoch beruhte die deutschfreundliche Haltung Rumäniens nur auf König CAROL, wogegen die Politiker eine Anlehnung an Rußland vorzogen. Darüber hinaus war der österreichisch-rumänische Gegensatz wegen Siebenbürgen unüberbrückbar. Mit einer deutschen Anleihe für Bulgarien, die deutsche Finanz- und Industriekreise gegen die Regierung gewährten, setzte sich 1914 der österreichische Standpunkt durch, zumal sich die Ministerpräsidenten Serbiens (PAŠIĆ), Griechenlands (VENIZELOS) und Rumäniens (BRĂTIANU) zu einem gegen die Mittelmächte gerichteten Balkanbund zusammenschlossen.

10.1.2.2 Spannungsfeld Türkei

Seit dem Frühjahr 1913 suchte die Doppelmonarchie an der Südküste Kleinasiens Einfluß zu gewinnen, doch fehlte ihr die genügende wirtschaftliche und politische Durchschlagskraft, um sich gegen die älteren Vorrechte Deutschlands und Englands und die neue Aktivität Italiens im gleichen Gebiet durchzusetzen. Zur letzten schweren internationalen Krise vor dem Krieg kam es im Spätherbst 1913, als sich über der Militärmission des Generals **Liman von SANDERS** in die Türkei die Beziehungen besonders zwischen Deutschland und Rußland zuspitzten. Der zaristische Imperialismus sah seine expansiven Ziele an den Meerengen gefährdet und die französische Rüstungsindustrie fürchtete um ihre profitablen Waffenlieferungen in die Türkei.
Durch Nachgeben des isolierten Deutschland entspannte sich die Lage zwar, gelöst war die türkische Frage aber nicht.

10.1.2.3 Deutsch-englische Verständigung?

Der weltpolitische Hauptgegensatz zwischen deutschen und englischem Imperialismus schien in den letzten Vorkriegsmonaten zu ruhen, ja man schien an seiner Überwindung zu arbeiten. So liefen seit 1911 Verhandlungen über eine Interessenabgrenzung beim Bagdadbahnbau, die am

BULGARIEN

Erläuterung 34: Die Liman-von-SANDERS-Affäre

LIMAN VON SANDERS-AFFÄRE

Schon die Entsendung einer Militärmission unter der Führung des General Liman von SANDERS in die Türkei im Herbst 1913 beobachtete Petersburg mit Mißtrauen. Als SANDERS aber im Februar 1914 zum Generalinstrukteur des türkischen Heeres und Befehlshaber des ersten türkischen Corps in Konstantinopel ernannt wurde, kam es zur internationalen Krise. Schließlich wahrte Deutschland mit der Ernennung SANDERS zum türkischen Marschall in der Funktion eines Militärberaters, was ihn automatisch von seinem Corpskommando am Bosporus entband, nur mühsam das Gesicht.

Bezeichnend für die Eigenmächtigkeit des deutschen Generalstabs war die Entsendung des Majors KÜBEL in die Türkei, ohne Wissen der deutschen Regierung zur gleichen Zeit (Oktober 1913), mit dem Auftrag, das türkische Eisenbahnsystem in einem halben Jahr auf Kriegserfordernisse umzustellen. Das anmaßende Auftreten des Majors schuf starke Verstimmung bei der türkischen Regierung und der Deutschen Bank (die die Bagdadbahn finanzierte) und schadete dem deutschen Einfluß.

DEUTSCH-ENGLISCHE GESPRÄCHE

15. Juli 1914 erfolgreich abgeschlossen wurden. Auch kam man im März 1914 den Engländern bezüglich der Beteiligung an türkischen Ölquellen weit entgegen. Außerdem liefen – aus deutschen innenpolitischen Gründen geheime – Verhandlungen über eine künftige Aufteilung portugiesischer Kolonien und des belgischen Kongo (begonnen April 1914). Erstere führten bis Kriegsausbruch zwar noch zu einem Vertrag, der jedoch nicht mehr ratifiziert wurde, während letztere im Anfangsstadium stecken blieben. Gleiche Interessen verbanden beide Länder auch bezüglich der Erhaltung der Türkei. Durch all dies glaubte BETHMANN-HOLLWEG, England neutralisieren zu können, zumal in der gleichen Zeit die alten englisch-russischen Streitigkeiten um Persien wieder heftig aufflammten. Trotz diplomatischer Annäherung zwischen England und Deutschland und trotz russisch-englischer Gegensätze dominierte schließlich doch – wie der Kriegseintritt Englands auf Seiten der Entente zeigte – der schärfste internationale Gegensatz: der deutsch-englische.

10.1.2.4 Der „Präventivkriegsgedanke“

Im Sommer 1914 sahen sich die deutschen Imperialisten an den Grenzen ihrer Macht: Infolge Kapitalmangels schwand der eigene Rüstungsvorsprung und die Möglichkeit der Partnerwerbung. Schon im Anschluß an die LIMAN-SANDERS-Affäre (s. S. 548) und die daraus entstehende deutsch-russische Presse-Fehde beschäftigten sich die Militärs ernsthaft mit dem Präventivkriegsgedanken gegen Rußland und Frankreich, da man glaubte, 1916/17 mit einem russischen Angriff rechnen zu müssen. Als durch Spionage (Siebert-Akten) die geheimen russisch-englischen Verhandlungen über eine Marinekonvention in Deutschland bekannt wurden, ergriff die deutsche Öffentlichkeit, die dazu die russische Aufrüstung sah, regelrechte Panik. BETHMANN-HOLLWEGS Position als Gegner des Präventivkriegs und sein Hauptargument, die zu erwartende Neutralität Englands, wurden entscheidend geschwächt und der Generalstab (MOLTKE) drängte. Es stimmen jedoch heute fast alle Historiker darin überein, daß Deutschland 1914 keinen Angriff von welcher Seite auch immer zu befürchten hatte: Rußland hatte große innere Schwierigkeiten, Frankreich suchte zwar seinen Bundesgenossen militärisch zu stärken, war aber selbst in einer militärisch ungünstigen Lage, (was man im deutschen Generalstab sehr wohl wußte) und ein Überfall Englands lag nicht im Bereich des Denkbaren. Das Drängen des deutschen und des österreichischen Generalstabs entsprang der Ansicht, daß die Position der Mittelmächte 1914 so günstig war, daß sie sich nur noch verschlechtern konnte.

Am 16. Juni 1914 sandte der Reichskanzler durch Fürst LICHNOWSKY, den deutschen Botschafter in London, einen Appell an den englischen Außenminister, Sir Edward GREY und warb um Zusammenarbeit beider Mächte, besonders bei einer etwaigen neuen Balkankrise. Die Antwort war kaum in Berlin eingegangen, da schufen die Schüsse von Sarajewo eine ganz andere Situation.

Notizen:

HOFFNUNG AUF ENGLISCHE NEUTRALITÄT

GEHEIME RUSSISCH-ENGLISCHE VERHANDLUNGEN

APPELL AN ENGLAND

10.2 Die Julikrise

10.2.1 Der Mord von Sarajewo

Am Vormittag des 28. Juni 1914 wurden der 50jährige Erzherzog FRANZ-FERDINAND, Thronfolger der österreich-ungarischen Monarchie, und seine Gattin die „Opfer eines seit mehreren Monaten vorbereiteten Attentats“. Bei einem feierlichen Umzug durch Sarajewo, der Hauptstadt Bosniens, wurden sie durch Schüsse aus der Pistole des bosnischen Studenten Gabriel PRINCIP getötet.
Die Vorbereitungen des Attentats hatten in Belgrad – jedoch ohne Wissen der serbischen Regierung – stattgefunden. Ausbildung der Attentäter, sowie Lieferung von Waffen und Munition hatte die nationalserbische Geheimorganisation „Schwarze Hand“ (gegründet 1911) übernommen, mit der der serbische Geheimdienstchef unter einer Decke steckte. Als Ministerpräsident PAŠIĆ von den Attentatsplänen erfuhr, ließ er, allerdings sehr allgemein, in Wien warnen und die Grenzen seines Landes sperren. Jedoch die Attentäter befanden sich bereits in Sarajewo, und die österreichischen Sicherheitsbehörden benahmen sich bemerkenswert sorglos.
Die Nachricht von dem Mord löste in ganz Europa Bestürzung und Entrüstung aus. Jedoch fast niemand dachte sofort an einen Krieg. In Österreich selbst war die Reaktion gespalten. Einerseits trauerte man wirklich, aber andererseits waren viele froh, den Vertreter der Trialismusidee (Deutsche, Ungarn) und Gegner einer militärischen Lösung (K. u. K. Generalstab) los zu sein. Auch hatte der Kaiser dem Thronfolger seine morganatische Ehe nie verziehen. Die Ermordung FRANZ FERDINANDS mußte nicht zum Weltkrieg führen, sie wurde aber der zündende Funke, weil sich die internationalen Gegensätze seit Jahren zugespitzt hatten. **(Vgl. zu den Lösungsvorstellungen der serbischen Frage S. 555)**

10.2.2 Die Entscheidungen der folgenden Woche (28. 6.–6. 7.1914)

Ein Privatbrief BETHMANN HOLLWEGS an den österreichischen Außenminister BERCHTOLD vom 10. 2. 1913 zeigte bereits klar drei Dinge:
1. ein Krieg Österreichs gegen Serbien führt durch bestehende Bündnisverpflichtungen zu einem großen, europäischen Krieg.
2. Illusion BETHMANN HOLLWEGS, England ziehe sich aus der Entente zurück.
3. Ein Krieg ist unvermeidbar, es kommt darauf an, den günstigsten Moment für das eigene Bündnis zu wählen.

Die Diplomaten und die Presse – außer der ganz rechten – reagierten kurz nach Sarajewo zurückhaltend und besonnen. Dagegen sahen die Militärs in Österreich (Conrad von HÖTZENDORF, HOHENLOHE-SCHILLINGSFÜRST) und in Deutschland (MOLTKE, WALDER-

28. 6. 1914
SARAJEWO

REAKTION
EUROPAS

PRIVATBRIEF
BETHMANN
HOLLWEGS
VON 1913

BESONNENE
PRESSEREAK-
TION AUS
SARAJEWO

Erläuterung 35: Zeittafel – Julikrise

28. 6. 1914	Erzherzog FRANZ FERDINAND und Frau in Sarajewo ermordet
5. 7. 1914	Hoyos-Mission
6. 7. 1914	Konferenz in Potsdam. Deutschland versichert Österreich unbedingte Bündnistreue
7. 7. 1914	Ministerratstagung in Wien zur Kursfestlegung
10. 7. 1915	Unterrichtung Deutschlands über österreichische Absichten
19. 7. 1914	Wien beschließt das endgültige Ultimatum und Übergabedatum
20.–23. 7. 1914	Der französische Präsident VIVIANI und Ministerpräsident POINCARÉ auf Staatsbesuch in Petersburg
22. 7. 1914	Deutsche Regierung erhält den Ultimatumstext und versichert Einverständnis
23. 7. 1914	Erster Vermittlungsvorschlag GREYS. 18 Uhr: der österreichische Gesandte übergibt das Ultimatum in Belgrad
24. 7. 1914	Offizielle Unterrichtung Rußlands, Englands, Frankreichs, Italiens und der Türkei Antikriegsdemonstrationen in mehreren deutschen Städten. Zweiter Vermittlungsvorschlag GREYS
25. 7. 1914	Dritter Vermittlungsvorschlag GREYS. 18 Uhr: serbische Antwortnote wird dem österreichischen Gesandten übergeben und für unzureichend erklärt; Abbruch der diplomatischen Beziehungen zwischen Wien und Belgrad. Serbien und Österreich-Ungarn machen teilmobil. Frankreich beginnt militärische Vorbereitungen. Rußland beschließt Beginn der „Kriegsvorbereitungsperiode“
26. 7. 1914	Vierter bedeutendster Vermittlungsversuch Englands
27. 7. 1914	Fünfter und letzter Vermittlungsversuch Englands. BERCHTOLD legt Kaiser FRANZ JOSEPH die Kriegserklärung an Serbien zur Unterschrift vor
28. 7. 1914	Rechte SPD-Führer versprechen BETHMANN HOLLWEG, Aktionen zu unterlassen, die inneren Frieden gefährden könnten. WILHELM II. entwickelt Idee vom „Faustpfand Belgrad“. Österreich-Ungarn erklärt Serbien den Krieg
29. 7. 1914	Beschießung Belgrads. Zwei deutsche „Friedens“-Telegramme nach Wien. Teilmobilmachung Rußlands

(Forts. S. 555)

SEE) ihre günstige Gelegenheit und drängten nachdrücklich zum Krieg, den sie jetzt noch siegreich zu bestehen glaubten. Gleichzeitig hoffte man, innen- und außenpolitische Schwierigkeiten lösen zu können.
Die Angst um das Prestige der alten Monarchie ließ auch BERCHTOLD und seine Mitarbeiter FORGACH und HOYOS an eine „Sühne- und Sicherungsaktion“ gegen Serbien denken, jedoch nur nach definitiver vorheriger Versicherung der deutschen Rückendeckung. Zwar kannte man in Wien seit WILHELMS berühmter Randbemerkungen „Mit den Serben muß aufgeräumt werden, und zwar bald.“ „Jetzt oder nie!“, die deutsche Ansicht. Die offizielle Bestätigung der Bündnistreue für jeden Fall brachte Graf HOYOS (**Hoyos-Mission, S. 557**), der am 5. Juli Kaiser WILHELM ein Memorandum seiner Regierung und ein Handschreiben seines Kaisers überreichte. Die Blanco-Vollmacht, die ihm der deutsche Kaiser nach kurzem Zögern gab, wurde durch die Zustimmung BETHMANN HOLLWEGS noch am gleichen Tag verfassungsrechtlich gedeckt.
Am Abend dieses 5. Juli fand im Potsdamer Schloß noch eine Besprechung mit den noch nicht in Urlaub befindlichen hohen Militärs statt, wo „für alle Fälle“ „vorbereitende Maßnahmen für einen Krieg“ besprochen wurden. Heer und Marine erwiesen sich als bereit und die ungenügenden wirtschaftlichen Vorbereitungen waren auf „ungenügende Erkenntnisse der Bedeutung des Problems“, auf die „Überschätzung der deutschen Kriegsmaschinerie“ und auf „Widersprüche innerhalb der herrschenden Klasse“ (KLEIN, FRITZ: Deutschland im Ersten Weltkrieg..., Bd. 1, S. 127) (d.h. Gegensatz Agrarier-Industrie, Handel-Schwerindustrie etc.) zurückzuführen. Der Kaiser trat am 6. Juli seine Nordlandreise an und zahlreiche wichtige Militärs und Politiker fuhren in Urlaub. Das Nötige war festgelegt, man wollte Europa nicht „beunruhigen“.

10.2.3 Vom Blanco-Scheck zum Ultimatum (7.–23. 7. 1914)

10.2.3.1. Kriegstreiberei durch Deutschland und Österreich-Ungarn und die Reaktion Italiens

Auf der Ministerratstagung am 7. 7. in Wien sprach sich die Mehrheit der Politiker, beruhigt durch die deutsche Blanco-Vollmacht, für einen Krieg nach einem Ultimatum an Serbien aus. Allein der ungarische Ministerpräsident TISZA plädierte dafür, sich mit einem „eklatanten diplomatischen Erfolg“ zu begnügen, da jeder Anschluß slawischer Gebiete sich ungünstig auf die bevorzugte Stellung Ungarns ausgewirkt hätte. Auch war es TISZA, der den Ministerrat vor den Konsequenzen seines Vorhabens warnte, nämlich dem Kriegseintritt Rußlands auf seiten Serbiens. Das Gremium muß sich also über die Folgen seiner Entscheidung durchaus im Klaren gewesen sein. Als TISZA schließlich am 14. 7. seinen Widerstand aufgab, bestand er immerhin auf Annexionsverzicht.

GENERAL-STAB DRÄNGT AUF KRIEG

HOYOSMISSION 5. 7. 1914

KONFERENZ IN POTSDAM 5. 7. 1914

(Forts. Erläuterung 35:)

30. 7. 1914	Zar unterzeichnet Generalmobilmachung. Eine Stunde später verkündet Deutschland den „Zustand drohender Kriegsgefahr". Deutschland richtet kurzbefristete Ultimaten an Rußland und Frankreich
31. 7. 1914	Österreich-Ungarn verkündet allgemeine Mobilmachung
1. 8. 1914	Kriegserklärung Deutschlands an Rußland. In Deutschland und Frankreich beginnt allgemeine Mobilmachung. Deutsches Ultimatum an Belgien. Kriegszustand zwischen Deutschland und Frankreich
2. 8. 1914	Italien wird von seinen Bundesgenossen offiziell unterrichtet
3. 8. 1914	Deutschland erklärt Frankreich offiziell den Krieg. Entscheidende Unterhaussitzung in London (Verletzung der belgischen Neutralität wird entscheidend)
3./4. 8. 1914	Einmarsch deutscher Truppen in Belgien
4. 8. 1914	Italien erklärt Neutralität. Englisches Ultimatum an Deutschland bezüglich Belgien. 24 Uhr: Deutschland lehnt englische Forderung ab – Krieg zwischen England und Deutschland. SPD-Reichstagsfraktion bewilligt Kriegskredite
6. 8. 1914	Kriegserklärung Serbiens an Deutschland. Kriegserklärung Österreich-Ungarns an Rußland
11. 8. 1914	Kriegserklärung Frankreichs an Österreich-Ungarn
12. 8. 1914	Kriegserklärung Englands an Österreich-Ungarn

Erläuterung 36: Lösungsvorstellungen der serbischen Frage

ULTIMATUMSPLÄNE

Die Trialismusidee FRANZ FERDINANDS sah die Bildung einer südslawischen staatlichen Einheit als dritte Kraft innerhalb der Monarchie vor. Dieser Plan kreuzte sich mit den Vorstellungen serbischer Nationalisten. Diese forderten entweder, wie die nationalrevolutionäre Geheimbewegung „Jung-Bosnien", der auch die Attentäter PRINCIP und CABRINOWIČ angehörten, ein föderalistisch organisiertes, selbständiges Südslawien und sahen hierbei eine Vereinigung der österreich-ungarischen Gebiete mit Serbien vor, oder sie wünschten ein unabhängiges Südslawien, das jedoch großserbisch zentralistischen Charakter haben sollte. Diese zweite Ansicht vertraten vor allem die hohen Offiziere, die hinter dem Geheimbund „Vereinigung oder Tod" (Udjedinjenye ili smrt), besser bekannt als „Schwarze Hand", standen.

Deutschland erfuhr bereits am 10. Juli durch den in Wien pausenlos zum Krieg drängenden TSCHIRSCHKY

a) daß Österreich Serbien ein unannehmbares, kurzbefristetes Ultimatum stellen werde
b) und daß die Ablehnung mit Gewalt beantwortet werde.

Einen Tag später erfuhr TSCHIRSCHKY zwei weitere wesentliche Punkte: Die Frist des Ultimatums (48 Stunden) und die Mobilmachungsabsicht bei Ablehnung.

Am 19. Juli beschloß der k. u. k. Ministerrat den vollen, endgültigen Wortlaut des Ultimatums und das Übergabedatum am 23. 7. (Man wartete damit die Abreise POINCARÉS und VIVIANIS aus Petersburg ab). Die deutsche Regierung, die den Text des Ultimatums am Abend des 22. 7. erhielt, versicherte ihr Einverständnis. Sogar jetzt hätte Berlin, wirklichen Friedenswillen vorausgesetzt, noch bremsen können.

Doch jede der beiden Mächte befürchtete, die andere könne sich den Westmächten nähern. Trotz der bestehenden gegenseitigen Abhängigkeit war der deutsche Imperialismus die treibendere Kraft, und dennoch waren auch die österreichischen Politiker nicht willenlose Werkzeuge der Deutschen. „Auf beiden Seiten bestanden, wenn auch verschieden stark, selbständige imperialistische Ziele. Beide Seiten waren, wenn auch in unterschiedlichem Maße, voneinander abhängig und objektiv gezwungen, auf den Partner und seine Ziele Rücksicht zu nehmen." (KLEIN, FRITZ: Deutschland ... Bd. 1, S. 230).

Italien hatte sich, bedingt durch die scharfe Rivalität zu Österreich-Ungarn auf dem Balkan und an der gemeinsamen Grenze, bereits so weit vom Dreibund entfernt, daß nicht einmal seine Neutralität gesichert war. Wien wollte deshalb keine Verständigung Italiens, was einen Bruch des Dreibundvertrags bedeutet hätte und von Deutschland abgelehnt wurde. Die Unterrichtung erfolgte jedoch so spät, daß Rom erklärte, Österreich provoziere diesen Krieg, deswegen sei man zu keiner Hilfe bereit. Doch gab man auch zu verstehen, daß für einen sehr hohen Preis Hilfe eventuell möglich sei.

10.2.3.2 Das Ultimatum

Die ganze diplomatische Aktivität Deutschlands vor der Ultimatumsübergabe konzentrierte sich darauf, bei den anderen Großmächten den Anschein zu erwecken, man werde in Berlin vom österreichischen Schritt genauso überrascht wie die anderen Länder auch, was aber dann von niemandem geglaubt wurde. Nach dem heutigen Stand der Forschung stehen drei wesentliche Dinge fest:

1. Die deutsche Haltung beeinflußte entscheidend den Kriegswillen der Politiker Österreich-Ungarns (BERCHTOLD, TISZA).
2. Die Berichterstattung des österreichischen Botschafters SZÖGYÉNY über das Drängen Deutschlands entsprach der Realität und wurde vom Verhalten TSCHIRSCHKYS bestätigt.
3. Die deutsche Regierung wurde seit dem 10. 7. über das Ultimatum unterrichtet und kannte vor dem 20. Juli seinen Hauptinhalt und Tenor.

UNTERRICHTUNG DEUTSCHLANDS

Erläuterung 37: Dokumente der Hoyosmission

a) Das Memorandum: es unterrichtete, von TISZA verfaßt und von BERCHTOLD überarbeitet, Deutschland über die Lage der Donaumonarchie und schlug begründet vor, Bulgarien gegen Serbien an den Dreibund heranzuziehen.
b) Das Handschreiben Kaiser FRANZ JOSEPHS: er schilderte darin die Gefährdung seines Reiches durch den Panslawismus, dessen Angelpunkt gegenwärtig Serbien sei, das deshalb als „Machtfaktor am Balkan" ausgeschaltet werden müsse. Als Ziel wurde die „Isolierung und Verkleinerung Serbiens" genannt.

ULTIMATUMSBESCHLUSS

VERHÄLTNIS DEUTSCHLAND-ÖSTERREICH

ITALIEN

SCHEINBARE UNKENNTNIS DEUTSCHLANDS

Und niemand – auch in Deutschland nicht – glaubte ernsthaft an die immer wieder beschworene Möglichkeit der Lokalisierung des bevorstehenden Konflikts. Am 23. 7. 1914 um 18 Uhr abends übergab der österreichische Gesandte GIESL die Wiener Note an Belgrad, die folgende Forderungen enthielt: Jede gegen Österreich gerichtete Propaganda zu unterdrücken, die Geheimverbände aufzulösen, Angriffe auf die Monarchie in Unterricht und Lehrmitteln zu beseitigen, Militär und Verwaltung von unzuverlässigen Leuten zu säubern, k. u. k.-Organe bei der Unterdrückung österreichfeindlicher Bewegungen, bei der gerichtlichen Untersuchung des Attentats, bei der Verhaftung Attentatsbeteiligter und bei der Verhinderung von Waffenschmuggel mitwirken zu lassen und sie über feindliche Äußerungen hoher serbischer Funktionäre aufzuklären. Die Antwortnote müsse bis zum 25. Juli 1914, abends 18 Uhr übergeben werden. Rußland, England, Frankreich, Italien und die Türkei wurden am 24. Juli offiziell unterrichtet.

10.2.3.3 Die Reaktion der Großmächte

Etwa die Hälfte der gesetzten Frist war bereits vergangen, als das überaus scharf formulierte Ultimatum den anderen Großmächten bekannt gemacht wurde.

Die russischen Militärs traten nach Bekanntwerden des Ultimatums dafür ein, die Situation zu nutzen. Vom Standpunkt des Zarismus war das Jahr 1914 nicht der günstigste Zeitpunkt für seine Eroberungspläne, die es jedoch schon damals in sehr konkreter, ausgearbeiteter Form gab. Außerdem war es der russischen Diplomatie 1914 gut gelungen, das außenpolitische Klima in ihrem Sinn zu verbessern (Marineabkommen mit England, Zarenbesuch in Rumänien, französischer Staatsbesuch in Rußland). Wenn auch der russische Außenminister SASONOW das Ultimatum als Kriegsdrohung betrachtete, so war er es doch, der Serbien riet, die Antwortnote in sehr entgegenkommendem Ton abzufassen und um die Zeit zwischen 25. und 27. Juli trafen aus Petersburg Berichte über einen sehr „versöhnlichen“ SASONOW ein, der sogar bereit wäre, Österreichs Forderungen Genugtuung zu verschaffen und sogar vom deutschen Botschafter einen Vermittlungsvorschlag erbat, den er dann sofort bereitwillig aufgriff (Österreich mildert Ultimatum, Serbien nimmt es an). Nur gab SASONOW immer zu verstehen, daß das Gleichgewicht auf dem Balkan eine „Lebensfrage“ für Rußland sei und man war in Petersburg von Anfang an fest entschlossen, eine Verletzung der serbischen Grenzen nicht hinzunehmen. Wenn Rußland den Frieden um jeden Preis hätte erhalten wollen, hätte es Serbien auf seine zwei Hilfstelegramme hin raten müssen, sich zu unterwerfen. Dann hätte ein Appell an die Mächte die Krise vielleicht noch friedlich lösen können. Durch den österreichischen Überfall kam der russische Imperialismus jedoch in die nach außen ungeheuer günstige Lage, einem kleinen, unschuldig überfallenen Volk zu helfen und nebenbei fast unbemerkt die eigenen expansiven Vorhaben zu verwirklichen.

Schaubild 13: Die führenden Politiker der Julikrise

	Deutschland	Österreich-Ungarn	England	Frankreich	Rußland
Staatsoberhaupt	Kaiser WILHELM II. (1888–1918)	Kaiser FRANZ JOSEPH (1848–1916)	König GEORG V. (1910–1936)	Staatspräsident Raymond POINCARÉ (1913–1920)	Zar NIKOLAUS II. (1894–1918)
Regierungschef	Reichskanzler Theobald von BETHMANN-HOLLWEG (1909–1917)	österr. Ministerpräs. Karl Graf von STÜRGKH (1911–1916) ungar. Ministerpräs. Stefan Graf TISZA DE BOROS-JENÖ (1903–1905) (1913–1917)	Premierminister Herbert Henry ASQUITH (1908–1916)	Ministerpräsident DOUMERGUE, Gaston (1913–4. 6. 1914) VIVIANI, René (9. 6. 1914–1915)	Ministerpräsident Iwan Longinowitsch GOREMÝKIN (1914–1916)
Außenministerium	Gottlieb v. JAGOW (1913–1916)	Leopold Graf BERCHTOLD (1912–1915)	Edward GREY (1908–1916)	DOUMERGUE, Gaston (1913–4. 6. 1914) Léon BOURGEOIS (9. 6. 1914–3. 8. 1914) dazwischen DELCASSÉ, Théophile (3.–4. 8. 1914) dann wieder: DOUMERGUE (4.–26. 8. 1914)	Sergjéi Dimitrijewitsch SASÓNOW (1914–1916)

(Forts. S. 561)

Trotz gesteigertem Nationalismus und wachsendem Vertrauen in die eigene militärische Stärke war Frankreich zum Zeitpunkt des Ultimatums nicht sehr kriegsbegeistert. Militärtechnische Gründe (Umgruppierung der französischen Heeresorganisation) ließen einen großen Krieg als nicht sehr ratsam erscheinen. Sicher wollte man ihn in Frankreich vermeiden – man griff auch die englischen Vermittlungsvorschläge bereitwillig auf –, nur war man nie bereit, um der Erhaltung des Friedens willen einen Zerfall oder auch nur eine diplomatische Schwächung – bei Nachgeben Rußlands in der serbischen Frage – des eigenen Bündnisses hinzunehmen. Diesen sicheren Schluß lassen die hier spärlichen Quellen zu. Und obwohl die Gesprächsinhalte des Besuchs von Poincaré und Viviani in Petersburg heute noch nicht genau bekannt sind, darf man weitgehende Zusicherungen für den Kriegsfall als gesichert – vielleicht sogar Ermunterung zu unnachgiebiger Haltung – annehmen. Ab dem 25. 7. liefen in Frankreich militärische Vorbereitungen, doch wurde es sorgfältig vermieden, auch nur den Anschein von Agressivität zu erwecken.

Obwohl – zumindest im Foreign Office – schon lange feststand, daß

a) die Gegensätze zwischen Entente und Dreibund durch einen Krieg entschieden werden mußten und daß
b) in einem solchen Kampf die Interessen Englands mit denen Frankreichs und Rußlands verknüpft wären,

konnte man sich lange nicht zu einer definitiven Haltung entschließen, was aber möglicherweise besonders BETHMANN HOLLWEGS verhängnisvolle Illusion von der englischen Neutralität zerstört und Deutschland, wie schon in früheren Krisen, ernüchtert hätte. Jedoch waren viele Minister für Neutralität, denn es lag nur im Interesse Englands, wenn sich die Kontinentalmächte gegenseitig schwächten. Ganz in diesem Sinn reagierte auch GREY gegenüber dem deutschen Botschafter LICHNOWSKY auf das Ultimatum: man war in London entrüstet, wartete aber immerhin mit ernstgemeinten **Vermittlungsvorschlägen (S. 563)** auf, die jedoch von WILHELM II. kategorisch abgelehnt wurden. Auch die deutsche Regierung zeigte kein Interesse und sabotierte die Vorschläge, wenn sie sie nicht sofort ablehnte. In der englischen Öffentlichkeit waren die Ansichten widerstreitend: die Abneigung gegen den Zarismus, den „Hort der Reaktion in Europa" war sehr stark und ein Balkanstreit stellte für die Engländer keinen ausreichenden Kriegsgrund dar.

10.2.3.4 Deutsche Innenpolitik in der Julikrise

Das innenpolitische Hauptproblem für die deutschen Politiker war das Verhalten der Sozialdemokratie. Während man mit den bürgerlichen Parteien als sicheren Befürwortern der agressiven Regierungspolitik rechnen konnte, war man bei den Arbeitern und ihren Vertretern keineswegs sicher. Kaum nach Bekanntwerden des Ultimatums kam es zu leidenschaftlichen Protesten und Massenkundgebungen gegen den Krieg

Forts. Schaubild 13:

	Deutschland	Österreich-Ungarn	England	Frankreich	Rußland
Kriegsministerium	(preuß.) Erich von FALKENHAYN (1913–1915)	Alexander von KROBATIN (1912–1917)	Herbert Henry ASQUITH (30. 3.–6. 8. 1914)	Joseph NOULENS (1913–3. 8. 1914) CASTELNAU DE CURIÈRES, Edouard Vicomt de (3.–27. 8. 1914)	Wladimir SUCHOMLÍNOW (1911–1914)
Chef des Generalstabs	Helmuth Graf von MOLTKE (1906–1914)	Franz Freiherr CONRAD VON HÖTZENDORF (1906–1911) (1912–1917)	Sir John FRENCH (1912–1918)	Joseph J. C. JOFFRE (1911–1914)	Nikolai Nikolajewitsch JANUSCHKEWITSCH (1914–1915)
Dt. Botschafter	–	Heinrich Graf von TSCHIRSCHKY UND BOEGENDORFF (1907–1916)	Karl Max Fürst LICHNOWSKY (1912–1914)	Wilhelm Freiherr von SCHOEN (1910–1914)	POURTALÈS, Friedrich Graf von (1907–1914)
K. u. k. Botschafter	SZÖGYÉNY-MARICH Ladislaus Graf (1892–1914)	–	MENSDORFF-POUILLY-DIETRICHSTEIN, Albert Graf von (1904–1914)	SZÉCSÉN VON TEMERIN, Nikolaus Graf (1911–1914)	SZÁPÁRY VON SZÁPÁR, Friedrich Graf (1913–1914)
Französischer Botschafter	CAMBON, Jules (1907–1914)	DUMAINE, Alfred (1912–1914)	CAMBON, Paul (1898–1920)	–	PALÉOLOGUE, Georges Maurice (1914–1917)

(Forts. S. 563)

(in 60 deutschen Städten). Da Straßendemonstrationen verboten waren, ereigneten sich auch häufig Zusammenstöße mit der Polizei. Doch gab es auch Kundgebungen für Bündnistreue und ähnliches. Die antirussische Stimmung in der deutschen Öffentlichkeit war sehr stark; in der Folge arbeitete die deutsche innenpolitische Propaganda in erster Linie mit der Ideologie des friedensbedrohenden Zarismus. Kritik an der deutschen Politik wurde als Stärkung der Kriegsparteien anderer Länder aufgefaßt. Der Kaiser erklärte sich über die „Umtriebe in den Straßen" beunruhigt. Die Militärbehörden traten, wie schon früher, für scharfes Vorgehen gegen die „Sozen" ein, während die Zivilbehörden zurückhaltender waren. Die „Integrierungspolitik" BETHMANN HOLLWEGS zeitigte ihren Erfolg schließlich, in dem rechte SPD-Führer der Regierung am 28. 7. versichern konnten, daß im Interesse des Friedens keine Aktionen wie Streik und Sabotage geplant seien. Auch werde man entsprechende Direktiven an die Parteipresse richten. Kurz nach Kriegsausbruch wurden die inneren Spannungen des Reiches durch Verkündung des „Burgfriedens" („ich kenne keine Parteien mehr, ich kenne nur noch Deutsche." WILHELM II.) überdeckt.

10.2.4 Der Ausbruch des Ersten Weltkriegs

10.2.4.1 Die letzten diplomatischen Schritte

Am 25. 7. um 18 Uhr wurde dem österreich-ungarischen Gesandten GIESL in Belgrad die serbische Antwort übermittelt. Serbien hatte die Note äußerst entgegenkommend gehalten, im Ton wie der Sache nach. Die österreichischen Forderungen wurden so gut wie völlig angenommen. Nur hinsichtlich der völkerrechtswidrigen Einmischung von k. u. k.-Organen in die inneren Angelegenheiten eines souveränen Staates wurden gewisse Vorbehalte geltend gemacht. Österreich jedoch erklärte die Antwort als unzureichend und bereits um 18.30 Uhr saß GIESL im Zug nach Wien, was beweist, daß Österreich-Ungarn die Lösung des Konflikts auf dem Wege des Kompromisses von vornherein ausgeschlossen hatte. Am gleichen Tag begann in Serbien die Mobilmachung, Österreich machte teilmobil, und auch in Rußland beschloß der Kronrat zu Krasnoje Selo (Sommerschloß) unter Vorsitz des Zaren den Beginn der „Kriegsvorbereitungsperiode". Obwohl die nachgiebige Antwort Serbiens die Lage grundlegend verändert hatte, hielt man in Berlin und Wien am vorbereiteten Kriegskurs fest. Trotz aller Appelle und Warnungen der anderen Mächte wirkte die deutsche Regierung in keiner Weise mäßigend auf Wien ein. Im Gegenteil: gedrängt durch Deutschland legte BERCHTOLD Kaiser FRANZ JOSEPH bereits am 27. Juli die Kriegserklärung an Serbien zur Unterschrift vor. Seine Begründung, es könnten der Entente Mediationsversuche gelingen, „wenn nicht durch die Kriegserklärung eine klare Situation geschaffen wird", war die gleiche, mit der Deutschland zum fait accompli gedrängt hatte. WILHELM II. erhielt – aus dem Urlaub zurückgekehrt – erst am

Forts. Schaubild 13:

	Deutschland	Österreich-Ungarn	England	Frankreich	Rußland
Englischer Botschafter	Sir Edward GOSCHEN (1908–1914)	Sir Maurice William BUNSEN (1913–1914)	–	Sir Francis L. BERTIE (1905–1918)	Sir George William BUCHANAN (1910–1917)
Russischer Botschafter	SWERBEJEW, Sergei Nikolajewitsch (1912–1914)	GIERS, Nikolaus von (1910–1914)	BENCKENDORFF, Alexander Graf von (1903–1917)	ISWOLSKI, Alexander Pretrowitsch (1910–1917)	–

SERBISCHE ANTWORT 25. 7. 1914

Erläuterung 38: Die englischen Vermittlungsvorschläge

ERSTE MOBILMACHUNGEN

DEUTSCHLAND BREMST NICHT

Im ganzen unternahm GREY fünf Anläufe zur Vermittlung. Der erste, noch vor dem Ultimatum (23. 7.), schlug vor, Rußland solle von England gedrängt auf Serbien, Deutschland auf Österreich-Ungarn einwirken. Der zweite vom 24. 7. schlug Verlängerung der Ultimatumsfrist und für den Fall gefährlicher Spannungen, Vermittlung zwischen Rußland und Österreich durch die nicht unmittelbar beteiligten Mächte vor. Der dritte Vorschlag bat Deutschland auf Österreich bezüglich der Annahme der serbischen Antwortnote einzuwirken. Der vierte vom 26. 7. war der bedeutendste: eine Botschafterkonferenz der vier nicht unmittelbar beteiligten Mächte zur Lösung des drohenden Konflikts. LICHNOWSKY verband die Meldung mit nachdrücklichen Warnungen vor der Lokalisierungsfiktion. Der fünfte und letzte Vorschlag vom 27. 7. war eine dringendere Wiederholung des dritten, verbunden mit der Meldung LICHNOWSKYS, daß England auf die Seite der Entente in den Krieg eintrete, wenn Österreich-Ungarn Serbien niederwerfen wollte.

Morgen des 28. Juli die serbische Antwortnote. Sein vielzitierter Kommentar lautete: „Aber damit fällt jeder Kriegsgrund fort! ... Daraufhin hätte ich niemals Mobilmachung befohlen." Um dem Prestigebedürfnis beider Länder gerecht zu werden, entwickelte er seine „Halt-in-Belgrad-Idee" und riet zu Verhandlungen. Politiker und Militärs hatten dieses Zurückschrecken des Kaisers vor dem Krieg erwartet und befürchtet: er wurde überspielt, indem BETHMANN HOLLWEG seine Worte verspätet und verfälscht nach Wien weitergab.
Am 28. Juli erklärte Österreich-Ungarn Serbien den Krieg und eröffnete am Morgen des 29. Juli mit der Beschießung Belgrads die Feindseligkeiten. Jetzt erst erließ SASONOW die ersten Befehle zur russischen Teilmobilmachung. Am 29. 7. fiel praktisch auch die englische Entscheidung: LICHNOWSKY, der einzige deutsche Diplomat, der im Juli 1914 wirklich für die Erhaltung des Friedens arbeitete und seine realistischen Erkenntnisse über die Folgen der deutschen Politik sowie über die zu erwartende Haltung Englands wiederholt nach Berlin gemeldet hatte, telegrafierte, daß England nur neutral bleibe, wenn Frankreich nicht in den Krieg hineingezogen würde. Damit wurde die Grundlage der deutschen Julipolitik, die englische Neutralität hinfällig. Die Folge waren zwei erschreckte deutsche Telegramme nach Wien, in denen Österreich dringend zu Verhandlungen mit Rußland aufgefordert wurde. Diese Telegramme wurden immer als Beweis deutschen Friedenswillens gewertet, jedoch gingen sie nur auf die endlich als verändert erkannte Lage ein und kamen, da der Krieg Österreichs gegen Serbien bereits einen Tag alt war, zu spät. Dementsprechend richtete sich Österreich auch nach der seit dem 28. Juni bekannten deutschen Politik, die den Krieg vorwärts trieb, zumal ein erneuter vager Hoffnungsschimmer auf englische Neutralität, entstanden durch ein Telegramm König GEORGS an Prinz HEINRICH von Preußen, BETHMANN HOLLWEG sofort bewog, auf die alte Linie wieder einzuschwenken. Außerdem hatten die Militärs jetzt, da die Politiker weich zu werden drohten, die Initiative ergriffen und MOLTKES gleichzeitige Aktionen (Note an Belgien bezüglich Truppendurchmarsch, Besprechung mit dem österreichischen Militärattaché) isolierten die „friedenserhaltenden" Telegramme noch mehr.
Auf MOLTKES Drängen setzte der österreichische Generalstabschef Franz Conrad von HÖTZENDORF, der im letzten Moment zurückzuschrecken drohte, durch, daß Österreich-Ungarn bereits am 31. 7. die allgemeine Mobilmachung verkündete.
In Rußland beschloß man am Nachmittag des 29. 7. die Mobilmachung. Am 30. 7. unterzeichnete der immer noch schwankende Zar, auf Drängen der Kriegspartei die russische Gesamtmobilmachung, die am 31. 7. veröffentlicht wurde. Eindeutig hatte Rußland erst nach Eröffnung des österreichischen Angriffs auf Serbien mobil gemacht. Die russische Mobilmachung, eine Reaktion auf die auf deutsches Drängen hin vorgenommene österreichische Generalmobilmachung, zusammen mit den Bündnisverflechtungen zur Kriegsursache zu erklären, bedeutet, ein

WILHELM II. ZUCKT ZURÜCK

Notizen:

KRIEGSERKLÄRUNG ÖSTERREICH-UNGARN AN SERBIEN 28. 7. 1914

2 DEUTSCHE TELEGRAMME

DEUTSCHES MILITÄR DRÄNGT

ÖSTERREICHISCHE GENERALMOBILMACHUNG

RUSSISCHE GENERALMOBILMACHUNG

Teilproblem zu überschätzen. Seit dem 30. 7. drängten in Berlin die Militärs auf Verkündung des Zustands der „drohenden Kriegsgefahr", was automatisch nach einem Tag die Generalmobilmachung ausgelöst hätte. Der Reichskanzler wehrte sich zwar dagegen, getreu der zentralen Bedeutung, die die Abwälzung der Kriegsschuld in seinem politischen Kalkül hatte, weil er hoffte, daß eine Generalmobilmachung Rußlands vielleicht die Neutralität Englands, ganz sicher aber die Geschlossenheit der deutschen Nation bewirken würde. Dennoch wurden praktische Maßnahmen ergriffen, die den Mobilmachungsbeginn bedeuteten. Eine Stunde nach dem Eintreffen der Nachricht von der russischen Generalmobilmachung verkündete Deutschland den Zustand „drohender Kriegsgefahr".

10.2.4.2 Der Mechanismus der Kriegserklärungen

Nun überschlugen sich die Ereignisse: In mehreren Telegrammen wurde Österreich aufgefordert, mit Deutschland in den Krieg gegen Rußland und Frankreich einzutreten, „denn Serbien spielt in dem Riesenkampf... eine ganz nebensächliche Rolle" (WILHELM II.), womit sich erneut der deutsche Druck auf die Doppelmonarchie und die divergierenden Kriegsziele beider Staaten offenbarten. Zwar war es gelungen, Rußland nach innen und außen als Grund der deutschen Aktionen hinzustellen, in dem man seine Mobilmachung abgewartet hatte, aber nun zwangen die detaillierten Generalstabspläne – allen voran der **Schlieffenplan** – die deutsche Politik zu forciertem Handeln. Der deutsche Terminplan erforderte eine rasche Ingangsetzung des Krieges, der die Ultimaten an Rußland und Frankreich dienten. Das Ultimatum an Rußland, auf zwölf Stunden befristet, forderte die sofortige Einstellung der Mobilmachung. Das Ultimatum an Frankreich, auf 18 Stunden befristet, forderte eine Neutralitätserklärung im Fall eines deutsch-russischen Krieges und als Pfand der Neutralitätseinhaltung die Besetzung von Toul und Verdun durch Deutschland. Als Rußland nicht antwortete, erklärte Deutschland am 1. August dem Zarenreich den Krieg. Gleichzeitig begann in Deutschland und in Frankreich die allgemeine Mobilmachung.

Gemäß dem Schlieffenplan forderte Deutschland ultimativ von Belgien, dem Durchmarsch deutscher Truppen zuzustimmen, die bereits ohne Kriegserklärung das neutrale Luxemburg besetzt hatten. Frankreich antwortete auf das deutsche Ultimatum, daß es „gemäß seinem Interesse" handeln werde. Daraufhin übergab der deutsche Botschafter in Paris mit der erlogenen Begründung von Grenzübergriffen französischer Truppen die deutsche Kriegserklärung. Italien, das am 2. 8. unterrichtet wurde, erklärte unter Nichtanerkennung der Bündnispflicht aus dem Dreibund am 4. 8. seine Neutralität und nahm am gleichen Tag mit den Ententemächten Verhandlungen über den Preis des italienischen Kriegseintritts auf. (Italien forderte Abtretung des Trentino und garan-

LAGE IN BERLIN

Erläuterung 39: Der Schlieffenplan

Alfred Graf von SCHLIEFFEN (Generalstabschef 1891–1905) hatte sich seit 1892 mit dem Zweifrontenkrieg beschäftigt, den Deutschland möglicherweise führen müßte. Schlieffen wollte Frankreich in einem kurzen, raschen Feldzug besiegen. Nachdem Rußland den japanischen Krieg verloren hatte, kam es 1905 als Gegner nicht in Betracht und noch 1912 glaubte Schlieffen, daß das Schicksal Deutschlands und Österreichs und gleichzeitig damit das

DEUTSCHE MOBILMACHUNG

Rußlands und Frankreichs an der Seine entschieden werde. Es lagen mehrere Entwürfe von Schlieffen selbst vor. Ab April 1913 konzentrierte man sich ganz auf den Westen. Ein Ostaufmarsch wurde nicht mehr ausgearbeitet, die Truppen Österreich-Ungarn sollten den russischen Anprall aufhalten, bis sich die deutschen Truppen nach 6 Wochen (!) dem Osten zuwenden würden. In dieser Rechnung wurde vorausgesetzt, daß Belgien keinen ernsthaften Widerstand leisten werde. Nach Schlieffens Plan, der noch nach 1914 als unfehlbares Siegesrezept galt, sollte der linke Flügel der deutschen Armee defensiv in den Vogesen halten.

31. JULI 1914 IN BERLIN

Der rechte Flügel der ganzen verfügbaren Armee sollte in gewaltiger Schwenkung mit Drehpunkt Lothringen durch Belgien hindurch, die französische Armee umfassen und dann nach Süden vorstoßen, um in einer Kesselschlacht die ganze feindliche Armee zu vernichten. Später glaubte man, weil MOLTKE „den Plan verwässert" habe, sei aus dem Sieg nichts geworden. Dabei gab es von vornherein viele schwache Punkte:

ULTIMATEN

a) der rechte Flügel hätte ungeheuer verstärkt werden müssen, wozu die verfügbaren deutschen Truppen in der Situation von 1914 nicht ausreichten;
b) diese Heeresmassen hätte man durch Belgien und zum Teil durch den Schlauch des Maas- und Sambretales hindurchbringen müssen. Dabei mußte der rechte deutsche Flügel am äußeren Bogenende an Stoßkraft verlieren, und außerdem konnten ihn französische bzw. englische Truppen in seiner rechten Flanke erfassen, was ihn notwendig scheitern lassen mußte.
c) Zudem hätte der Nachschub, auch bei zerstörten Bahnen, dauernd gesichert sein müssen.

Die schwerwiegenden politischen Folgen dieses Plans waren die belgische Neutralitätsverletzung (die holländische hatte MOLTKE gestrichen), die England den Grund zur Kriegsbeteiligung auf Seiten der Entente gab, und der Zwang des Plans zu schneller Durchführung, was militärische Erwägungen die deutsche Diplomatie – besonders in der Julikrise – beherrschen ließ und die Ultimaten an Rußland und Frankreich erforderte. MOLTKE hatte keinen Aufmarschplan nach Osten, er wollte und mußte Rußland in Frankreich schlagen.

ITALIEN ERKLÄRT NEUTRALITÄT

tierte Vorherrschaft im Adriatischen Meer). Bulgarien und die Türkei dagegen blieben für Deutschland wohlwollend neutral. Alle kleineren Staaten Europas richteten sich bei Kriegsausbruch nach ihren eigenen imperialistischen Interessen und dem Verhältnis zu den Großmächten, das sich schon vorher unter deren politischem, wirtschaftlichen und militärischen Einfluß herausgebildet hatte.
Ebenfalls am 3. 8. fand in London die entscheidende Unterhaussitzung statt, auf der beschlossen wurde, daß bei Verletzung der belgischen Neutralität England in den Krieg eintreten werde. Nachdem deutsche Truppen am 4. 8. Belgien besetzten, überreichte der englische Botschafter GOSCHEN in Berlin ein Ultimatum, das den Rückzug der deutschen Truppen forderte. BETHMANN HOLLWEG und JAGOW, der Staatssekretär im Auswärtigen Amt, lehnten ab. Um Mitternacht trat zwischen Deutschland und England der Kriegszustand ein. Die Kriegserklärungen Österreich-Ungarns an Rußland, sowie Frankreichs und Englands an Österreich folgten innerhalb der nächsten vierzehn Tage.

10.3 Die Kriegsursachen

Der Krieg von 1914 war vom Himmel gefallen. So schien es jedenfalls bis vor einiger Zeit, und manche Historiker glauben, heute noch daran festhalten zu können, daß alle Beteiligten in den großen Krieg hineinschlitterten, immer wieder das berühmte Wort LLOYD GEORGES zitierend: „Keiner der führenden Männer dieser Zeit hat den Krieg tatsächlich gewollt. Sie glitten gewissermaßen hinein, oder besser, sie taumelten oder stolperten hinein, vielleicht aus Torheit" (1920). Aber nicht nur diese Auffassung geht am Kern der Dinge vorbei, sondern auch jene Darstellungen, die in einseitiger Betonung des „Primats der Außenpolitik" diese oder jene diplomatische Aktion, den Zustand der Bündnissysteme, militärische Pläne und Rivalitäten, Prestigesucht der einzelnen Länder oder gar die Persönlichkeit der führenden Politiker für den Krieg allein verantwortlich machen wollen, ohne auf die sozialen und wirtschaftlichen Verhältnisse im Innern der Staaten zu achten, die in wechselseitiger Beziehung mit der Außenpolitik stehen.
Als grundlegende Ursache des Kriegs läßt sich der Imperialismus der Zeit erkennen, die Expansionsbestrebungen aus industriewirtschaftlichen und industriegesellschaftlichen Schwierigkeiten, die allen damaligen Großmächten und auch den kleineren europäischen Staaten gemeinsam waren. Um die tatsächlichen Gründe zu erfassen, die ausgerechnet die Julikrise und nicht die vielen vorausgehenden, ebenso brenzligen Krisen (Marokko 1911!) in den Ersten Weltkrieg ausarten ließen, kann man sich vielleicht des Modells von vier konzentrischen Kreisen bedienen, auf denen die verschiedenen Bedingungen angetragen werden, die erst in ihrer gegenseitigen Wechselwirkung über den zugeordneten Kreis hinaus die Situation derart explosiv werden ließen. Nicht die Verflechtungen auf einen Kreis, so stark sie auch sein mochten, konnten

Notizen:

EINMARSCH IN
BELGIEN 4.8.

5. 8. ENGLAND
ERKLÄRT DEN
KRIEG

KRIEG FIEL
VOM HIMMEL

URSACHE: IM-
PERIALISMUS

alleinbestimmende Ursachen sein.
Auf dem äußersten Ring wäre die imperialistische Expansion als historische Bedingung und internationale Erscheinung anzutragen. In ihm wurzelten die expansiven Bestrebungen der Großmächte wie der kleinen Staaten. In dialektischer Beziehung zum ersten stehen die Gebiete auf dem zweiten Ring, die Politik der Staaten nach außen und nach innen, die Bündnisse, die sie eingingen, die machtpolitischen Gegensätze, die sich ergaben, die Heeresvermehrungen, die sie durchführten, die Generalstabspläne, der Mobilmachungsautomatismus, Flottenrivalitäten, innere soziale Schwierigkeiten, die sich alle nicht erklären lassen ohne den Hintergrund der imperialen Expansion, deren Existenz nun aber ihrerseits aus eigenem Antrieb auf Intensität und Richtung der imperialen Expansion prägend einwirkten. Auf dem dritten Kreis wäre das anzutragen, was als Ideologie des Imperialismus zu bezeichnen wäre, jenes Gemisch von aggressivem Nationalismus, Sozial-Darwinismus, Rassismus, Sendungsbewußtsein und Prestigesucht. Jedes der Phänomene bereits früher vorhanden, vermischten sie sich unter dem Imperialismus zu jenem gefährlichen Gedankengut, das nur des berühmten Funkens, der auf dem innersten vierten Kreis anzusetzen wäre, bedurfte, den für den Ersten Weltkrieg das Attentat von Sarajewo bedeutete. Die Schüsse PRINCIPS wurden aber nur deshalb Kriegsanlaß, weil sich die internationale Lage bereits derart verschärft hatte, weil die Ideologie des Imperialismus Allgemeingut breiter Kreise geworden war und die Politik nun wieder ihrerseits beeinflußte.
Es genügt nicht zu sagen, Deutschland wünschte Vormachtstellung in Europa oder Weltmachtstellung durch ein großes Kolonialreich oder es wollte dem letzten Bundesgenossen die Treue halten, um ihn nicht zu verlieren. Der Komplexität der Ursachen kann man mit derartigen Erklärungen nicht gerecht werden. Die vielschichtigen Kriegsgründe entstanden aus wirtschaftsnotwendigen Expansionsbedürfnissen, die sich ihre Ideologie prägten, die dann ihrerseits die Politik und die expansiven Ziele bestimmte. Diese wiederum wirkten auf die Ideologien zurück, bzw. wußten sie zu nutzen.

10.4 Die Kriegsschuldfrage

10.4.1 Die deutsche Verantwortung für den Kriegsausbruch

Als ein imperialistischer Krieg hatte der Weltkrieg begonnen. Nach dem Versailler Frieden, der den wirklichen Charakter des Krieges auch nicht aufdeckte, sondern eher verschleierte, beschuldigten sich beide Seiten – Gewinner und Verlierer – der Verantwortung am Krieg. „Die Thesen beider Seiten waren falsch, nicht nur, weil jede den eigenen Anteil an seiner Entfesselung zu verschweigen suchte, sondern auch, weil bei aller Schärfe der Beschuldigung einzelner Personen der imperialistischen Gegenseite das gemeinsame imperialistische Gesamtsystem ungeschoren blieb“. (KLEIN, Fritz: Deutschland . . . Bd. 1)

Notizen:

KOMPLEXE
URSACHEN

ALLE WAREN
SCHULD

Seit dem Erscheinen von Fritz FISCHERS Buch „Griff nach der Weltmacht“ (1961), das eine erbitterte Diskussion unter den deutschen Historikern auslöste, kann kaum noch jemand ernsthaft bezweifeln, daß zwar alle Seiten einen imperialistischen Krieg führten, jedoch Deutschland einen erheblichen Teil der historischen Verantwortung zu tragen hat. Der Krieg war nicht einfach irgendwie ausgebrochen, sondern – und das zeigt die Quellenlage deutlich – der durch sein „Zu-spät-gekommensein“ besonders aggressive deutsche Imperialismus war entscheidend schuld an seiner Herbeiführung und Auslösung. Es war die deutsche „Weltpolitik“, die die internationale Lage 1914 – nachdem sie schon 1905, 1909 und 1911 gefährliche Krisen heraufbeschworen hatte – so zugespitzt hatte, daß jeder lokale Krieg in Europa, an dem eine Großmacht unmittelbar beteiligt war, zum großen Krieg führen mußte. Das Vorgehen der deutschen politischen und militärischen Führung in der Julikrise zeigte deutlich, daß man in Berlin den österreichisch-serbischen Krieg wünschte und deckte. Ganz im – wie es sich erweisen sollte – trügerischen Vollgefühl der eigenen militärischen Überlegenheit, ließ man es bewußt auf einen Konflikt mit Rußland und Frankreich ankommen. BETHMANN HOLLWEG versuchte England neutral zu halten, um eigene expansive Ziele im Verlauf eines großen Krieges endlich verwirklichen zu können. Der österreichisch-serbische Konflikt war für Deutschland nur Mittel zum Zweck. In den öffentlichen Äußerungen der deutschen Politik, in der offiziellen deutschen Propaganda und nicht zuletzt in der deutschen Geschichtsschreibung wurde versucht, Deutschland als den zum Krieg gezwungenen Teil (russische Mobilmachung!) hinzustellen oder zumindest die gleichgroße Verantwortung aller Beteiligten hervorzuheben. Doch zeigen vertrauliche Äußerungen von Persönlichkeiten, die Einblick in die Politik hatten oder selber an ihr beteiligt waren, klar auf, wo die tatsächliche Verantwortung zu suchen war. Kaiser, Militär, Auswärtiges Amt und auch der verfassungsrechtlich allein Verantwortliche, nämlich Reichskanzler von BETHMANN HOLLWEG, von dem so gern das Bild „vom Philosophen auf dem Kanzlerstuhl“ aufgebaut wurde, entschieden sich im Juli 1914 bewußt für das Risiko des Krieges. Es war kein „waltendes Schicksal“ oder „verhängnisvolle Tragik“, sondern ein folgerichtiges Fortführen imperialistischer deutscher Expansionspolitik, die das Reich bewog, gestützt auf nur schwache Verbündete, sich in den Kampf mit einer übermächtigen Koalition einzulassen, der „aufgrund der internationalen politischen Verhältnisse bereits verloren war, bevor die ersten Feindseligkeiten begonnen wurden“. (Jehuda L. WALLACH, israelischer Militärwissenschaftler).

10.4.2 Die Diskussion in der Kriegsschuldforschung

Schon seit dem Frieden von Versailles hat das Pro und Kontra die Historiker in feindliche Lager gespalten. Vor dem Zweiten Weltkrieg standen sich eher ausländische und deutsche Historiker gegenüber, wobei es auf

FISCHER: GRÖSSERE DEUTSCHE VERANTWORTUNG

Notizen:

DEUTSCHE ENTSCHEIDUNG FÜR DAS RISIKO

beiden Seiten gelang, Teilwahrheiten herauszuschälen. So betonte man auf Seiten der Entente die Bedeutung der Potsdamer Beratungen vom 5. und 6. Juli und arbeitete den kriegstreiberischen Druck Berlins auf Wien deutlich heraus. Auf deutscher Seite zeigte man die aggressive Balkan- und Dardanellen-Politik des Zarismus, die Kriegsentschlossenheit der französischen und russischen Führung beim Staatsbesuch in Petersburg, die geheimen militärischen Absprachen zwischen Frankreich und England und die laufenden englisch-russischen Verhandlungen im Frühjahr 1914 auf und beklagte und verurteilte die Zweideutigkeit der englischen Politik in der Julikrise. Die wichtigsten Werke vor dem Zweiten Weltkrieg stammten von dem Amerikaner Bernadotte E. SCHMITT und dem Italiener Luigi ALBERTINI, die beide bereits die Hauptverantwortung der deutschen politischen und militärischen Führung am Krieg hervorhoben. Die klassische französische Darstellung blieb bis heute das Werk Pierre RENOUVINS, während das repräsentative deutsche Werk der Zwischenkriegszeit von Alfred von WEGERER verfaßt wurde.
Die deutsche Kriegsschuldforschung nach dem Zweiten Weltkrieg, die größtenteils ein personales Geschichtsverständnis bevorzugte, wollte einzelnen die Schuld zuschieben, bzw. am Verhalten eines einzelnen (besonders BETHMANN HOLLWEGS, was sich nun aber auch als unzutreffend erwies) die Friedensliebe der deutschen Politik beweisen. Ein Anstoß zu neuer kritischer Betrachtung dieses Problems war 1961 Fritz FISCHERS Buch „Griff nach der Weltmacht". Obwohl FISCHER die Schuldfrage expressis verbis gar nicht aufwarf, sondern – wie er auch betonte – nur zeigen wollte, wie die Politik des deutschen Kaiserreichs seit 1900 kontinuierlich bestimmte Ziele ansteuerte, in deren Konsequenz auch das „Ausbrechen" eines Krieges lag, entfachte er eine erbitterte Diskussion, die eingeengt auf die zwei Hauptprotagonisten, als Kontroverse FISCHER-RITTER in die Wissenschaftsgeschichte eingingen. RITTER bescheinigte FISCHER zwar, daß er „ohne Rücksicht auf patriotische Traditionen und Gefühle, allein im Blick auf die strenge Wahrheitserforschung" (RITTER HZ, 200, S. 783) versucht habe, die Kriegspolitik zu durchleuchten, warf ihm aber vor, daß er sich nicht des zu erwartenden „strengen Verantwortungsbewußtseins", des wissenschaftlichen, aber auch des politischen beflissen habe! FISCHERS Quellenauswahl und -deutung sei weithin tendenziös und die indirekte Form des Urteilens verschlimmere die Sache noch mehr. Außerdem bestritt RITTER einfach, daß es je eine besondere Aggressivität des deutschen Imperialismus gegeben habe, behauptete keinen Zusammenhang zwischen Wirtschaftspolitik und Kriegsausbruch zu sehen und versuchte allenthalben BETHMANN HOLLWEG auf Kosten des – sowieso politisch ungeschickten – Kaisers zu entschuldigen, alles Gründe, mit denen er Fischer nicht zu widerlegen vermochte. Als Gegenstück zu FISCHERS Buch ist RITTERS Werk „Staatskunst und Kriegshandwerk" Band III anzusehen. Nun nach Erscheinen des Nachfolgewerkes „Krieg der Illusionen" scheint sich FISCHERS Position endgültig zu festigen. Die Diskussion ist aber offensichtlich noch nicht beendet,

PARTEIISCHE TEILWAHR-HEITEN

Notizen:

ERSTE FORSCHUN-GEN

FISCHER LÖST ERBITTERTEN STREIT AUS

RITTER WIRFT FISCHER EIN-SEITIGKEIT VOR

denn Hans HERZFELD widmet ihr in der Neuauflage der „Modernen Welt“, Teil II, 1970 mehrere Seiten, in denen er sich auf die Seite Ritters stellt und Fritz STERN zustimmt, der behauptete, die „Legende von der deutschen Schuldlosigkeit und BETHMANN HOLLWEGS Friedensleidenschaft“ sei „nachhaltig zerstört worden“, aber es gebe jetzt zum Teil „eine Tendenz..., eine umgekehrte Legende zu bilden, in dem man Deutschlands Alleinschuld behauptet, also die alte Legende in neuer Form fortführt“. (Fritz STERN: BETHMANN HOLLWEG und der Krieg. Die Grenzen der Verantwortung. Tübingen 1968, S. 7). Aber noch konnten FISCHERS Beweise im Wesentlichen nicht erschüttert werden, und so bleibt HERZFELD nur festzustellen, „daß das Problem des Kriegsausbruchs, weit entfernt davon, zu einer endgültigen Lösung gebracht zu sein, mehr denn je einer weiteren Bearbeitung harrt.“ (HERZFELD, S. 105)

Themen und Fragen zur eigenen Weiterarbeit:

1. Welche Veränderung der deutschen außenpolitischen Beziehungen hatte die Nichterneuerung des Rückversicherungsvertrages zur Folge? Wählen Sie als Grundlage Ihrer Diskussion die bisherigen Beziehungen innerhalb der europäischen Pentarchie!
2. Verfolgen Sie die Blockbildung in Europa vor dem Ersten Weltkrieg! Diskutieren Sie anhand der grundsätzlich denkbaren Mächtekonstellationen die einzelne Entscheidung und ihre Bedeutung für den Aufbau der Fronten von 1914!
3. Die „deutsche Politik der freien Hand“ – Illusion oder realistische Möglichkeit?
4. Deutschland zwischen Rußland und England – versuchen Sie klarzustellen, daß es eine derartige Alternative für die deutsche Politik eigentlich niemals gegeben hat (freie Hand!)!
5. Die deutsch-englischen Beziehungen vor dem Ersten Weltkrieg.
6. Charakterisieren Sie die verschiedenen nationalen europäischen Imperialismen anhand der Kriterien Ökonomie, Ideologie und vornehmlicher Betätigung!
7. Wie würden Sie die zeitgenössische Parole „wirtschaftsfriedliche Durchdringung“ beurteilen?
8. Versuchen Sie, den Charakter der deutschen imperialen Expansion herauszuarbeiten (Ausgangslage, spezielle Reibungsflächen in China, im Orient, in der Flottenpolitik, „Mißverhältnis“ von ökonomischer Kraft und weltpolitischer Bedeutung usw.!)
9. Was veranlaßte die englisch-französische Auseinandersetzung in Afrika und wie kam schließlich der Ausgleich zustande?
10. Der englisch-russische Ausgleich – Vollendung der Einkreisung Deutschlands oder Bankrott der Politik der freien Hand?
11. Die politische Entwicklung auf dem Balkan 1890–1914 mit besonderer Berücksichtigung der politischen Interessen der europäischen Großmächte.
12. Internationale Krisen als Vorbereitung des Weltkrieges.
13. Diskutieren Sie die Kriegsschuldfrage anhand der jüngsten Auseinandersetzung der deutschen Geschichtswissenschaft!

HERZFELD UND STERN

Notizen:

HERZFELD UND STERN

Notizen:

Literatur:

Zum Kriegsausbruch

ALBERTINI, Luigi: The Origins of the War 1914, 3 Bände, London/New York/ Toronto 1952,
„Seine Beweisführung“ für die Hauptverantwortung Deutschlands ist die gründlichste und in den Einzelheiten überzeugendste in der Literatur der Entente“. (Klein, S. 39f.).

RENOUVIN, Pierre: Les Origines Immédiates de la Guerre. Publications de la Société de l'Histoire de la Guerre. Paris 1925
Blieb bis heute das französische Standardwerk.

SCHMITT, Bernadotte E.: The Coming of the War. New York 1930, vertritt die These von der deutschen Kriegsschuld.

WEGERER, Alfred von: Der Ausbruch des Weltkrieges 1914 I/II, Hamburg 1939, spiegelt den Forschungsstand vor dem Zweiten Weltkrieg, ungeheuere Materialfülle.

Eine ausführliche Besprechung der wissenschaftlichen Literatur, bereits einschließlich der Kontroverse FISCHER-RITTER und mit Berücksichtigung der marxistisch-leninistischen Darstellungen enthält:

DEUTSCHLAND im Ersten Weltkrieg. 4 Bände. Herausgegeben von einem Autorenkollektiv unter Leitung von Fritz KLEIN. Berlin 1968ff. Besonders Band I: Vorbereitung, Entfesselung und Verlauf des Krieges bis Ende 1914

GASSER, Adolf: Deutschlands Entschluß zum Präventiv-Krieg 1913/14 in: Discordia concors. Festschrift für Edgar Bonjour 1968.

Grundlegendes Quellenwerk; auch Vorwort, Einleitung und zusammenfassende Betrachtungen sehr wichtig:

FISCHER, Fritz: Griff nach der Weltmacht. Die Kriegszielpolitik des kaiserlichen Deutschland 1914/18. Droste-Verlag, 3. verbesserte Aufl., Düsseldorf 1964, enthält auch weitere Literaturhinweise. (Dazu Rezensionsverzeichnis: LYNAR, Ernst Wilhelm Graf (Hg.): Deutsche Kriegsziele 1914–1918. (= Ullstein Nr. 616) Frankfurt: 1964, S. 195–198.)

ders.: Krieg der Illusionen – die deutsche Politik von 1911–1914. Droste-Verlag, Düsseldorf 1968

GEISS, Imanuel: Julikrise und Kriegsausbruch 1914. Eine Dokumentensammlung. 2 Bde. Hannover 1963/64

ders.: Juli 1914. Die europäische Krise und der Ausbruch des 1. Weltkriegs (= dtv – Dokumente 293). München 1965. Hier auch zahlreiche Literaturangaben zu Julikrise und Kriegsausbruch.

RITTER, Gerhard: Staatskunst und Kriegshandwerk, Band II: Die Hauptmächte Europas und das wilhelminische Reich (1890–1914). München 1960

ders.: Staatskunst und Kriegshandwerk, Band III: Tragödie der Staatskunst, Bethmann Hollweg als Kriegskanzler 1914–17. München 1964. Kann als Gegenstück zu Fischer gelten. Verzeichnet bis zu diesem Zeitpunkt die wichtigste Kontroversliteratur.

Zur FISCHER/RITTER-Kontroverse vgl. auch:

BERGHAHN, Volker R.: Die Fischer Kontroverse – 15 Jahre danach, in: Geschichte und Gesellschaft, 6/1980, Heft 3, S. 403–419

BRUCKMANN, Klaus: Erster Weltkrieg – Ursachen, Kriegsziele, Kriegsschuld. Fritz Fischers Thesen in deutschen Schulgeschichtsbüchern. in: GWU 32/1981, Heft 10, S. 600–617

Notizen:

FISCHER, Fritz und ZECHLIN, Egmont: in: HZ 199/1965, S. 265–458
RITTER, Gerhard: in: HZ 194/1962, S. 652–661; HZ 200/1965, S. 783–787
RÖHL, JOHN C. G.: Zwei deutsche Fürsten zur Kriegsschuldfrage. Lichnowsky und Eulenburg und der Ausbruch des Ersten Weltkrieges. Düsseldorf 1971. Vgl. zur Fischer-Ritter Kontroverse die Einleitung. Die Anmerkungen 1–4 ebenda enthalten die wichtigsten Veröffentlichungen zur Entstehung des Ersten Weltkrieges.

Literatur- und Quellenhinweise auch in:

BERGHAHN, Volker R.: Germany and the Approach of War in 1914. London 1973
BRANDENBURG, Erich: Von Bismarck zum Weltkrieg. Berlin 1924, Neudruck: Darmstadt 1973
BROUCEK, Peter: Die deutschen Bemühungen um eine Militärkonvention mit Österreich-Ungarn (1915–1918). In: Mitteilungen des Instituts für Österreichische Geschichtsforschung 87 (1979), S. 440–470
ders.,: Die Außen- und Militärpolitik Österreich-Ungarns im Ersten Weltkrieg. In: Truppendienst 18 (1979), S. 117–123
CHICKERING, Roger: Imperial Germany and a World without War. The Peace Movement and German Society 1892–1914. Princeton 1975
GALÁNTAI, József: Die Österreichisch-Ungarische Monarchie und der Weltkrieg. Budapest 1979
GONDA, Imre: Verfall der Kaiserreiche in Mitteleuropa. Der Zweibund in den letzten Kriegsjahren (1916–1918). Budapest 1977
GROH, Dieter: „Je eher, desto besser!“ Innenpolitische Faktoren für die Präventivkriegsbereitschaft des Deutschen Reiches 1913/14. In: Politische Vierteljahresschrift 3 (1972), S. 501–521
HARDACH, Gerd: Der Erste Weltkrieg (= Geschichte der Weltwirtschaft im 20. Jahrhundert 2) München 1973
HERZFELD, Hans: Die moderne Welt 1789–1945, II. Teil: Weltmächte und Weltkriege. Westermann, Braunschweig 1970
HILDEBRAND, K.: Imperialismus, Wettrüsten und Kriegsausbruch. In: Neue Politische Literatur 20 (1975), S. 160–194; S. 339–364
HÖLZLE, Erwin: Die Selbstentmachtung Europas. Das Experiment des Friedens vor und im Ersten Weltkrieg. Göttingen/Frankfurt/Zürich 1975
ders. (Hrsg.): Quellen zur Entstehung des Ersten Weltkrieges. Internationale Dokumente 1901–1914. (= Ausgewählte Quellen zur deutschen Geschichte der Neuzeit. Freiherr von Stein-Gedächtnisausgabe 27) Darmstadt 1978
KANN, Robert A./KIRÁLY, Béla K./FICHTNER, Paula S. (Hrsg.): The Habsburg Empire in World War I. Essays on the Intellectual, Military, Political and Economic Aspects of the Habsburg War Effort. (= East European Monographs 23) New York 1977
MOSES, John A.: The Politics of Illusion. The Fischer Controversy in German Historiography. London 1975
RÖHL, John C. G.: An der Schwelle zum Weltkrieg: Eine Dokumentation über den „Kriegsrat“ vom 8. Dezember 1912. In: Militärgeschichtliche Mitteilungen 1 (1977), S. 77–134
SCHUBERT, Peter: Die Tätigkeit des k. u. k. Militärattachés in Bern während des ersten Weltkrieges 1914–1918 (1919). Wien phil. Diss. 1979

WANDRUSZKA, Adam/ PLASCHKA, Richard/DRABEK, Anna M. (Hrsg.): Die Donaumonarchie und die südslawische Frage von 1848 bis 1918. Texte des ersten österreichisch-jugoslawischen Historikertreffens, Gösing 1976. (Veröffentlichungen der Kommission für die Geschichte Österreichs 8) Wien 1978
WORMER, Klaus: Großbritannien, Rußland und Deutschland. Studien zur britischen Weltreichpolitik am Vorabend des Ersten Weltkrieges. (= Veröffentlichungen des Historischen Instituts der Universität Mannheim 6) München 1980
WÜRTHLE, Friedrich: Die Spur führt nach Belgrad. Die Hintergründe des Dramas von Sarajevo 1914. Wien/München/Zürich 1975 (= Molden-Taschenbücher 123, Wien/München 1978)
ders.: Dokumente zum Sarajevoprozeß. Ein Quellenbericht. (= Mitteilungen des Österreichischen Staatsarchivs, Erg.-Bd. 9) Wien 1978
YOUNG, Harry F.: Prince Lichnowsky and the Great War. Athens 1977
ZECHLIN, Egmont: Österreich-Ungarn und die Bemühungen um einen russischen Sonderfrieden 1915. In: Rußland–Deutschland–Amerika. Festschrift für Fritz T. EPSTEIN zum 80. Geburtstag. (Frankfurter Historische Abhandlungen 17) Wiesbaden 1978, S. 163–183

Vgl. auch die Ausgewählte Bibliographie zur Geschichte der Neuzeit von 1871 bis 1914, S. 635 ff.

11. ANHANG: DIE POLITISCHEN PARTEIEN DEUTSCHLANDS 1871 BIS 1914.

Vorbemerkungen zu Wahlen und Wahlrecht

Die ersten Parlamentswahlen in Deutschland gründeten auf dem Artikel 13 der Deutschen Bundesakte von 1815, der „in allen Bundesstaaten ... eine Landständische Verfassung“ in Aussicht stellte. Daraufhin konstituierten sich vor allem in Süd- und Mitteldeutschland **Zweite Kammern,** die in der Regel aus indirekten Wahlen hervorgingen. Ausgenommen von dieser frühkonstitutionalistischen Entwicklung waren jedoch Österreich (hier gab es nur Ständeversammlungen auf Länderebene) und Preußen (Standesgremien auf Provinzebene). So begrenzten sich demokratische Initiativen auf den Süden Deutschlands, z. B. Baden, das mit geringfügigen Einschränkungen bereits über ein allgemeines Wahlrecht verfügte. Die Zweiten Kammern – gewählt nach Kriterien des Steueraufkommens des Bürgers und anderen Qualifikationen – hatten eine begrenzte Kompetenz. An der Gesetzgebung stand ihnen lediglich eine Mitwirkungsmöglichkeit zu, sie konnten über die Aufnahme von Staatsanleihen mit befinden und über die Erhebung von Steuern entscheiden. Mißtrauensvoten gegen Minister waren nirgends vorgesehen, das Recht der Etatbewilligung blieb die Ausnahme. Gleichzeitig mit den Zweiten Kammern wurden **Erste Kammern** gebildet, die als „Oberhäuser“ die Vertreter der Herrscherhäuser, des Hochadels, kirchliche Würdenträger sowie andere Personen aufnahmen, die ihr Mandat ererbt oder verliehen bekommen hatten.

So erfolgten auch die Wahlen zur deutschen **Nationalversammlung** nach von Staat zu Staat unterschiedlichen Bedingungen, jedoch waren ca. 80% der Männer wahlberechtigt. Demokratischen Maßstäben entsprach auch weitgehend das Wahlgesetz der **Paulskirchenversammlung** vom 12. April 1849, das allerdings nach dem Scheitern der Revolution gegenstandlos wurde. Die Wahlrechtsreformen wurden wieder fallengelassen während der Reaktionszeit, Parteien wurden aufgelöst, die Kammern blieben jedoch bestehen.

Von **politischen Parteien** im modernen Sinn konnte in der Zeit des Vormärz ohnehin noch nicht die Rede sein, es handelte sich um politische Klubs ohne einen organisatorischen Apparat, ohne feste Bindung an Wahlkreise. Erst die Revolution schuf die Grundlage für die Ausdehnung der Gesinnungsgemeinschaften auf ganz Deutschland und zu ihrer Konstituierung als Partei. So finden sich Fraktionen mit unterschiedlichen politischen Zielen auch erst am Vorabend der Revolution. Doch ihre Zahl ist außerordentlich groß, sie benennen sich während der Paulskirchenversammlung nach ihren Frankfurter Trefflokalen („Casinopartei“, „Württemberger Hof“), bestehen aus einer Unzahl von desorganisierten Einzelgängern, was schließlich die Arbeit des Parlamentes lähmen mußte.

Eine neuerliche Politisierung der Bevölkerung nach der Reaktionszeit kam mit BISMARCKS Gesetz für die Wahlen zum **Reichstag des Norddeutschen Bundes** von 1867, eine Weiterentwicklung des Wahlgesetzes zur Nationalversammlung. Wahlberechtigt waren alle Männer ab 25 Jahre mit nur wenigen Ausnahmen. Die Wahl war nahezu allgemein, gleich, geheim und direkt. In der Folgezeit wuchs die Wahlbeteiligung an; mit dem Wachsen neuer gesellschaftlicher Strukturen und neuen politischen Interessen war dies Gesetz die Grundlage für eine verstärkte Partizipation der Bevölkerung.

Das Wahlrecht im Deutschen Reich

Mit der Verfassung vom 16. April 1871 wurde das Wahlgesetz für den Reichstag des Norddeutschen Bundes ohne wesentliche Änderungen für den Deutschen Reichstag übernommen. Das Wahlrecht war im Vergleich zu Rest-Europa relativ demokratisch und trug trotz erheblicher Kompetenzbeschränkungen des Reichstags zur weiteren Politisierung der Deutschen bei. Das Parlament war an Gesetzgebung und Feststellung des Staatshaushaltes neben dem Bundesrat beteiligt (Einschränkungen beim Militärhaushalt), wichtige Exekutivmaßnahmen wie etwa die Außenpolitik blieben dem Reichstag vorenthalten, es konnte aber keinerlei Mißtrauensvoten gegen Staatssekretäre oder den Reichskanzler stellen, zudem konnte jede Reichstagsinitiative durch den Bundesrat zunichte gemacht werden. Trotzdem ist der Reichstag als wichtigstes Forum der politischen – und jetzt auch parteipolitischen – Auseinandersetzungen nicht zu unterschätzen (vgl. die Debatten in der Sozialdemokratie).

Das **aktive Wahlrecht** hatte jeder männliche Deutsche ab 25 Jahre mit Wohnsitz in einem der Bundesstaaten. Ausgenommen waren davon aktive Soldaten (wegen der Befürchtung einer Politisierung der Armee), Empfänger öffentlicher Armenhilfe, Angeklagte in Sachen Zahlungsunfähigkeit und Konkurs auf Dauer des Verfahrens sowie Personen, denen die bürgerlichen Ehrenrechte aberkannt worden waren.

Das **passive Wahlrecht** besaßen alle aktiven Wahlberechtigten zuzüglich der Militärs, soweit mindestens seit einem Jahr in einem Bundesstaat ein Wohnsitz bestand. Ausgenommen waren Mitglieder des Bundesrates, Beamte, wenn sie während der Legislaturperiode ernannt oder befördert wurden (sowohl in Reichsämtern als auch in Staatsämtern der Bundesstaaten). Die vakant werdenden Mandate wurden durch Ersatzwahlen wieder besetzt. Bis 1906 galt ein Verbot der Aufwandsentschädigung für Abgeordnete, um das Entstehen eines Berufspolitiker-Parlamentes zu verhindern und somit Honoratioren und vermögende Abgeordnete zu fördern, sowie die Parteienbindungen zu lockern. Diese Ziele wurden nicht erreicht, da z. B. die SPD ihre Abgeordneten von 1874 an aus der Parteikasse unterstützte. Das Diäten-Verbot wurde 1906 aufgehoben.

Die Wahlen zum Reichstag waren de-jure geheim, tatsächlich aber öffentlich durch die weitverbreitete Unterstützung der regierungstreuen Parteien durch die regionalen Beamten und Landräte, die das Wahlverfahren überwachten, durch Wahlbezirke mit sehr wenigen Wählern und durch die gemeinsame Stimmabgabe von Arbeitern oder Kleinbauern unter der Obhut ihres Arbeitgebers. Zudem wurden die Stimmzettel von den Parteien selber hergestellt, sie unterschieden sich äußerlich in Größe und Farbe, wurden von den Parteien an die Wähler verteilt, wobei die Parteien auch zum Teil die Wahlen überwachten. Erst 1903 wurde die Errichtung von Wahlkabinen zur Pflicht.

Die Wahl der Abgeordneten erfolgte in direkter Wahl nach dem **Mehrheitssystem.** Reichte die Mehrheit im ersten Wahlgang nicht aus für ein Mandat, gab es **Stichwahlen** zwischen den beiden erfolgreichsten Kandidaten. Die Kandidaten konnten sich in mehreren Wahlkreisen bewerben, was den Parteien die Möglichkeit bot, in unerschlossenen Gebieten zur Parteiwerbung Zählkandidaten aufzustellen. Im Falle des Erfolges in mehreren Wahlkreisen konnte sich der Kandidat seinen Wahlkreis aussuchen; in den anderen Wahlkreisen wurden dann Nachwahlen angesetzt, die aber die Mandatsverteilung nachträglich kaum beeinflußten. Die Ersatzwahlen im Falle des Todes eines Reichstagsabgeordneten (Mitglied des Reichstags = MdR), der Mandatsniederlegung, der Beförderung zum Beamten oder als Beamter dagegen erbrachten spürbare Mandatsumverteilungen.

Die Wahlperiode betrug anfangs drei Jahre, ab 1888 fünf Jahre. Zu Beginn des Reichstages wurde in 382 Wahlkreisen gewählt, 1873 mit Elsaß-Lothringen in 397 Wahlkreisen (unverändert bis 1918). Die Bestimmung des Wahlgesetzes von 1869, die mit der neuen Verfassung fortbestand, nämlich die Zahl der Abgeordneten per Gesetz dem Bevölkerungswachstum anzupassen, wurde nicht erfüllt. Grundlage blieb die Volkszählung von 1864. Unberücksichtigt blieb so die starke Binnenwanderung in Deutschland, die Landflucht und die Urbanisierung. Somit schwankte auch die Zahl der Wahlberechtigten stark, wobei die Agrargebiete mit relativ weniger Fluktuation (und konservativer Wählerschaft) bevorzugt und die Städte und Industriezentren (mit sozialdemokratischer Wählerschaft) benachteiligt wurden. Und doch bot das Wahlrecht im Reich im Vergleich zu Preußen die weitesten Möglichkeiten.

Hatten die **Stichwahlen** anfangs kaum eine Bedeutung (ca. 10% der Wahlkreise), so fanden später in fast 50% der Wahlkreise Stichwahlen statt. Der Grund dafür waren einmal der Ausbau des Parteiensystems sowie andererseits der hohe Anteil an SPD-Stimmen. Von den Stichwahlen profitierten aber vor allem die liberalen Mittelparteien, während die Sozialdemokraten sich selten durchsetzen konnten. Immerhin wurde die Frage der Beteiligung der SPD an Wahlbündnissen bei Stichwahlen zu einer der Kernfragen der Taktik der Partei.

Für die Entwicklung eines demokratischen Wahlrechts während des Kaiserreiches sind die Landtagswahlen in den Ländern von besonderem Gewicht. War das Reichstagswahlrecht relativ demokratisch, so bestand in Preußen und in Sachsen (hier allerdings nur während einer kurzen Zeit) im Wahlrecht der Feudalstaat weiter, der demokratischen Entwicklungen keine Chance ließ.

Das Wahlrecht in Preußen

Nicht nur durch die Personalunion des Königs von Preußen und dem Deutschen Kaiser war Preußen die konservative Hochburg im Kaiserreich. Ohne die preußischen Stimmen im Bundesrat war keine Verfassungsänderung möglich, Preußen hatte mit 3/5 der Einwohner des Reiches das größte Wählerreservoir. Daher war für die deutsche Innenpolitik auch die Wählerentwicklung in Preußen von hoher Bedeutung. War Preußen schon zur Zeit des Vormärz ein Hort vordemokratischer Unbeweglichkeit, so zeigte sich besonders im **Dreiklassenwahlrecht** für die preußischen Landtagswahlen eine entsprechende Kontinuität. Grundlage war eine Verordnung vom 30. Mai 1849, die ohne Mitwirkung des Landtages erlassen worden war; sie entsprach der rheinischen Kommunalwahlordnung von 1845. Das Prinzip des Dreiklassenwahlrechtes war die Gewichtung der Wählerstimmen nach dem Aufkommen an direkten Staatssteuern (Klassensteuer, Grundsteuer, Gewerbesteuer, Einkommenssteuer u. a.).

Das **aktive Wahlrecht** besaßen alle selbständigen, freien preußischen Männer über 24 Jahre, die die bürgerlichen Rechte innehatten, keine öffentliche Armenhilfe bekamen und wenigstens ein halbes Jahr in Preußen wohnten. Militärs durften bis 1874 wählen, dann aber wurde durch das Reichsmilitärgesetz die preußische Wahlrechtsbestimmung dem Reichsgesetz angepaßt und den Militärs das aktive Wahlrecht entzogen. Das passive Wahlrecht besaßen die Bürger, die mindestens 30 Jahre alt waren und im Vollbesitz der bürgerlichen Rechte waren.

Die **Wahl war indirekt und öffentlich,** d. h. die Wähler gaben im Wahllokal zu Protokoll, für welchen der Wahlmänner sie stimmten. Die Wahlmänner ihrerseits wählten in öffentlicher Wahl die Abgeordneten des preußischen Landtags. Zur Ermittlung des Stimmgewichtes der Wähler wurde das Steueraufkommen eines Wahlbezirkes gedrittelt, die Urwähler entsprechend in drei Abteilungen („Klassen“) zugeordnet, ebenso die Gesamtzahl der Wahlmänner. Dadurch daß sich viele Wähler mit geringem Steueraufkommen ein Drittel der Wahlmänner aufteilen mußten, waren ihre Stimmen nur einen Bruchteil der Stimmen weniger Wohlhabender wert. Z. B. stellte anfangs KRUPP in Essen 1/3 der Wahlmänner seines Bezirkes allein, da er 1/3 des Steueraufkommens leistete. Die Masse der Bevölkerung war deshalb nicht im Landtag repräsentiert. Die Folge war eine geringe Wahlbeteiligung in der dritten Abteilung sowie eine extreme Diskrepanz zwischen Stimmenanteil und Mandatsanteil im Landtag. Die Klasseneinteilung und ihre ungerechten Folgen wurden noch verschärft, als Steuergesetze die unteren Einkommensschichten steuerlich entlasten und Großverdiener stärker belasten sollten. Da das Wahlgesetz nicht angepaßt wurde, schwand das Steueraufkommen in der dritten Abteilung und damit auch das Gewicht der Stimmen. Die Bemühungen, durch eine fiktive Steuer die Gewichtung zu entzerren, hatten nicht den gewünschten Erfolg. Erst als sich die Sozialdemokraten nach heftigen Debatten 1903 an den preußischen Landtagswahlen beteiligten, um die Reformbedürftigkeit des Wahlsystems zu demonstrieren, stieg die Wahlbeteiligung. Die grundlegende Diskrepanz zwischen Wählerstimmen und Mandaten wurde zudem durch die Wahlkreiseinteilung gefestigt, da Bevölkerungsveränderungen nicht berücksichtigt wurden. **(Vgl. Schaubild rechts: Dreiklassenwahlrecht in Preußen.)** So war das Steueraufkommen und damit der Zugang zu den Klassen von Stadt zu Stadt und von der Stadt zum Land höchst unterschiedlich. Allgemein wurden die agrarischen Gebiete im Osten mit ihren konservativen Hochburgen bevorzugt im Gegensatz zu den städtisch-industriellen Bereichen West- und Mittel-Deutschlands mit eher sozialdemokratischer Wählerschaft.

Für die Wahl des Landtages (bis 1888 alle drei, dann alle fünf Jahre) waren häufig mehrere Wahlgänge notwendig. In engeren Wahlen schieden jeweils die Kandidaten mit den wenigsten Stimmen aus, bis schließlich ein Mehrheitskandidat die erforderliche absolute Mehrheit errungen hatte.

Von 1871 an waren im preußischen Abgeordnetenhaus 432 Sitze zu vergeben, ab 1876 433, 1906 durch Teilung besonders großer Wahlkreise Erhöhung der Mandatszahl auf endgültig 443 Sitze. Die Reform des preußischen Wahlrechtes blieb eine unerfüllte Forderung bis zum Ende des Kaiserreiches. **(Vgl. auch Schaubilder 14 und 15, S. 587 ff.)** Die Bemühungen der deutschen Regierungen, demokratische, vor allem sozialdemokratische Einflüsse in den Landtagen einzudämmen, um eine ungestörte Regierung auf Reichsebene zu gewährleisten, zeigten sich besonders am Beispiel Sachsens.

Das Sächsische Dreiklassenwahlrecht 1896–1903

Sachsen als drittgrößtes Mitglied des Deutschen Reiches zeichnete sich schon sehr früh durch hohen Industrialisierungsgrad und Urbanisierung aus. Gestützt auf einen äußerst starken Protestantismus gab es schon in der 48er Revolution in Sachsen eine gewichtige demokratische Bewegung.

Grundlage des Wahlrechts in Sachsen war das Wahlgesetz vom 3. Dezember 1868, das die ständische Zweite Kammer durch ein in direkter, gleicher und geheimer Wahl gewähltes Parlament ersetzte. Wahlberechtigt waren demnach alle Männer über 25 Jahre, die ein bewohnbares Grundstück besaßen oder eine direkte Staatssteuer von mindestens drei Mark zahlten. Die Zahl der Wahlberechtigten unter diesem **Zensussystem** betrug weniger als 10% der Bevölkerung, sie stieg mit dem Einkommenszuwachs der 90er Jahre auf ca. 15%. Von den Wählern, die den Deutschen Reichstag wählen durften, war in Sachsen die Hälfte bis ein Drittel bei den Landtagswahlen ausgeschlossen.

Das passive Wahlrecht besaßen die männlichen Bürger über 30 Jahre, die wenigstens 30 DM an Grund- und Eigentumssteuer pro Jahr leiste-

(Forts. S. 590)

Schaubild 14: Dreiklassenwahlrecht in Preußen. Verteilung der Wahlberechtigten auf die Steuerklassen am Beispiel der Wahlen von 1888

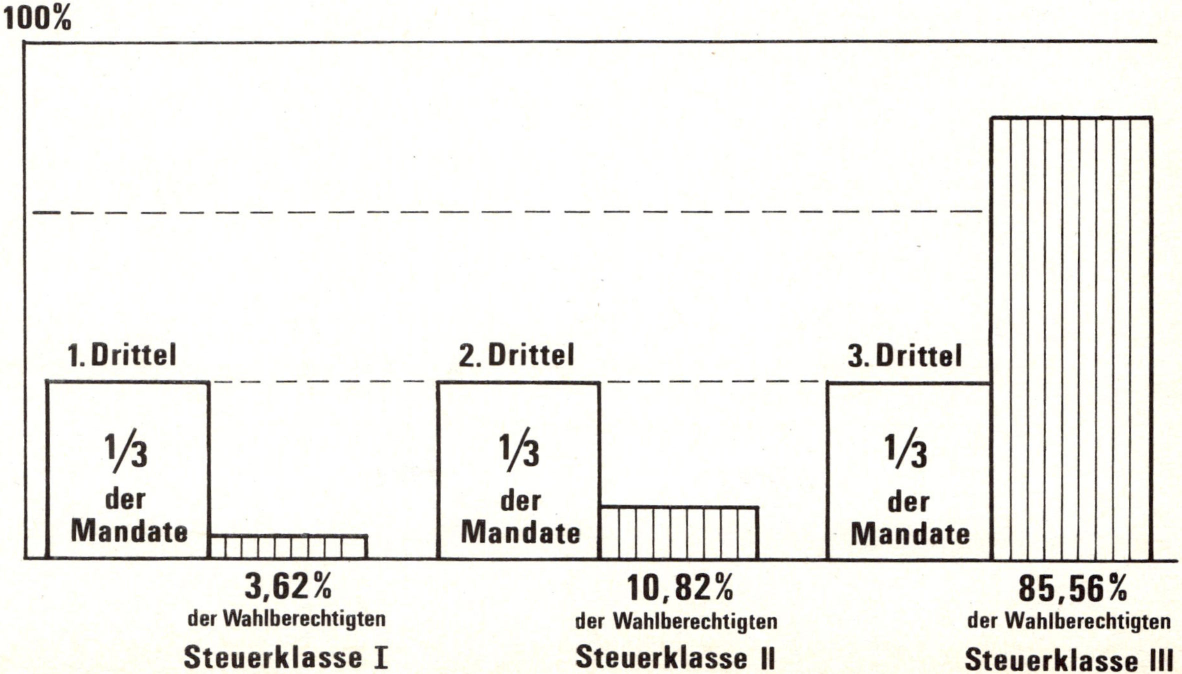

Schaubild 15: Dreiklassenwahlrecht in Preußen. Vergleich Stimmenanteile der wichtigsten Parteien und oder Mandatsverteilung am Beispiel der Wahlen von 1903

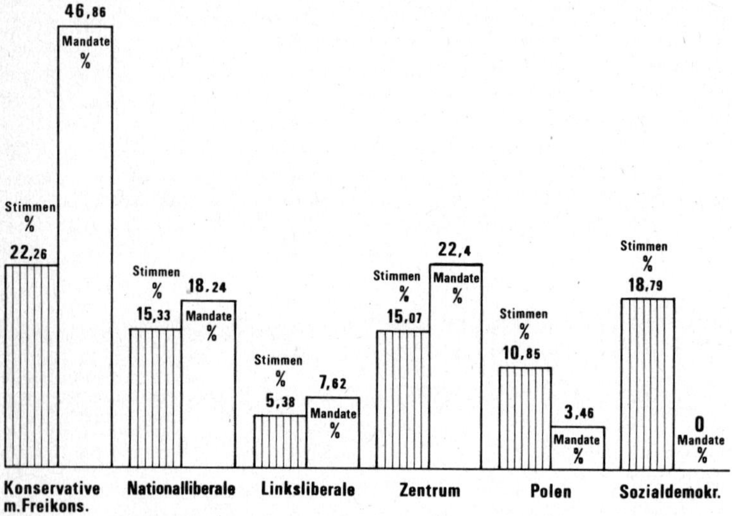

Schaubild 16: Sächsisches Dreiklassenwahlrecht. Wirkung auf die Stellung der Sozialdemokratie am Beispiel der Mandatsverteilung

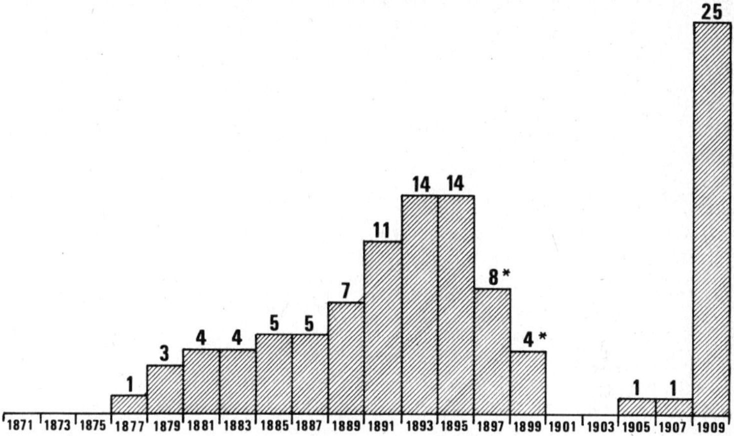

* Da in Sachsen bis 1895 „Drittelwahlen" durchgeführt wurden (alle zwei Jahre wurde ⅓ der Abgeordneten gewählt), konnten die 1893 und 1895 unter dem alten Wahlrecht bestimmten Kandidaten ihre Mandate noch behalten (Auslaufmandate). Die 8 Sitze 1897 und 4 Sitze 1899 der SPD waren also keine neuen Mandate!

ten und seit drei Jahren sächsische Bürger waren. Die Kandidaten wurden in 80 (an 1892 in 82) Wahlkreisen in direkter Wahl auf sechs Jahre gewählt. Für den Gewinn eines Mandats reichte die relative Mehrheit aus, mindestens jedoch ein Drittel der Stimmen.
Durch die Beteiligung der Sozialdemokraten stieg die Wahlbeteiligung von ca. 25% 1871 auf 50% an, die Partei war 1895 den Stimmen nach die zweit stärkste Gruppierung im Landtag. Um ein weiteres Anwachsen der SPD zu verhindern, beschloß die Zweite Kammer auf Antrag der konservativen Mehrheiten 1896 handstreichartig eine Wahlrechtsreform, die von der SPD als „Raub des Wahlrechts" verstanden wurde. Die Wahlen waren jetzt indirekt, geheim, die Stimmen wurden aber nach preußischem Vorbild in drei Steuerklassen unterteilt. Die Abgeordneten wurden in Drittelwahlen (je ein Drittel der Abgeordneten alle zwei Jahre) bestimmt. In den ersten beiden Wahlgängen mußte die absolute Mehrheit erreicht werden, danach genügte die einfache Mehrheit der Stimmen der Wahlmänner. Zwar wurde die anrechenbare Steuer, die zur Wahl in der entsprechenden Klasse berechtigte, nach oben hin begrenzt, ebenso wie nach unten festgelegt, die Wahlreform erfüllte jedoch ihren Zweck: die Sozialdemokratie wurde empfindlich geschlagen, **(vgl. Schaubild 16, S. 589: Sächsisches Dreiklassenwahlrecht)** die Wahlbeteiligung sank erheblich, vor allem in der dritten Klasse. Nur die Einteilung der Wahlkreise blieb weitgehend ohne Folgen, da die Industrialisierung und Urbanisierung alle Teile Sachsens gleich erfaßte. Erst als die SPD mit dem Protest gegen das sächsische Wahlrecht in den Wahlkampf zur Reichstagswahl 1903 zog und einen großen Erfolg errang, ließ die sächsische Regierung das Dreiklassenwahlrecht fallen und ersetzte es – allerdings erst 1909 – durch ein **Mehrheitswahlrecht.** Aber Beschränkungen blieben bestehen: einmal wurden die beträchtlichen Unterschiede zwischen den Wahlkreisen im Verhältnis Einwohner pro Wahlkreis belassen, hinzu kam aber noch die Möglichkeit von bis zu drei **Zusatzstimmen** für den Wähler. Die Zusatzstimmen waren an höheres Einkommen, höhere Bildung („Einjähriges") und höheres Alter (50 Jahre) gebunden.
Trotzdem stieg die Wahlbeteiligung auf über 80% an, durch die Stimmenhäufung aber konnte die Sozialdemokratie die Benachteiligungen nur zum Teil überwinden.

Das Entstehen des Deutschen Parteiensystems

Die auf die gescheiterte Revolution von 1848 folgende Zeit der Reaktion brachte neben der direkten Unterdrückung der politischen Rechte auch das Verbot politischer Parteien. Das preußische Vereinsgesetz von 1850 untersagte zwar nicht generell die Bildung politischer Gruppen, auch nicht die Konstituierung von Parlamentsfraktionen, es verbot jedoch den Zusammenschluß der einzelnen Gruppen auf überregionaler Ebene. Der Deutsche Bund übernahm 1854 diese Regelung, wobei die Überwachung des Verbots noch verschärft wurde.

In der Folge der Vereinsgesetze zogen sich die demokratischen Kräfte lange aus der Politik zurück. Die Radikaldemokraten z. B. beteiligten sich für zehn Jahre nicht an den Wahlen, um gegen das preußische Drei-Klassen-Wahlrecht zu demonstrieren. Auch ohne Demonstrationscharakter ging die Wahlbeteiligung zurück. So lag das Schwergewicht der politischen Aktivitäten auf den Fraktionen der Parlamente sowie lokalen, voneinander isolierten politischen Vereinen.

Die **Fraktionen** waren lockere Verbände, viele Abgeordnete wechselten ständig die Fraktion oder verkündeten eigene Programme, eine große Zahl blieb überhaupt fraktionslos. Bedingt durch das indirekte Wahlrecht spielte die Persönlichkeit des Kandidaten eine größere Rolle als seine Fraktionsbindung. Eine erste geschlossene Fraktion entstand 1852 im preußischen Abgeordnetenhaus, als sich aus Anlaß eines antiklerikalen Erlasses des Kultusministeriums eine katholische Fraktion bildete. In der Regel bestanden im Hinblick auf eine Parteiorganisation zuerst solche Fraktionen, die sich vor den Wahlen an bestehende politische Vereine wendeten, um mit deren Hilfe die Kandidaten durchzusetzen. Erst die Einführung des allgemeinen, gleichen und direkten Wahlrechts zum Reichstag des Norddeutschen Bundes beschleunigte Parteigründungen und die Verbindung von lokal tätigen Vereinen.

Die Zahl der **politischen Vereine** war groß; entsprechend der Herausbildung neuer Gesellschaftsschichten engagierten sie sich auch zunehmend für die demokratischen Freiheiten, die Lösung der aufkommenden sozialen Frage sowie für die deutsche Einheit: es waren Arbeiterbildungsvereine, liberale Selbsthilfeorganisationen für die Arbeiterschaft, auf der anderen Seite der Deutsche Nationalverein, der großdeutsche Deutsche Reformverein. Bis auf die Arbeiterbildungsvereine waren diese Gruppen auf ein eher kurzfristiges Ziel hin orientiert, und so lösten sie sich vielfach bei Erreichen dieses Zieles wieder auf. Auf kommunalpolitischer Ebene betätigten sich Bürgervereine, die schließlich in der Kandidaten-Aufstellung bei den Landtagswahlen eine große Rolle spielten.

Zahlreich vertreten waren katholische Vereine mit teils sozialpolitischen Programmen, die zwar konfessionell bestimmt, tatsächlich aber politischen Charakters waren.

Eine neue Ära begann 1861 mit der Gründung der Deutschen Fortschrittspartei, die sich als erste das Prädikat „Partei“ gab, auch wenn sie noch ein lockerer Verband wie die meisten anderen Fraktionen war. Als Gegenreaktion gegen Nationalverein und Fortschrittspartei bildete sich der konservative Preußische Volksverein. Als 1863 der Allgemeine Deutsche Arbeiterverein und 1869 die Socialdemokratische Arbeiterpartei gegründet wurden, waren schon die wesentlichsten Grundlagen des Parteiensystems bis 1918 gelegt: ein relativ geschlossener politischer Katholizismus, eine von unten nach oben organisierte Arbeiterbewegung, sowie eine Vielzahl unorganisierter liberaler und konservativer Gruppen, die vorwiegend nur aus Parlamentsfraktionen bestanden.

Die Reichsverfassung von 1871 nannte zwar nicht ausdrücklich die Garantie politischer Parteien, das vom Reich übernommene Wahlgesetz des Norddeutschen Bundes gestand aber zu, daß sich in Bezug auf Wahlangelegenheiten Vereine bilden und öffentliche Veranstaltungen abhalten durften (§ 17). Die Parteien als überlokale Organisationen unterlagen allerdings weiterhin den restriktiven einzelstaatlichen Vereinsgesetzen. Dies erklärt das nach wie vor große Gewicht der lokalen Wahlvereine im Kaiserreich, die großen Probleme beim Aufbau von Parteiapparaten sowie die vielfältigen Aufspaltungen und Neuvereinigungen.
Eingeengt durch die parlamentarischen Wirkungsmöglichkeiten in den deutschen Parlamenten, aber auch begrenzt durch Antiparlamentarismus in den bürgerlichen Parteien selber blieb das Parteiensystem auf dem Stand stehen, den es bei Gründung des Kaiserreiches erreicht hatte. Bis zur Bildung des Interfraktionellen Ausschusses am Vorabend der Novemberrevolution mußten sich die Parteien darauf beschränken, auf Maßnahmen der Exekutive zu reagieren und sie gegebenenfalls zu kritisieren. Aus der Zustimmung oder Ablehnung der Regierungspolitik resultierte viel stärker die Orientierung der Parteien als aus ihrer Programmatik, ebenso wie Einheit oder Aufspaltung der Parteien davon abhing (Aufsplitterung der Liberalen, Blockpolitik der Konservativen, Revisionismus-Streit in der Sozialdemokratie). Und doch war keine Partei „Regierungspartei" im modernen Sinn, keine Partei der Opposition mußte damit rechnen, ihre Vorstellungen in Regierungsverantwortung konkretisieren zu müssen.
Die Parteien des bürgerlichen Lagers waren Honoratiorenparteien, Zusammenschlüsse von oft wirtschaftlich unabhängigen Persönlichkeiten aus führenden Positionen in Wissenschaft, Wirtschaft, Kultur oder Kirche. Die Abgeordneten kennzeichnete starkes Verantwortungsbewußtsein für das Allgemeinwohl, auch wenn sie in Einzelfragen selten den Rahmen ihrer politischen Herkunft sprengten. Ihre individuellen Bindungen waren meist stärker als die Bindung an eine – ohnehin nur lose – organisierte Partei. Parlamentsanträge wurden ohne oder auch gegen die eigene Fraktion eingebracht, die Mitarbeit in den kurzen Sitzungsperioden war – abhängig vom Grad der wirtschaftlichen Unabhängigkeit – sehr unterschiedlich. Für eine Entwicklung des Parlamentarismus waren dies ungünstige Bedingungen in einer Zeit, in der sich ein mächtiger und effektiver Staats- und Regierungsapparat heranbildete. Nur die Sozialdemokratie hatte sich zu einer modernen Massenpartei mit demokratischer Willensbildung von unten nach oben entwickelt. Dem Wirkungspotential stand jedoch das Wahlrecht im Reich und in Einzelstaaten mit seinen diskriminierenden Bestimmungen entgegen.
Ein erster Schritt in die Richtung eines Berufsparlamentes, wie Bismarck es verhindern wollte, war die Einführung der **Abgeordneten-Diäten** 1906. Bis dahin war die Wahrnehmung eines Mandats vor allem für die sozialdemokratischen und dem Kleinbürgertum entstammenden Abgeordneten der Linksliberalen eine schwere finanzielle Last.
So sehr die Entwicklung der Parteienlandschaft bis 1900 durch die

innenpolitischen Kontroversen bestimmt wurde (Probleme aus der Reichsgründung, Reaktionen auf das Erstarken der Arbeiterbewegung), so sehr bestimmten nach der Jahrhundertwende Außenpolitik und Militärpolitik die parlamentarischen und innerparteilichen Debatten, Themenbereiche, von denen die Volksvertretungen faktisch ausgeschlossen waren. Nur die Frage der Wahlrechtsreform, vor allem in Preußen, sorgte für innenpolitische Kontroversen. Doch mit Kriegsbeginn und parteipolitischem „Burgfrieden" wurden auch diese Forderungen verdrängt. Die Parteien stagnierten und waren sich doch im nationalen Bewußtsein, aber auch in der schrittweisen Anerkennung sozialreformerischer Forderungen näher gekommen.
(Vgl. Tabellen 25, 26, 27, S. 627 ff. zu den Reichstagswahlergebnissen!)

Die Sozialdemokratie

Aus den Wahl- und Vereinsgesetzen der deutschen Länder ergab sich auch für die Arbeiterbewegung die zunächst lokal begrenzte Organisationsform. Diese Grundorganisationen der späteren Parteien waren zunächst jedoch noch rein zweckgebunden, sie dienten der Aus- und Fortbildung der interessierten Arbeiterschaft in Arbeiterbildungsvereinen, dann schon politischer in den Arbeiterverbrüderungen, bis schließlich 1863 die erste deutsche Arbeiterpartei gegründet wurde: Ferdinand LASSALLES **„Allgemeiner Deutscher Arbeiterverein"**. Aber auch diese Partei zeichnete sich noch durch starke regionale Gewichtung aus. Seine Grundlagen waren die örtlichen Organisationen in Nord- und Westdeutschland, die Orientierung innerhalb Deutschlands war eher preußisch-national, kleindeutsch. Die Forderungen des ADAV waren entsprechend der Fortentwicklung aus eher sozialliberalen Wurzeln reformerisch, der Kern lag bei den Arbeiterproduktivgenossenschaften, mit deren Hilfe das „eherne Lohngesetz" umgangen werden sollte sowie in der Forderung nach Demokratisierung des Wahlrechts. Von LASSALLES MARX-Lektüre war nur wenig zu merken. Nach LASSALLES Tod erlangte die Karl MARX kritisch gegenüber eingestellte Richtung mit dem neuen Parteivorsitzenden Johann Baptist von SCHWEITZER noch mehr Gewicht. Erst dessen Rücktritt ermöglichte die Vereinigung mit der zweiten Arbeiterpartei, die sich inzwischen gebildet hatte, der **„Sozialdemokratischen Arbeiterpartei (SDAP)"**. 1869 in Eisenach gegründet (die „Eisenacher"), war sie stärker an MARX orientiert, in der deutschen Parteienlandschaft großdeutsch, föderalistisch und internationalistisch angesiedelt. Die SDAP hatte ihre Schwerpunkte in Sachsen, Süd- und Mitteldeutschland. Nach der Reichsgründung waren die Gegensätze in der Frage der deutschen Einigung zwischen den beiden rivalisierenden Parteien hinfällig geworden, die direkte Konkurrenz hatte sich als schädlich erwiesen. Die ersten Reichstagswahlen brachten den beiden Parteien jeweils nur ein Mandat ein, das Wählerpotential war wegen des schnellen Anwachsens der Industrie jedoch wesentlich größer, zumal die liberalen Versuche zur Gewinnung der Arbeiterschaft

erfolglos blieben. Und schließlich hatten beide Parteien in gleicher Weise unter den restriktiven Versammlungs- und Vereinsgesetzen zu leiden, so daß nach Verhandlungen beide Arbeiterparteien sich zusammenschlossen. 1875 bildeten sie die **„Sozialistische Arbeiterpartei Deutschlands“** in Gotha. Der Name Sozialdemokratische Partei wurde erst mit dem Erfurter Programm von 1891 angenommen.
Das **Gothaer Programm** stellte einen Kompromiß dar zwischen den sozialreformerischen Eisenachern und der marxistischen SDAP und barg somit schon bei Gründung den Widerspruch zwischen marxistischer Theorie und reformerischer Praxis in sich. Das Programm kennzeichnete den Kapitalismus als ausbeuterisch, wogegen sich die internationale Arbeiterbewegung wehren müsse, indem sie das Werk der Befreiung der Arbeit selber in die Hand nehme. Der praktische Teil des Programms nannte aber weniger revolutionäre Forderungen: Errichtung von Arbeiterproduktivgenossenschaften, die staatlich unterstützt werden sollten; allgemeines und gleiches Wahlrecht für alle Wahlen; eine unentgeltliche Schulbildung, eine menschliche Arbeitszeitregelung sowie die Ersetzung des stehenden Heeres durch eine Miliz. Diese Ziele sollten „mit allen gesetzlichen Mitteln“ erreicht werden, was eine scharfe Kritik von Karl MARX hervorrief (Kritik des Gothaer Programms). Nach der Einigung kam der erste Wahlerfolg 1877: 12 sozialdemokratische Abgeordnete zogen in den Reichstag ein.
So sehr die Partei auch Zuspruch von den Wählern fand, so fürchteten die bürgerlichen Parteien doch diese dynamische Bewegung. So litt die junge Partei zunehmend unter staatlicher Unterdrückung, gipfelnd in den **Sozialistengesetzen von 1878**. Das „Gesetz gegen die gemeingefährlichen Bestrebungen der Sozialdemokratie“ verbot die Partei und ihre Presse, als einziges legales Organ der Partei blieb die Reichstagsfraktion, die schon vorher faktisch die Parteileitung innegehabt hatte. Der gesamte Parteiapparat war zur Illegalität gezwungen, doch fand man in halblegalen Tarnorganisationen eine Möglichkeit zur Weiterarbeit auf regionaler Ebene (Turnvereine, Naturfreundevereine, Radsportverein „Solidarität“). Die sozialdemokratische Presse wurde vom Ausland aus nach Deutschland geschmuggelt („Sozialdemokrat“ aus der Schweiz) und trug wesentlich zur Solidarität und Disziplin während der Zeit des Sozialistengesetzes bei, wie auch durch die offensichtliche Übereinstimmung zwischen den MARXschen Voraussagen staatlicher Repression mit dem Alltag in Deutschland der Marxismus populärer wurde (Karl KAUTSKYS „Neue Zeit“). Da sich die Hoffnung der Parteileitung, durch Loyalität zum Staat die Diskriminierung abzubauen nicht erfüllte, sanktionierte der Parteitag von Wyden in der Schweiz die illegale Arbeit, während sich gleichzeitig antiparlamentarische Tendenzen zeigten. Anarchisten waren in Wyden ausgeschlossen worden, ihr Erbe machte der Partei aber bis 1891 (Ausschluß der oppositionellen „Jungen“) noch lange zu schaffen.
Die Bemühungen des BISMARCK-Staates, die Arbeiterschaft durch Repressalien einerseits und durch fortschrittliche Sozialgesetzgebung

andererseits in den Staat zu integrieren, blieben erfolglos. Während des Sozialistengesetzes wurde die Gesamtpartei marxistisch in der Theorie, ihre Wahlerfolge schienen unaufhaltsam, bei der Nichtverlängerung des Gesetzes 1890 war die Sozialdemokratie den Stimmen nach (1,427 Millionen) die stärkste politische Kraft.

Der Wert der parlamentarischen Mitarbeit war aber umstritten. War das Parlament für das Parteizentrum nur ein wenn auch erfolgversprechendes Forum der Agitation, so erkannten einige Parlamentarier konkrete Möglichkeiten zur Verbesserung der wirtschaftlichen Situation der Arbeiter. Als erster formulierte der bayerische Sozialdemokrat Georg von VOLLMAR die These, die Parlamentsarbeit konsequent zu nutzen, um sozialdemokratische Forderungen zu erfüllen. Dabei überschritt er in Fragen der Taktik weit die Grenzen des revolutionären Selbstverständnisses der Partei (Eldorado-Reden 1891, benannt nach einem Münchener Lokal). VOLLMAR empfahl der Partei Wahlbündnisse auf Zeit, um mit anderen Fraktionen sozialdemokratische Einzelforderungen Schritt für Schritt durchzusetzen, ganz wie es in den süddeutschen Länderparlamenten praktiziert wurde. Diesen praktischen Reformismus auch theoretisch zu untermauern, versuchte Eduard BERNSTEIN. Zur Zeit des Sozialistengesetzes als Redakteur des „Sozialdemokrat" mitverantwortlich für die Vermittlung des orthodoxen Marxismus in der Partei, bezweifelte er jetzt die Prognosen von MARX über den gesetzmäßigen Niedergang der kapitalistischen Gesellschaft. Gestützt auf einen seit 1890 anhaltenden Konjunkturaufschwung in Deutschland, der auch der Arbeiterschaft zugute kam, und gestützt auf seine Erfahrungen im Exil im demokratischen England, forderte er die Partei auf, den Ballast der MARXschen Fehlprognosen abzuwerfen, die Theorie zu revidieren (**„Revisionismus"**) und in Einklang mit der als richtig erkannten reformistischen Praxis zu bringen.

In einer Zeit steigender Reallöhne und wachsender Differenzierung der Gesellschaftsklassen befand BERNSTEIN die marxistische Verelendungs-, Konzentrations- und Zusammenbruchstheorie für nicht mehr berechtigt (Artikelserie „Probleme des Sozialismus" in der „Neuen Zeit" und 1895 Hauptwerk „Die Voraussetzungen des Sozialismus und die Aufgaben der Sozialdemokratie").

Nachdem das Sozialistengesetz nicht erneuert worden war und sich somit für die Massenpartei weite Betätigungsfelder für legale Parteiarbeit auftaten, mußten die BERNSTEINschen Thesen heftigen Widerspruch hervorrufen. 1891 hatte sich die Partei – jetzt Sozialdemokratische Partei Deutschlands – ihr **Erfurter Programm** gegeben.

KAUTSKY hatte im theoretischen Teil eine popularisierte Fassung des „Kapital" verfaßt, während der Teil der „Gegenwartsforderungen" dem Reformismus entgegenkam. Theoretisches Ziel der Partei sollte demnach sein: die Revolution, die nicht machbar sei, sondern aufgrund von Gesetzmäßigkeiten komme (BEBELS „großer Kladderadatsch"), die Partei müsse sich lediglich für den Tag des Zusammenbruchs organisieren; die Wahlerfolge seien lediglich ein Gradmesser der Organisation.

Die praktischen Forderungen: allgemeines, gleiches, geheimes und direktes Wahlrecht – auch für Frauen –, Proportionalwahlrecht, Arbeiterschutzgesetze, Acht-Stunden-Arbeitstag und Verstaatlichung der Arbeiterversicherung.
Der Revisionismus wurde nach scharfen Debatten 1903 auf dem Parteitag in Dresden verurteilt, seine Anhänger aber nicht aus der Partei ausgeschlossen. In der Praxis hatte sich die Sozialdemokratie tatsächlich an den bestehenden Staat angenähert. 1894 hatte sie zum ersten Mal einer Regierungsvorlage zugestimmt (eine Herabsetzung der Getreidezölle versprach niedrigere Lebensmittelpreise), bis sie schließlich 1913 eine Erweiterung der Heeresausgaben billigte, Vorstufe zur Zustimmung zu den Kriegskrediten 1914. Die Reichstagsfraktion war daher eine der Hauptstützen des Revisionismus neben der Parteibürokratie mit ihren zahllosen angestellten Mitarbeitern, den Gewerkschaften und Genossenschaften, der Parteipresse. Daß dieser theoretisch umstrittene Weg erfolgreich war, zeigte das Verhalten in den süddeutschen Landtagen: Wahlbündnisse wurden zur ständigen Taktik, auch wenn Parteitagsbeschlüsse dem entgegenstanden; mit ihrer Hilfe konnte das Klassenwahlrecht abgeschafft werden.
Der dem Reformismus nahestehende Parteiapparat der Massenpartei wurde noch dadurch gefördert, daß 1905 die letzten vereinsrechtlichen Gesetzesschranken fielen und eine streng demokratische und pluralistische Parteistruktur aufgebaut wurde (Ortsvereine, Wahlkreisvereine, Bezirks-, Provinzial- und Landesverbände).
Die Wahlerfolge der SPD im Reich waren scheinbar unaufhaltsam, die legale Machtergreifung nahe, wenn es nicht in Preußen (und zeitweise auch in Sachsen) das Drei-Klassen-Wahlrecht gegeben hätte. Mit der russischen Revolution von 1905/1906 ergab sich für die Partei die Frage, ob nach russischem Vorbild ein Massenstreik das undemokratische Wahlrecht beenden helfen könnte. In der Massenstreik-Debatte zeigte sich die weit fortgeschrittene Differenzierung der SPD in rivalisierende Flügel: die Revisionisten (die allerdings im Falle des preußischen Wahlrechtes den Massenstreik forderten), das orthodoxe Parteizentrum um den Vorstand mit der reformistischen Mehrheit der Reichstagsfraktion (die in der Streikfrage abwartend war) und der utopisch-revolutionären Gruppe um Rosa LUXEMBURG, der Keimzelle der späteren USPD und der Spartakus-Gruppe. Ausschlaggebend aber war das Veto der Gewerkschaften, Streiks kamen nicht über das Stadium von Wahlrechtsdemonstrationen hinaus. Trotz des Ungleichgewichts zwischen Stimmenanteil und Mandatszahl bei den Reichstagswahlen wurde die SPD 1912 endlich auch stärkste Fraktion (110 Mandate).
Eine neue Generation von Abgeordneten, geschult in den Gewerkschaften, kam an die Parteispitze, die Partei fand sich mit dem bürgerlichen Staat ab. Angesteckt von der Woge von Nationalismus, von den Revisionisten auch für die Kolonialpolitik gewonnen, stimmte die Fraktion im Reichstag für die Kriegskredite, zumal sich der Krieg auch gegen Rußland richtete, das als „Hort der Reaktion“ galt. Nur wenige Abge-

ordnete stimmten nicht mit der Mehrheit, Ausgangspunkt der späteren Sozialdemokratischen Arbeitsgemeinschaft (1916), aus der ein Jahr darauf die abgespaltene **Unabhängige Sozialdemokratische Partei** USPD wurde. In der USPD fanden sich – geeint in pazifistischer Gesinnung – Revisionisten und Revolutionäre wieder im Gegensatz zur Restpartei, den **Mehrheitssozialisten**.

Exkurs

Die Reform des Wahlrechts in Bayern

Das relativ weitgefaßte Zensuswahlrecht in Bayern benachteiligte Sozialdemokraten und Zentrum in gleicher Weise zugunsten der Liberalen. Die Festlegung der Wahlkreise konnte zu jeder Wahl neu erfolgen, was entsprechende Manipulationsmöglichkeiten bot (bewußte „Wahlkreisgeometrie" mit bekannten soziologischen Daten, um bestimmte Wahlergebnisse zu erzielen). Um diese Praxis zu unterbinden, fanden schon 1899 Zentrum und Sozialdemokraten zusammen, zuerst in München und der bayerischen Pfalz, dann auch auf Landesebene bei den Wahlen von 1905. Beide Fraktionen erreichten zusammen eine ⅔-Mehrheit als Grundlage einer Wahlrechtsreform. Schon vorher war die bayerische Regierung diesem Druck durch eine neue Wahlkreiseinteilung entgegengekommen. 1906 kam die ersehnte Reform, die ein relatives Mehrheitswahlrecht (für ein Mandat war nur im ersten Wahlgang die absolute Mehrheit der Stimmen erforderlich) und neue Wahlkreise brachte. Ähnlich war auch das Wahlrecht in Württemberg und Baden durch Wahlbündnisse der Sozialdemokraten mit bürgerlichen Parteien reformiert und dem Reichstagswahlrecht angepaßt worden.

Führende Persönlichkeiten

Ferdinand LASSALLE (1825–1864), Wilhelm HASENCLEVER (1837–1889), August BEBEL (1840–1913), (Parteivorsitzender bis 1913), Wilhelm LIEBKNECHT (1826–1900), Klara ZETKIN (1857–1933), Karl LIEBKNECHT (1871–1919), Karl KAUTSKY (1854–1938), Georg LEDEBOUR (1850–1947), Franz MEHRING (Parteihistoriker) (1846–1919), Hugo HAASE (1863–1919), Eduard BERNSTEIN (1850–1932), Friedrich EBERT (1871–1925), Gustav NOSKE (1868–1946), Eduard DAVID (1863–1930), Philipp SCHEIDEMANN (1865–1939), Albert SÜDEKUM (1871–1943), Kurt EISNER (1867–1919).

Presse:

„Vorwärts" (1876–78), „Der Sozialdemokrat" (ab 1878 von E. BERNSTEIN illegal wöchentlich herausgegeben) in Deutschland illegal verbreitet. „Sozialdemokratische Bibliothek" (erschien legal in Zürich), „Die neue Zeit" (Herausgeber Karl KAUTSKY, Zürich). „Der Volksstaat"

„Vorwärts" (Berlin), „Hamburger Echo", 1913 besaß die SPD 90 Tageszeitungen und 62 Druckereien.

Schaubild 17: Die Sozialisten

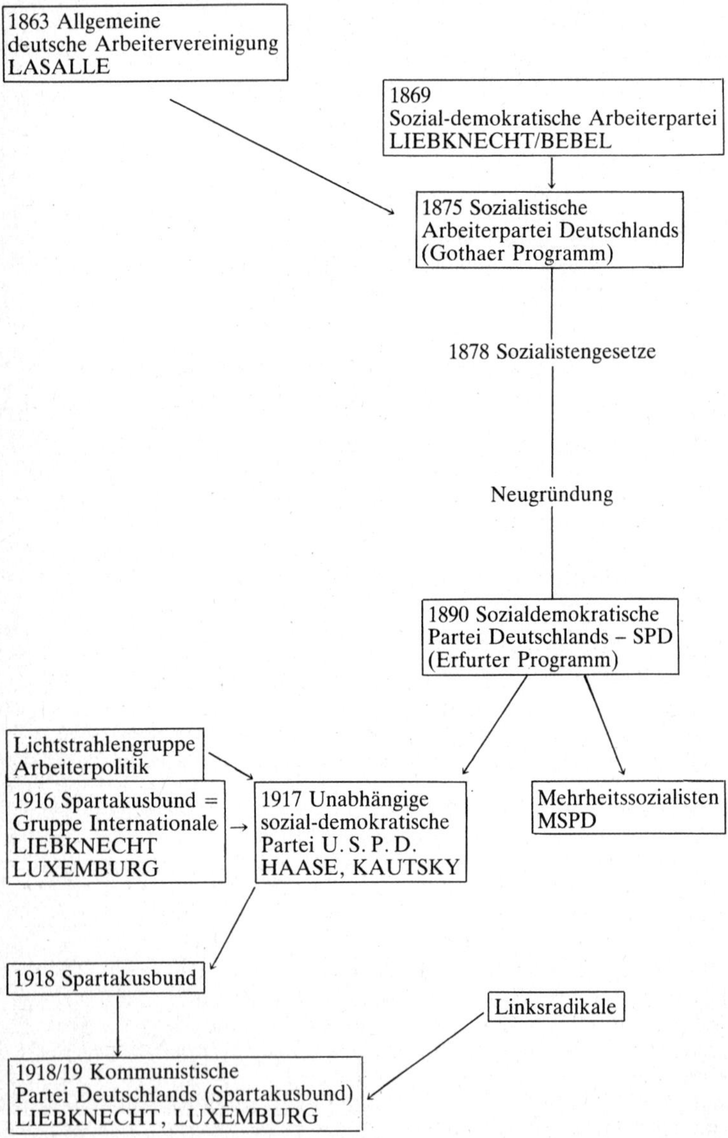

Schaubild 18: Entwicklung von Stimmen und Mandaten der Sozialdemokratie im Reichstag 1871–1912

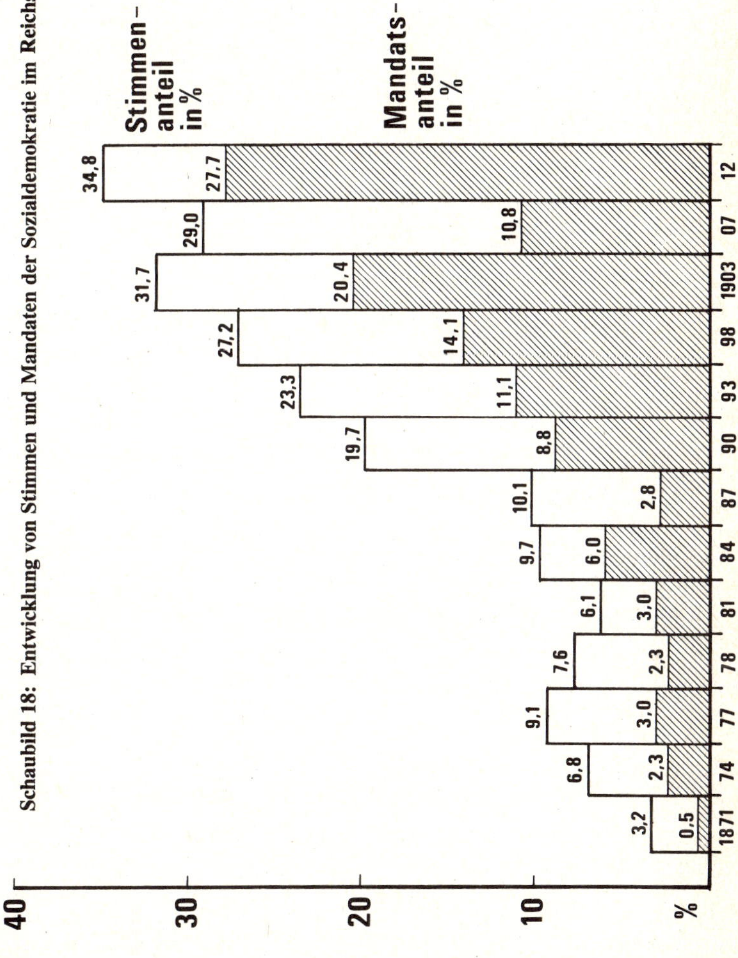

Das Zentrum

Die Vorgänger des politischen Katholizismus sind in den süddeutschen Ländern zu finden, wo sich 1864 gegen ein Gesetz der staatlichen Schulaufsicht ein „Katholisches Kasino“ bildete, Grundlage der **Katholischen Volkspartei** von 1865. Als ab 1870 auch in Norddeutschland konfessionelle Gegensätze eine größere Rolle spielten wegen des protestantisch-liberalen Charakters des Norddeutschen Bundes, erging unter dem Druck der Liberalen auf die Klerikalen ein Aufruf zur Sammlung der Katholiken. Der Begriff Partei wurde noch nicht genannt. Grundlage des Zentrums wurde das **Soester Programm** für die Wahlen zum preußischen Abgeordnetenhaus 1870. Neben der Forderung nach Selbständigkeit kirchlicher Einrichtungen stellte es allgemeinpolitische Ansprüche: Einheit Deutschlands, Ausgleich zwischen Kapital, Arbeit und Grundbesitz, Lösung sozialer Aufgaben. Auch wenn dies keine rein katholischen Forderungen waren, so bestand das preußische Zentrum doch ausschließlich aus aktiven Katholiken. Eine Parteiorganisation gab es nicht, was auch wegen der tatkräftigen Unterstützung der Kirchen nicht nötig war. Teilweise bestimmte der Klerus in ländlichen Gebieten die Kandidaten. Schon vor Gründung des Reiches zeigte sich hier die entscheidende organisatorische Stärke des Zentrums gegenüber den desorganisierten liberalen und konservativen Gruppen. Die breite Streuung der Anhängerschaft über alle Bevölkerungsschichten erlaubte es dann auch, im neuen Reichstag erfolgreich zu sein. Der Name Zentrum nach der Sitzordnung in der Mitte des preußischen Abgeordnetenhauses blieb bestehen.

1871 formierte sich im Reichstag eine Fraktion des Zentrums, das aus 63 Abgeordneten bestand. Ziel der Arbeit war der Erhalt der Konfessionsschule, Selbstverwaltung der Provinzen, wie überhaupt ein Ausbau des Föderalismus. Hier traf sich das Zentrum mit der partikularistischen **Bayerischen Patriotenpartei**, die ihre antipreußische Haltung erst langsam überwand, bis sie sich schließlich 1887 dem Zentrum anschloß. Die Zusammenarbeit mit autonomistischen Bewegungen und Vertreter nationaler Minderheiten (Polen, Welfen, Lothringer, Elsässer) war eine zusätzliche Stütze des Zentrums in der Zeit des **Kulturkampfes**. In dieser Phase der Behauptung staatlicher Macht gegen die Macht der Kirche lag die eigentliche Bedeutung des Zentrums. In dieser Zeit fanden besonders viele Katholiken zum Zentrum, das sich eigentlich als überkonfessionelle Partei verstand. Der staatliche Druck auf den Katholizismus förderte so eine Geschlossenheit der Partei, die es aufgrund der starken sozialen Inhomogenität sonst nicht gegeben hätte.

Die Identität des Katholizismus mit dem Zentrum zeigte sich besonders deutlich in der Struktur der Partei. Die eigentliche Entscheidungskompetenz und die Leitung der Partei lagen bei der Reichstagsfraktion. Die Willensbildung fand auf außerparteilichen Katholikentagen statt, die die Funktion von Parteitagen hatten. Zum Zentrum gehörten eine große Zahl parteinaher Organisationen. Der 1890 gegründete **Volksverein für**

das katholische Deutschland übernahm dabei die Agitation für die Partei sowie Fortbildung der Mitglieder, deren direkte Einflußmöglichkeiten ansonsten begrenzt waren; katholische Arbeitervereine und christliche Gewerkschaften waren eine wichtige Quelle der katholischen Soziallehre. Der Interessenausgleich zwischen den vielfältigen Interessen innerhalb der Partei fand auf Länderebene statt, während die Parteilinie durch den informellen Kreis der Parteiführer in der Reichstagsfraktion bestimmt wurde.

Als nach der Zeit des Kulturkampfes das konfessionelle Band in der Partei an Bedeutung verlor, traten die föderalistischen Tendenzen und die unterschiedlichen Auffassungen gegenüber einer stärkeren Demokratisierung der Verfassung wieder stärker hervor, gleichzeitig wurde aus der Honoratiorenvereinigung eine Mitgliederpartei. Spielten bis dahin programmatische Grundsätze bei Entscheidungen der Fraktion im Reichstag noch die größere Rolle (z. B. in der Sozialgesetzgebung während des Sozialistengesetzes), so definierte sich die Zentrums-Rolle zunehmend wie bei den liberalen Parteien in der Haltung zur jeweiligen Regierungspolitik. Nach der Zersplitterung der Nationalliberalen übernahm das Zentrum die Schlüsselrolle im Reichstag. Es war stärkste Fraktion und trug bis auf die Zeit des Kartells stets die Regierungspolitik mit, so die Schutzzollpolitik 1878. Auch die FRANCKENSTEINsche Klausel 1879 sicherte dem Zentrum Einfluß, bis es sich in der Frage des Septenats offen gegen BISMARCK stellte. Diese Rolle des Zentrums versuchte BISMARCK durch die Reichstagsauflösung 1886 zu durchbrechen und es durch die Regierung des „Kartells" zu schlagen. 1890 wurde das Zentrum aber wieder stärkste Fraktion, nicht zuletzt durch die außerparlamentarische Unterstützung der Kirche, so daß BISMARCK eine erneute Annäherung an die Partei versuchte, woraufhin er von den anderen Parteien fallengelassen wurde, auch ein Grund für den Sturz des Reichskanzlers. Unter dem neuen Parteiführer Ernst LIEBER, dem Nachfolger von BISMARCKs großem Gegenspieler WINDTHORST, wandelte sich das Zentrum zur konsequenten Regierungspartei. Diese Wendung ging nicht ohne Reibungen vor sich (Streit um CAPRIVIS neue Handelsvertragspolitik und die Heeresvorlage), das Zentrum blieb aber trotz Mandatsverluste bei den Wahlen 1893 für die Regierungen CAPRIVI und HOHENLOHE von entscheidender Bedeutung, da die Liberalen den neuen wirtschaftspolitischen Kurs nicht mittragen wollten. Somit hatte das Zentrum seine Schlüsselrolle für die Regierungspolitik wiedererlangt und konnte sie bis 1906 halten. In dieser Ära war die Partei faktisch Regierungspartei, der es endlich gelang, die konservative Vormachtstellung in hohen Personalpositionen zu durchbrechen.

In dieser Zeit äußerer Stärke des Zentrums ließen sich jedoch die inneren Flügelkämpfe nicht mehr überbrücken. Die Wandlung des Zentrums zur überkonfessionellen Partei hatte Widerspruch gefunden. Die konservative, konfessionell geprägte Gruppe, die in den Landtagen ihre Vertreter hatte (**Berliner Richtung**) wollte an einer starken monarchi-

schen Gewalt festhalten und Entwicklungen der modernen Industriegesellschaft aufhalten. Dies stand im Gegensatz zur Auffassung des linken Flügels, der **„Kölner Richtung"**, die aus christlichen Gewerkschaften und Volksverein stammend in der Reichstagsfraktion für eine Demokratisierung der Verfassung, für ein besseres Koalitionsrecht der Arbeiter, für eine Erweiterung der Sozialgesetzgebung und letztlich für eine Parlamentarisierung der Monarchie eintraten. Vordergründig wurde der heftige Streit um den interkonfessionellen (Julius BACHEM: „Wir müssen aus dem Turm heraus!") und dem katholisch-konfessionellen Charakter der Partei ausgetragen. 1909 wurde ein Kompromiß gefunden: die Partei sollte nichtkonfessionell sein, während die katholischen Interessen durch konfessionell gebundene Abgeordnete und Wähler als ausreichend gewahrt betrachtet wurden. Insgesamt war dies ein Sieg der starken rheinischen Parteiorganisation, wenn auch der Einbruch ins protestantische Wählerpotential ausblieb.
Während der innerparteilichen Krise hatte die Regierung versucht, das Zentrum als national unzuverlässig hinzustellen und damit seine Schlüsselstellung zu durchbrechen (Ablehnung von Mittelnachforderungen für afrikanische Kolonien durch das Zentrum), das Abdrängen in die oppositionelle Rolle blieb aber ein Zwischenspiel. Der BÜLOW-Block zerbrach wieder und die „schwarz-blaue" Mehrheit zwischen Zentrum und Konservativen fand zusammen. Auslöser war eine Reichsfinanzreform, deren Erbschaftssteuerpläne gemeinsam gegen Liberale und Regierung durchgesetzt wurden.
Nachdem Koalition und auch die Partei Auflösungserscheinungen zeigten, der Wähleranteil 1912 zurückging, unternahm das Zentrum neue Schritte in Richtung demokratischer Volkspartei: ein Reichsausschuß sollte zwischen den Ebenen die Parteiarbeit koordinieren. Dieses Organ war es auch, das 1918 das erste Parteiprogramm formulierte, das mit seinen Forderungen nach Ausgestaltung der Verfassung die Grundlage für die schrittweise Parlamentarisierung im Interfraktionellen Ausschuß (mit SPD und Fortschritt) legte.

Führende Persönlichkeiten:

Ludwig WINDTHORST (1812–1891), August REICHENSPERGER, Hermann von MALLINCKRODT, Burghard Freiherr von SCHORLEMER-ALST, Carl Friedrich von SAVIGNY, Georg Freiherr von FRANCKENSTEIN.

Fraktionsführung:
1871–75 Carl Friedrich von SAVIGNY, 1875–90 Georg Freiherr von FRANCKENSTEIN. 1891–1902
Parteileitung: Ernst LIEBER. 1902–1914, Peter SPAHN
Andere wichtige Persönlichkeiten: Adolf GRÖBER, Georg Graf von HERTLING (1843–1919), Karl TRIMBORN (1854–1921). Ab 1905/06 Aufstieg Matthias ERZBERGERS (1875–1921)

Presse: „Germania" (ab 1871 in Berlin)

Schaubild 19: Entwicklung des Zentrums und der Zusammenarbeit mit nationalen Minderheiten

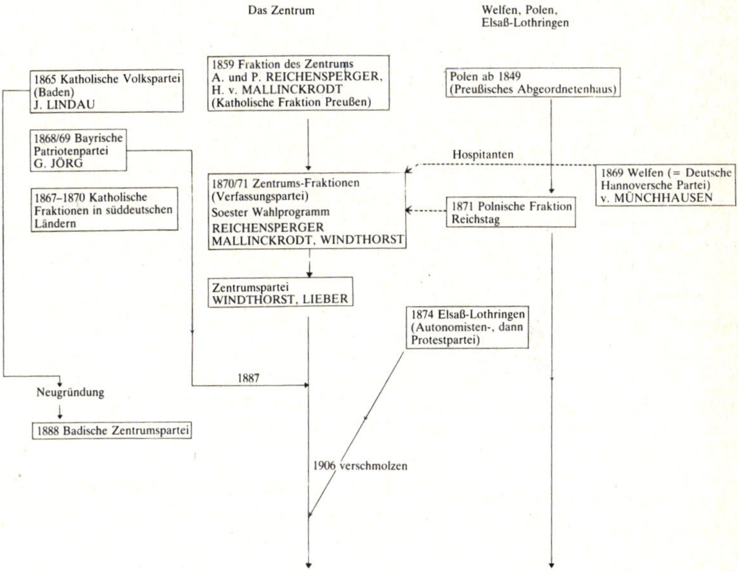

Schaubild 20: Entwicklung der Mandats- und Stimmenanteile des Zentrums im Reichstag 1871–1912

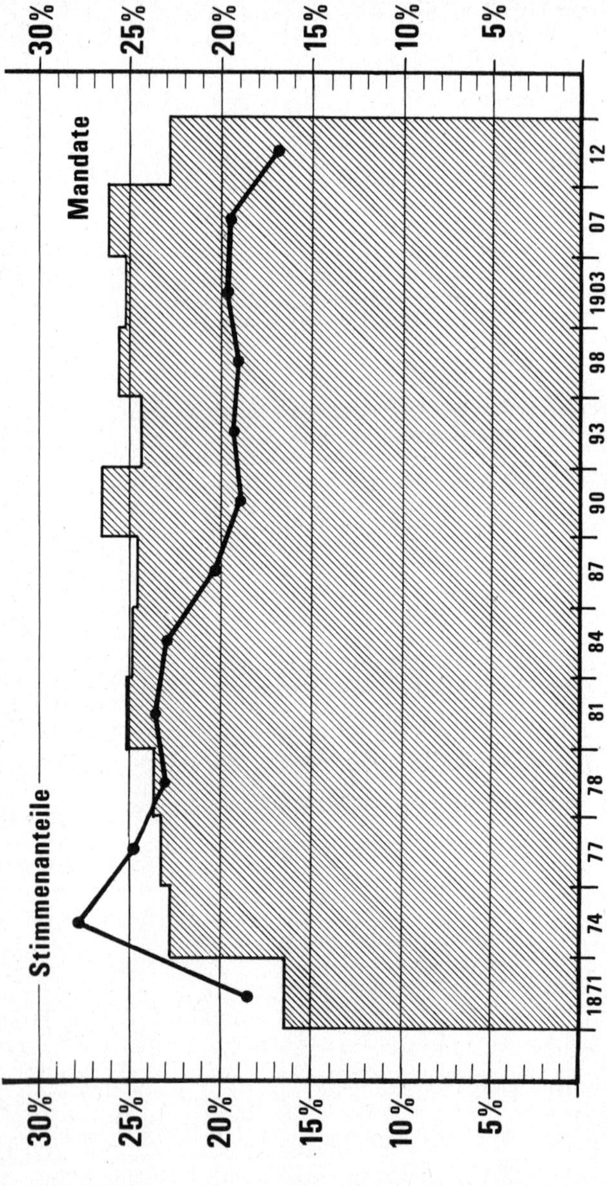

	1871	74	77	78	81	84	87	90	93	98	1903	07	12
Stimmen %	18,6	27.9	24,8	23,1	23,2	22,6	20,1	18,6	19.1	18,8	19,7	19.4	16,4
Mandate %	16,5	22,9	23,4	23,7	25,2	24,9	24,7	26,7	24,2	25,7	25,2	26,4	22,8

Die Konservativen

Die konservativen Parteien waren die parlamentarischen Vertretungen der aristokratischen, der großagrarischen und später der großindustriellen Interessen. Ihre Tradition und Entwicklung war somit an die Traditionen der einzelstaatlichen Dynastien gebunden, vor allem an die preußische Hegemonialmacht. So bestand im Preußischen Abgeordnetenhaus eine mächtige konservative Fraktion, deren Einfluß weit über das Parlament in den gesamten Staatsapparat hinausreichte. Dieser Machtbereich schien mit Bildung des Norddeutschen Bundes und der sich schon abzeichnenden Reichsgründung gefährdet, da nach den Dynastien in Hannover, Kurhessen und Nassau auch Preußen im Nationalstaat aufzugehen drohte. Über diesen altpreußischen Partikularismus hinaus befürchteten die Konservativen, daß mit einem Nationalstaat der Demokratisierung der Weg bereitet würde. So blieben sie auch nach der Reichsgründung, die die Konservativen spaltete, die hartnäckigsten Verfechter des Dreiklassenwahlrechts.
Die Konservativen konnten ähnlich wie die Liberalen lange keine klare Einstellung gegenüber der staatlichen Einigung gewinnen. Während die **Altkonservativen** die Veränderungen in Deutschland ablehnten, konnte sich nur ein kleiner Teil der Fraktion zu einem regierungsloyalen Kurs entschließen. Diese **Freikonservative Vereinigung** (Freikonservative Partei seit 1866) trug die BISMARCKsche Politik wenigstens in ihren Grundzügen mit: streng antisozialdemokratisch, liberal in der Kulturpolitik; in der Wirtschaftspolitik großindustriell ausgerichtet. Entsprechend der sich allmählich durchsetzenden unitarischen Innenpolitik nannte sich die Partei 1871 **Deutsche Reichspartei.** Dennoch blieb die Partei auf das protestantische Norddeutschland begrenzt, den Einfluß garantierten aber weiterhin das Offizierskorps, die höhere Beamtenschaft, der ostelbische Großgrundbesitz und die Gutsbesitzer, die mit massiver Wahlbeeinflussung auf die bäuerliche Bevölkerung einwirkten. Dieser Machtbereich erübrigte die Bildung einer echten Partei, es gab nur eine kleine Zahl von örtlichen Wahlkomitees und Wahlvereinen. Schwerpunkt war die Reichstagsfraktion, deren Kurs nicht an Programmen, sondern an der praktizierten Regierungspolitik orientiert war.
Viele Staatssekretäre BISMARCKS stammten aus den Reihen der Freikonservativen, ihre Presse wurde aus dem Reptilienfond unterstützt.
Die Mitgliederzahl war gering, der Anteil an Vertretern in hohen Verwaltungs- und Wirtschaftspositionen aber außerordentlich hoch (vor allem in Preußen). Ein eigenständiges Profil erlangte die Partei erst, als die Industrie-Bindung stärker wurde (Wilhelm von KARDORFFS Gründung des **„Centralverbandes deutscher Industrieller“** CdI). Obwohl daher auch streng antisozialistisch, trugen die Freikonservativen nicht die Pläne der Deutschkonservativen mit, im Rahmen einer „Revision“ des Reichstagswahlrechtes (z. B. Aberkennung der SPD-Mandate) die Verfassung zu unterhöhlen. Durch die enge Bindung an die Person BISMARCKS mußte die Partei jedoch nach dessen Sturz

wieder an Profil verlieren, die Mandate gingen allmählich zurück. Die Versuche, den Einfluß der Freikonservativen durch eine Fusion mit den Deutschkonservativen zu bewahren, blieben erfolglos. Die Reste der Partei wurden 1918 von der Deutschnationalen Volkspartei aufgenommen.

Die Deutsch-Konservative Partei

Von BISMARCK waren immer wieder Versuche unternommen worden, die regierungsfeindliche Haltung der Altkonservativen aufzuweichen, so mit dem erfolglosen Programm einer „Monarchisch-Nationalen Partei des Reichstags“. Der Weg zur Anerkennung der Realitäten der Ära BISMARCK wurde erst nach der Spaltung der Konservativen Partei in Preußen gangbar. Über die Frage einer Kreisreform in Preußen spalteten sich die **Neukonservativen** ab (Wilhelm von RAUCHHAUPT, Bernhard von BISMARCK), die die Regierungspolitik in Preußen und im Reich zu unterstützen bereit waren. Die **Altkonservativen** verhärteten das Verhältnis zum Reichskanzler zudem durch scharfe Polemiken („Ära“-Artikel in der Kreuzzeitung). Die Spaltung erbrachte jedoch noch nicht die gewünschte Klärung des konservativen Standpunktes, hohe Wahlverluste waren die Folge (1873 im preußischen Abgeordnetenhaus Absinken von 116 auf 32 Mandate, 1874 im Reichstag Absinken von 54 Sitzen auf 21). Neben dem erfolglosen reichsfeindlichen Kurs der Konservativen, aber auch durch das offensichtliche Weiterbestehen der preußischen Hegemonie in Deutschland, durch das Ende des Kulturkampfes und schließlich BISMARCKS Bruch mit den Nationalliberalen fanden die beiden konservativen Splittergruppen wieder zueinander. Schon 1876 war ein Aufruf verschiedener konservativer Persönlichkeiten ergangen, der als Gründungsaufruf einer geeinten **Deutsch-Konservativen Partei** verstanden wurde.
Grundlage des Einflusses der Partei war die herrschende Stellung des Großgrundbesitzes in Preußen, des Adels am Hof, in der militärischen Führung und in der Verwaltung. Getragen durch das Wahlrecht in Preußen wurden die Deutschkonservativen stärkste Fraktion in Preußen und trugen schließlich die Schutzzollpolitik auf Reichsebene mit. Entsprechend konnte sich der agrarische Einfluß auf die Partei durchsetzen. Der Annäherung der Partei an die Regierung BISMARCK widersetzte sich lediglich ein kleiner Teil der Fraktion (von HAMMERSTEIN). Die Deutschkonservativen benötigten keinen Parteiapparat, da sie durch prominente Einzelpersönlichkeiten, durch die evangelische Kirche, einige örtliche Wahlvereine und letztlich durch die organisierten agrarischen Interessen getragen wurden. Für eine breite Propaganda verfügte die Partei nicht über genügend Mittel, sie verließ sich auf die politische Arbeit, die ihre Parteigänger in der Verwaltung leisteten. Direkter Wählereinfluß war nicht erwünscht. Entsprechend dem Verlaß auf die gesellschaftliche Macht der Partei hatte die Reichstagsfraktion keine Leitungsfunktionen. Die Parteileitung lag bis 1889 bei Otto von HELL-

DORF-BEDRA, danach bei einem Ausschuß, der sich aber personell aus sich selber heraus ergänzte. Die Auswahl der Kandidaten erfolgte durch örtliche Honoratioren in den Wahlkreisen.
Nachdem 1881 das Zentrum zu den Mehrheitsparteien gekommen war, arbeiteten die Deutschkonservativen mit diesem und den Nationalliberalen zusammen, bis 1886 nach dem Ausscheiden des Zentrums aus dieser Mehrheit das **„Kartell"** zustandekam (unter Einschluß der Freikonservativen). Das Kartell garantierte dem in den Wahlkreisen erfolgsreichsten Kandidaten die Unterstützung der jeweils anderen beiden Parteien. Über die Frage der Verlängerung des Sozialistengesetzes und damit einhergehende hohe Wahlverluste der Kartellparteien zerfiel das Bündnis. BISMARCKS Versuche, mit dem Zentrum in Verhandlungen einzutreten, verschlechterten wieder das Klima zur Regierung, so daß die Deutschkonservativen für die Entlassung des Kanzlers eintraten. Nach der Entlassung BISMARCKS verstanden sich nach anfänglicher Unterstützung der Regierung CAPRIVI die Konservativen als politische Testamentsvollstrecker BISMARCKS. Sie verteidigten so die konservativen Prinzipien gegen die Zollsenkungen der neuen Handelsvertragspolitik („neuer Kurs"). Im Streit um das BISMARCKsche Erbe wählten die Konservativen die Rolle der Opposition, HELLDORF-BEDRA, der gouvernemental bleiben wollte, verlor die Parteiführung.
In der Opposition wurden Einigungsforderungen laut, die auch durch die inzwischen zu den Konservativen gestoßenen Christsozialen aufgegriffen wurden. Diese setzten 1892 zusammen mit der „Berliner Bewegung" den Parteitag im Berliner Tivoli durch und bestimmten den Kurs. Das neue Programm übernahm zwar das Gründungsprogramm von 1876, setzte jedoch wesentlich schärfere antisozialistische, nationalistische und antisemitische Akzente. Der Einfluß der Christsozialen blieb aber ein Übergangsstadium, da sich das inzwischen im BdL (**Bund der Landwirte**) organisierte Agrariertum auch bei den Konservativen durchsetzte. Der BdL übernahm die Agitation für die Partei, er ersetzte den Apparat. Die Parteilinie entsprach dieser Interessenbindung: hohe Agrarzölle (d. h. hohe Lebensmittelpreise), Steuerprivilegien für die Landwirtschaft, Ablehnung der Industrialisierung sowie dazugehörenden Infrastrukturmaßnahmen (Mittellandkanal). Der Erfolg der Partei im Reichstag ging ab 1893 zurück, auch wenn zusammen mit Nationalliberalen und Linksliberalen im **BÜLOW-Block** von 1906 noch einmal die Reichstagsmehrheit gestellt wurde. Aber die parlamentarische Macht war für die Konservativen auch nur ein Pfeiler ihres Einflusses. 1908 schon zerfiel der Block über die Frage einer Reichsfinanzreform, die u. a. eine Erbschaftssteuer vorsah. Bis zu den Neuwahlen 1912 blieben die Deutschkonservativen jedoch noch in der Mehrheit (zusammen mit dem Zentrum). Angesichts des stetigen Zuwachses der sozialdemokratischen Stimmen konnten die Unterschiede der bürgerlichen Parteien untereinander überdeckt werden, das Band der gegen eine weitere Parlamentarisierung eingestellten Parteien war stärker.
Im Krieg traten die Konservativen für Annexionen im Osten ein, unter-

stützten die Militärdiktatur der Obersten Heeresleitung und kämpften gegen jede Verfassungsausweitung. Nach der Novemberrevolution ging die Mehrheit der Mitglieder zur Deutschnationalen Volkspartei, auch wenn die Konservativen formal bestehen blieben. In den letzten Jahren vor Ende des Kaiserreiches zeigten sich starke Interessenidentitäten mit den **Alldeutschen,** die sich 1891 im Allgemeinen Deutschen Verband in extremen Nationalismus, Befürwortung von Annexionen, Ablehnung jedes Verständigungsfriedens gefunden hatten. Dieser Verband (ab 1894: Alldeutscher Verband) trug schließlich auch die **Deutsche Vaterlandspartei** unter Tirpitz, die die gleichen Ziele – versetzt mit völkischen und imperialistischen Akzenten – zum Programm erhob.

Führende Persönlichkeiten

Die Freikonservative Partei

Carl Ferdinand Freiherr von STUMM-HALBERG (1843–1901) (Industrieller), Octavio Freiherr von ZEDLITZ, Wilhelm von KARDORFF (1828–1907) (Gründer des CdI), Eduard Georg Graf von BETHUSY-HUC (1829–1893).

Die Deutsche Konservative Partei

Parteivorsitzende:
1876–1892 Otto Heinrich von HELLDORF-BEDRA, 1892–1895 Friedrich Wilhelm Graf zu LIMBURG-STIRUM, Wilhelm von HAMMERSTEIN-SCHWARTOW. 1895–1911 Otto Karl Gottlob Freiherr von MANTEUFFEL, 1911–1914 Ernst von HEYDEBRAND UND DER LASA, Karl STACKMANN, Oskar von NORMANN.
Weitere wichtige Persönlichkeiten:
Bernhard v. BISMARCK, Julius Graf MIRBACH-SORQUITTEN, Hans Wilhelm Alexander Graf von KANITZ, Kuno Graf von WESTARP (1864–1945), Wilhelm von RAUCHHAUPT.
Robert von PUTTKAMER (1828–1900), Wilhelm von MINNIGERODE-ROSITTEN, Elard von OLDENBURG-JANUSCHAU, Hermann WAGENER (1815–1889), (Gründer des preußischen Volksvereins).

Presse:
„Konservative Korrespondenz", „Neue Preußische Zeitung" (Berlin ab 1848, genannt Kreuzzeitung), „Allgemeine konservative Monatsschrift für Politik, Literatur und Kunst" (Berlin ab 1843) sowie viele Tageszeitungen besonders in Preußen.
„Mitteilungen aus der Konservativen Partei, Organ des Hauptvereins

der Deutschkonservativen" (Berlin ab 1907). „Reichsbote" (Berlin ab 1911 deutschkonservativ).
Nahestehende Vereine und Verbände:
„Vereinigung der Steuer- und Wirtschaftsreformer" (gegründet 1876) „Landliga" (gegründet 1886). Bund der Landwirte, Alldeutscher Verband, Deutscher Flottenverein, Reichsverband gegen die Sozialdemokratie, Deutscher Ostmarkenverein.

Ebenfalls 1918 in der Deutschnationalen Volkspartei aufgegangen waren die Christlich-Sozialen die 1878 aus den Reihen der Konservativen entstanden war und sich Christlich-Soziale Arbeiterpartei nannte. Diese Gruppe war jedoch klerikal. Ihr eigentliches Profil erreichte sie durch die sozialdemagogischen Forderungen des evangelischen Hofpredigers Adolf STOECKER. Dieser wollte den Sozialismus dadurch bekämpfen, daß Arbeiter und Kleinbürger mit antiliberalen, antikapitalistischen und dann auch antisemitischen Parolen für den Staat gewonnen werden sollten. Der Antisemitismus faßte jedoch erst Fuß, als die angesprochenen Wählerschichten nicht erreicht werden konnten. 1881 nahm die Gruppe den Namen **Christlich-Soziale Partei** an, die als selbständige Gruppe innerhalb der konservativen Fraktion bestand. STOECKER selbst war von 1881 bis zu seinem Ausschluß 1896 aus der deutsch-Konservativen Fraktion Mandatsträger der Deutschkonservativen. 1896 wurde die Partei außerhalb der konservativen Partei als eigenständige Partei gegründet. Sie unternahm mit dem Eisenacher Programm den Versuch eines eigenständigen Profils (Forderungen nach ständischer Organisation der Volksvertretung sowie nach antijüdischen Maßnahmen). Die Partei konnte ihren Einfluß jedoch kaum über ihr regionales Gewicht im Rheinland und in Westfalen hinaus erweitern. Im Reichstag verbanden sich die Christsozialen mit anderen kleinen antisemitischen Gruppen und bildeten die **Wirtschaftliche Vereinigung,** die den einzelnen Abgeordneten den Status einer Fraktion erlaubte. Dieser Verband stimmte in der Regel mit den Konservativen.

Führende Persönlichkeiten

Die Christlichsoziale Partei

Vorsitzende bzw. Präsidenten:
1896–1906 Adolf STOECKER
1909–1912 Franz BEHRENS
1912–1916 Wilhelm PHILIPPS
1916–1918 Georg BURCKHARDT

Presse:
„Das christlich-soziale Korrespondenzblatt" (ab 1881), „Das Volk" (ab 1888), nahestehend waren „Der Reichsbote" und die „Neue Evangelische Kirchenzeitung" sowie einige andere Tages- und Wochenzeitungen.

Schaubild 21: Konservative

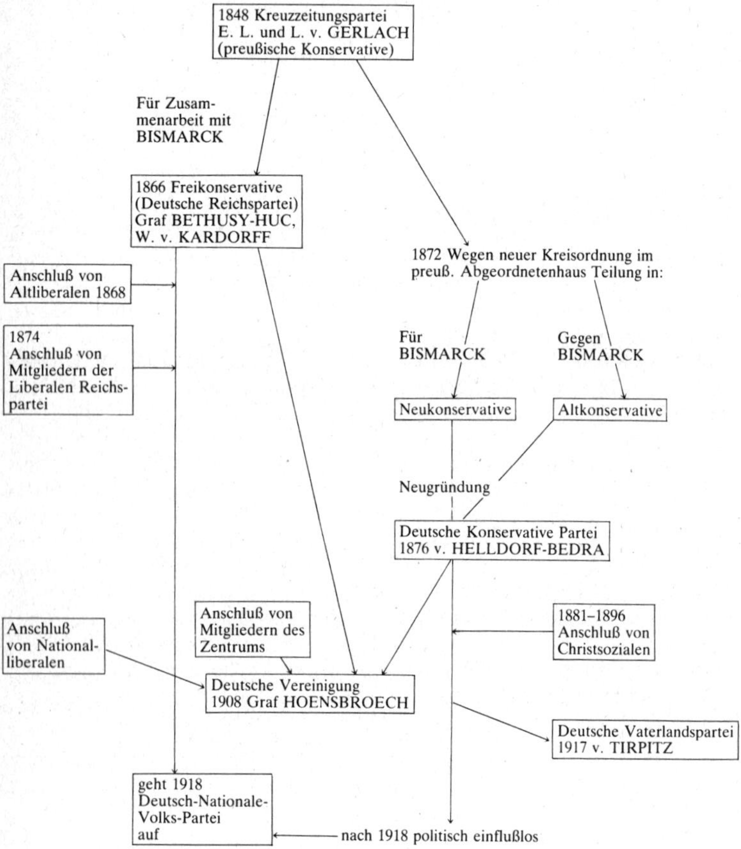

Schaubild 22: Stimmenanteile und Mandate der Freikonservativen (Deutsche Reichspartei) 1871–1912

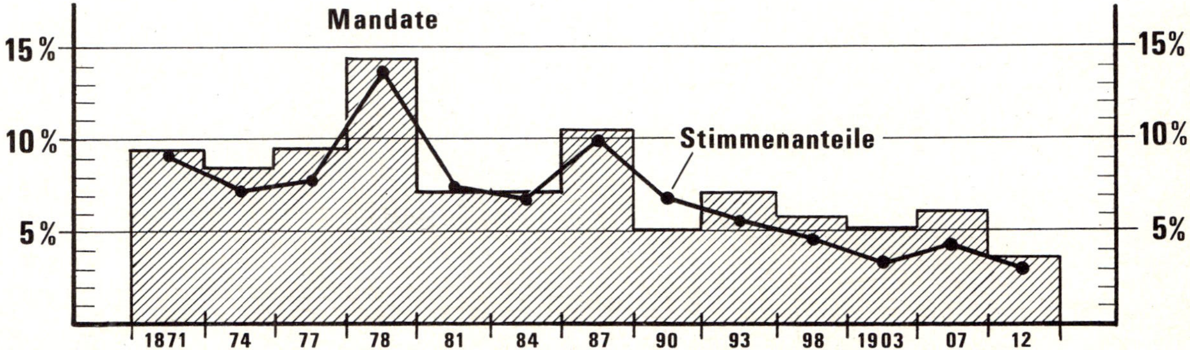

	1871	74	77	78	81	84	87	90	93	98	1903	07	12
Stimmen %	8,9	7,2	7,9	13,6	7,4	6,9	9,8	6,7	5,7	4,4	3,5	4,2	3,0
Mandate %	9,7	8,3	9,6	14,4	7,1	7,1	10,3	5,0	7,1	5,8	5,3	6,0	3,5

Schaubild 23: Stimmenanteile und Mandate der Konservativen Partei 1871–1912

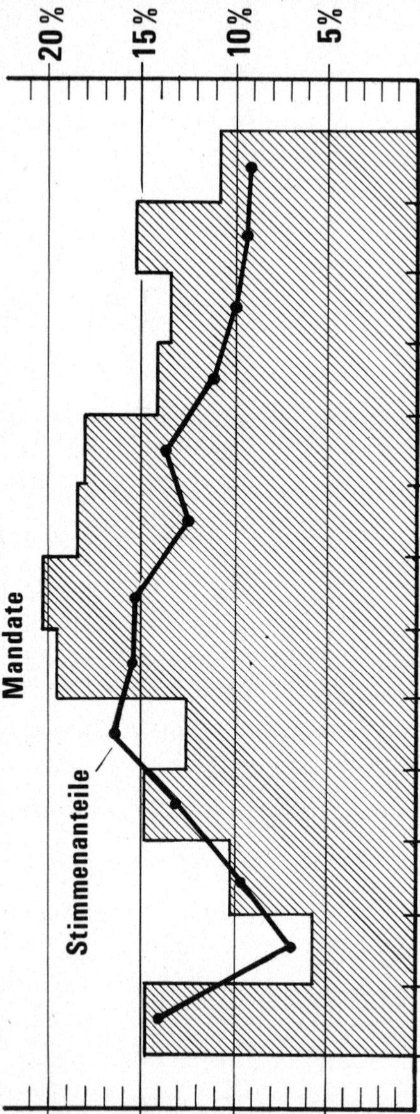

	1871	74	77	78	81	84	87	90	93	98	1903	07	12
Stimmen %	14,1	6,9	9,7	13,0	16,3	15,2	15,2	12,4	13,5	11,1	10,0	9,4	9,2
Mandate %	14,9	5,5	10,1	14,9	12,6	19,6	20,2	18,4	18,1	14,1	13,6	15,1	10,8

Antisemitische Parteien

Der deutsche Antisemitismus hatte viele verschiedene Wurzeln. Die antikapitalistische Tendenz im Antisemitismus erstarkte mit dem Gründerkrach, der ersten modernen Wirtschaftskrise in Deutschland. Zunächst äußerte sich der Antisemitismus in Zeitungsartikeln („Kreuzzeitung", „Germania", „Deutsche Eisenbahnerzeitung"). Hier wurde dem Judentum die Schuld an der Wirtschaftskrise, aber auch der Kulturkampf, zugeschrieben, was seine spätere Anziehungskraft auch auf die konservativen und konfessionellen Gruppen erklärt. Der Antisemitismus galt infolgedessen auch den liberalen Parteien, die viele Juden als Mitglieder hatten sowie dem aufgeklärten Reformjudentum in Deutschland, von dem später wichtige sozialreformerische Impulse ausgehen sollten (Eduard Bernstein). Die antisemitischen Parteien schöpften aus vorkapitalistischen Mittelschichten, die sich nicht mit den Folgen der Industrialisierung und der Verdrängung der Bedeutung der Landwirtschaft abfinden konnten.
Ein erstes antisemitisches Programm war von Karl WILLMANN 1876 formuliert worden („Die ‚goldene' Internationale und die Notwendigkeit einer sozialen Reformpartei"), in dem schon die Verbindung zur Sozialdemagogie STOECKERS hergestellt wurde, der damals allerdings noch klerikaler motiviert war. Der Begriff „Antisemitismus" wurde durch die Antisemitenliga populär gemacht.
Die Bedeutung der antisemitischen Gruppen lag weniger in ihrer parlamentarischen Vertretung (in der sie niemals mehr als 20 Mandate erreichten und dort meist mit den Konservativen stimmten), als vielmehr in der Form der auch gewalttätigen Agitation. Die Parteien waren lockere Vereinigungen meist zwielichtiger Persönlichkeiten, der Zusammenhalt währte immer nur wenige Jahre.
Mit Beginn der 80er Jahre organisierte sich der Antisemitismus in zahlreichen kleinen Parteien, die meist nur für wenige Jahre existierten.

- Die 1879 gegründete **Antisemitenliga** (Wilhelm MARR) verbreitete den Begriff Antisemitismus (in der „Deutschen Wacht").
- 1880 formierte Ernst HENRICE die **Soziale Reichspartei,** die mit sozialpolitischen Forderungen in der Arbeiterschaft Fuß fassen wollte, was ihr nicht gelang.
- 1880 formierte Ernst HENRICI die **Soziale Reichspartei,** die mit hard FÖRSTER), die Verbindungen mit der Partei des bekanntesten Antisemiten Stoecker, der Christlich-Sozialen Arbeiterpartei unterhielt.
- Seit 1886 bestand noch eine **Deutsche Antisemitische Vereinigung** (Otto BÖCKEL).

Die Vereinigungsbestrebungen zwischen diesen Gruppen gehen auf das Jahr 1882 zurück, als ein Erster Antijüdischer Kongreß einberufen wurde. Die Einigung kam aber erst 1889 auf dem Bochumer Antisemitentag zustande. Aus den wichtigsten antisemitischen Parteien, mit Ausnahme der Christlich-Sozialen Arbeiterpartei (vgl. dazu S. 609), entstand die **Antisemitische Deutschsoziale Partei.** Neben den rein rassistisch begründeten Programmpunkten (Fremdherrschaft für Juden, Ausschluß von Juden aus bestimmten Berufen) war die Partei profillos; teils war sie konservativ (Betonung der kaiserlichen Macht).

Die Antisemiten

(Vgl. zur Christlich-sozialen Arbeiterpartei S. 609)

Die Deutschsoziale Reformpartei (1894–1900)

Vorsitzende:
1894–1900: Max LIEBERMANN von Sonnenberg, Oswald ZIMMERMANN.

Presse:
Antisemitische Tageszeitungen wie die „Deutsche Wacht" (Dresden), „Staatsbürgerzeitung" (Berlin) und andere. Wöchentlich erschienen: „Deutschsoziale Blätter", „Deutsche Volkswacht" und „Antisemitisches Volksblatt".

Die Deutsche Reformpartei (1900–1914)

Vorsitzende:
1900–1910 Oswald ZIMMERMANN
1911–1914 Ludwig WERNER

Presse:
„Deutsche Wacht" (bis 1905), „Staatsbürgerzeitung" (bis 1906), „Die Deutsche Reform" (ab 1907).

Die Deutschsoziale Partei (1900–1914)

Vorsitzende:
1900–1911 Max LIEBERMANN von Sonnenberg,
1911–1914 Wilhelm LATTMANN

Presse:
„Deutsches Blatt" (Hamburg), „Deutschsoziale Blätter" (Hamburg).

Die Deutsch-völkische Partei (1914–1918)

Vorsitzende:
1914–1915 Wilhelm LATTMANN,
1915–1918 Ferdinand WERNER.

Presse:
„Deutschvölkische Blätter".

Schaubild 24: Die Antisemiten

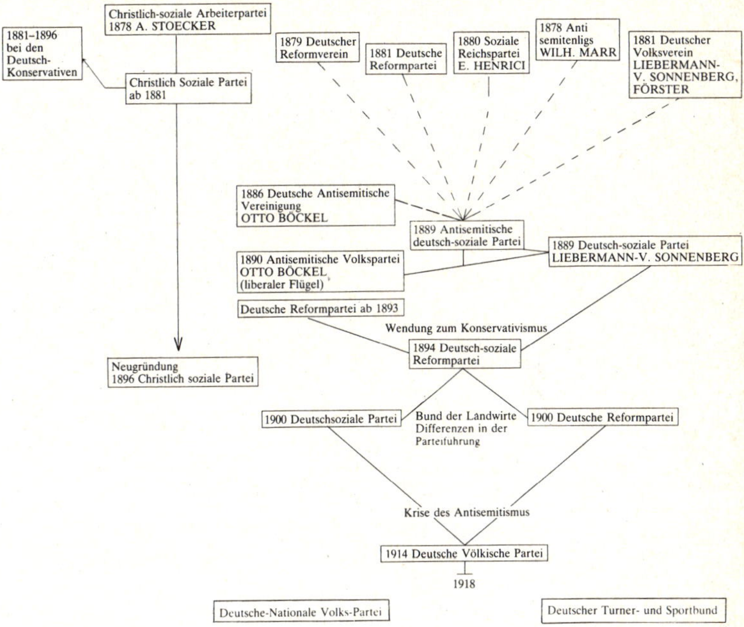

Die liberalen Parteien

Ganz in der Tradition der demokratischen Bewegung von 1848 und ihren nur locker organisierten Honoratiorenvereinigungen standen besonders die liberalen Parteien. Trotz der unzähligen Parteienspaltungen und Wieder- und Neuvereinigungen brachte die liberale Bewegung zur Zeit der Reichsgründung die meisten Impulse in die deutsche Politik ein. Von den 382 Abgeordneten des ersten Reichstags waren 202 Liberale. Sie verteilten sich allerdings auf bis zu vier Fraktionen je nach Standpunkt zur Regierung. Im ersten Reichstag waren auch noch Vertreter der **Altliberalen** in der **Liberalen Reichspartei,** die eine Mittelstellung zwischen Nationalliberalen und Freikonservativen einnahmen und schließlich in den Nachbarparteien aufging. Überhaupt war die Erfüllung einer wichtigen liberalen Forderung, der nach einem deutschen Nationalstaat, einer der Gründe für die Orientierungslosigkeit der liberalen Parteien. Erst mit der Anerkennung der sozialen Frage konnte ein neues Profil gefunden werden.

Die Linksliberalen

Aus einer der ersten Abspaltungen im politischen Liberalismus ging die **Deutsche Fortschrittspartei** hervor. Sie bestand aus dem linken Flügel der Altliberalen im Preußischen Abgeordnetenhaus, die sich mit prominenten Nichtparlamentariern (Theodor MOMMSEN, Werner von SIEMENS, Rudolf VIRCHOW) im Juni 1861 zur Partei konstituierten. Unterstützt wurde diese Fraktion noch von Teilen des Nationalvereins. Das gemäßigte Programm enthielt noch keine Forderungen nach allgemeinem, gleichen Wahlrecht, sondern betrachtete sich als Verfassungspartei, die für die deutsche Einigung, eine gemeinsame deutsche Volksvertretung und die Achtung der verfassungsmäßigen Rechte eintrat. Auf sozialpolitische Forderungen verzichtete sie. Im preußischen Verfassungskonflikt erlebte die Partei eine spontane Blüte auf Kosten der Rechtsliberalen, der Konservativen und der Klerikalen. Der Grund war die Zusammensetzung aus Honoratioren, die unter dem Drei-Klassen-Wahlrecht leichter durchzusetzen waren. Versuche zum Aufbau einer Parteiorganisation schlugen fehl (Zentralwahlverein), so daß die Parteileitung schließlich an die Reichstagsfraktion überging.
1866 hatte sich der rechte Flügel unter Max von FORCKENBECK als Nationalliberale abgespalten, gesamtliberale Wahlvereine blieben aber noch bestehen. Über die Frage des ersten Septenats erfolgte eine weitere Abspaltung: eine Gruppe Abgeordneter stellte sich gegen die Partei, stimmte der Regierung zu und trat dann als „Gruppe Löwe-Berger“ aus der Partei aus; diese Fraktion verlor schnell an Bedeutung.
Die DFP führte ein reges Parteileben, war demokratisch strukturiert, die Hochburgen waren Hamburg und Sachsen. Durch die isolierte Rolle in der Opposition, durch das ungeklärte Verhältnis gegenüber der Sozialdemokratie kam es 1877 nach erheblichem Stimmenrückgang zur

Parteikrise. Unter dem entscheidenden Einfluß des Parteiführers Eugen Richter gelang es, 1878 ein neues Parteiprogramm auszuarbeiten, das einen wesentlichen Fortschritt darstellte: Der Einfluß des Parlamentes sollte gestärkt werden durch freie, gleiche, direkte und geheime Wahlen, Abgeordnetendiäten; Gleichheit vor dem Gesetz, Steuerbewilligungsrecht für den Reichstag; Verminderung der Militärlasten; Verzicht des Staates auf Eingriffe in die Wirtschaft.
Diese starke radikalliberale Position ging jetzt dem rechten Flügel unter dem autoritären Richter zu weit, der für absoluten Freihandel und gegen staatliche Sozialpolitik auftrat. Der rechte Flügel wurde schließlich durch die Verschmelzung mit der Sezession zur **Deutschen Freisinnigen Partei** gestärkt. Diese Verbindung schien auch wegen der bisherigen Erfolge der Linksliberalen bei den Wahlen (1881 mit 47 Sezessions-Mandaten und 59 Fortschrittlern) wegweisend. Innerhalb der neuen Partei übernahm Richter wie schon in der DFP die Führung, wodurch auch die persönlichen Querelen fortbestanden. Über die Verlängerung des Sozialistengesetzes drohte aber schon 1884 ein weiteres Zerfallen, ein fester Wählerstamm konnte nicht erobert werden, die Hoffnungen auf ein Erstarken des Linksliberalismus blieben unerfüllt, vor allem blieb das Demokratisierungsprogramm nicht realisiert. Zur Spaltung der Partei trug endlich der Streit um die Militärvorlagen bei. Die zunehmenden Interessen der großbürgerlicher Wählerschaft für den Imperialismus der Regierung ließen die oppositionelle Rolle schnell vergessen. Die Zusammenarbeit mit der Regierung hatte jedoch den Preis der Zustimmung zu den Militärausgaben, angesichts einer starken antimilitaristischen Tendenz bei den Linksliberalen ein schwerer innerparteilicher Konfliktstoff. Eugen RICHTER war gegen die Militärvorlage, der Flügel um die ehemaligen Sezessionisten der Nationalliberalen Partei unternahm deshalb den Versuch, RICHTER zu verdrängen. Der „Putschversuch“ schlug fehl, die sezessionistischen Abgeordneten, die der Vorlage zustimmten, bildeten daraufhin eine eigene Fraktion, die **Freisinnige Vereinigung** von 1893, die Anhänger RICHTERS mit eher mittel- und kleinbürgerlicher Anhängerschaft formierten sich zur **Freisinnigen Volkspartei.**
Die **Freisinnige Vereinigung** führte die Tradition der Sezession fort, die Partei bestand jedoch nur aus wenigen Ortsvereinen. Die Stagnation, die sich auch 1893 in den Wahlen zeigte (hohe Verluste), sollte durch den Anschluß des Nationalsozialen Vereins überwunden werden. Als 1903 diese Verbindung zustandekam, profitierte die Partei insofern von den Nationalsozialen, als sie das NAUMANNsche Verständnis für die soziale Frage annahm.
Friedrich NAUMANNs **Nationalsozialer Verein** wollte Nationalismus und Sozialismus dadurch miteinander versöhnen, daß die Arbeiter Reformen für den Staat gewonnen werden sollten. NAUMANN kam mit einigen jüngeren evangelischen Theologen 1896 von den Christsozialen nach deren Hinwendung zum Antisemitismus. Die innenpolitische Aussöhnung sah er als Voraussetzung für einen nach außen starken

Staat. Als die Nationalsozialen bis 1903 kein Mandat erringen konnten, löste sich der Verein auf und schloß sich der Freisinnigen Vereinigung an. Die Partei versuchte eine demokratische Willensbildung von unten nach oben, bemühte sich in zahllosen Veranstaltungen um die politische Bildung, trotz des regen Parteilebens konnte sie sich nicht zur Volkspartei entwicklen. Die Beteiligung an der Mehrheit des **BÜLOW-Blocks** führte zu neuen Auseinandersetzungen; zusammen mit den Konservativen und der Freisinnigen Volkspartei vollzog die Vereinigung eine Rechtswende, ohne davon zu profitieren: denn die Hoffnung, zusammen mit den Konservativen das preußische Drei-Klassen-Wahlrecht reformieren zu können, wurde nicht erfüllt. Die Konservativen blockten dieses Vorhaben ab, bis die Linksliberalen 1909 wieder in der Opposition waren. Als die Partei 1908 die politische Kehrwendung der Fraktion nachträglich gebilligt hatte, waren prominente Mitglieder wie Theodor BARTH, Rudolf BREITSCHEID, Hellmut von GERLACH und andere Vertreter des linken Flügels schon ausgetreten, um in der **Demokratischen Vereinigung** für einen sozialliberalen Kurs zu kämpfen. Diese Gruppe zerfiel jedoch, Teile der Partei gingen in der SPD auf (BREITSCHEID).

Das andere Produkt der Spaltung der Freisinnigen Partei von 1893, die **Freisinnige Volkspartei,** verfocht einen dogmatischen Liberalismus. Mit Eugen RICHTER waren die meisten Ortsvereine – konzentriert in Preußen, Sachsen, nord- und mitteldeutschen Kleinstaaten – in die Volkspartei gegangen. Doch seit der Spaltung konnte die Partei unter der immer autoritäreren Führung RICHTERS keine neue Anhängerschaft gewinnen. 1894 gab sich die Partei ein strikt demokratisches Programm (Forderung nach der parlamentarischen Regierungsform, Geltung des Reichstagswahlrechts in allen deutschen Ländern, Neueinteilung der Wahlkreise, jährliche Verabschiedung des Heeresetats, Begrenzung staatlicher Eingriffe in die Wirtschaft, Beseitigung der Privilegien des Großgrundbesitzes, Anerkennung der Gewerkschaften, Unabhängigkeit der Schulen von der Kirche). Da die Partei diese Forderungen nach den hohen Verlusten von 1893 aber nicht allein durchsetzen konnte, war sie auf ein Paktieren mit der Sozialdemokratie und anderen demokratischen Gruppen angewiesen. Der strikte Antisozialismus RICHTERS aber erlaubte eine derartige Annäherung nicht, ebensowenig wie unter RICHTERS Nachfolger Otto FISCHBECK. Selbst eine Verbindung mit anderen liberalen Parteien wurde bis 1910 durch die dogmatische Parteilinie verhindert.

1903 kam es zu einem ersten Wahlbündnis zwischen der Freisinnigen Volkspartei mit der **Deutschen Volkspartei,** die aus Süddeutschland stammte. Diese hatte auf die Reichspolitik nur einen geringen Einfluß. Die Partei war demokratisch durchorganisiert (jährliche Wahlen der Parteileitung auf Parteitagen, die Reichstagsfraktion war nur ein Organ der Partei ohne Leitungsfunktionen), hatte allerdings im Gegensatz zu den anderen linksliberalen Parteien den Sozialistengesetzen zugestimmt.

Eine andere Voraussetzung zur Vereinigung der linksliberalen Kräfte war die Fraktionsgemeinschaft der Freisinnigen Volkspartei mit der Freisinnigen Vereinigung im Block-Reichstag. Im März 1910 fanden die drei Gruppen zur **Fortschrittlichen Volkspartei** zusammen. Das Programm übernahm Forderungen des bisherigen Linksliberalismus: allgemeines, gleiches, geheimes und direktes Wahlrecht im Reich wie auch in den Ländern; Abbau der Zölle, progressive Einkommenssteuer, Erbschaftssteuer; Besserstellung der Arbeiter; Ausdehnung des Koalitionsrechts und der Arbeiterschutzgesetze; Ausweitung des Völkerrechts und internationale Schiedsgerichtsbarkeit. Dies Programm brachte die Partei in die Nähe der sozialdemokratischen Forderungen; die antisozialistische, liberaldogmatische Basis der Partei vollzog aber diesen Kurs nicht nach, als 1912 das erste Stichwahlabkommen auf Reichsebene geschlossen wurde. Dieses Wahlbündnis in 31 Wahlkreisen brachte zwar Stimmengewinne, die Mandatszahl sank jedoch. Die Bemühungen der Mittelstandspartei, über Gewerkvereine und Arbeitervereine Zugang zu Arbeitern und Angestellten zu finden, fanden wenig Anklang. Immerhin waren die Wahlabsprachen mit der SPD die Grundlage für die spätere Mehrheitskonstellation in der Friedensresolution 1917. In der Frage der Kriegsziele war die Partei zunächst unentschlossen, die Annexionsgegner setzten sich jedoch durch. Die innenpolitische Orientierung am Parteiprogramm fand in der Oktoberverfassung 1918 ihren Niederschlag. Zusammen mit linken Nationalliberalen und bürgerlichen Demokraten bildete die Volkspartei 1918 die **Deutsche Demokratische Partei.**

Die deutsche Fortschrittspartei (DFP)

Führende Persönlichkeiten:
Max von FORCKENBECK (1821–1892), Leopold Freiherr von HOVERBECK (1822–1875), Wilhelm LOEWE-CALWE, Franz DUNCKER, Ludolf PARISIUS, Eugen RICHTER (1838–1906), Rudolf VIRCHOW (1821–1902), Theodor MOMMSEN, Werner von SIEMENS.

Presse:
„Der Volksfreund" (1868–72), „Aus der deutschen Fortschrittspartei" (1877–84); nahestehende Tageszeitungen: „Volkszeitung" (Berlin 1878–84), „Vossische Zeitung" (Berlin 1878–84).

Deutsche demokratische Volkspartei

(Süddeutsche linksliberale Partei; führend in ihr Leopold SONNEMANN, C. HAUSSMANN, Friedrich von PAYER; Organ: Frankfurter Zeitung; wenig Einfluß im Reich)

Deutsche Freisinnige Partei

Führende Persönlichkeiten: Eugen RICHTER (1838–1906) (Parteivorsitzender abgesehen von Mai – Juni 1890, von 1884–1893), Karl SCHRADER (1834–1913), Heinrich RICKERT (1863–1902), Robert ZELLE, Rudolf VIRCHOW (1821–1902), Ludwig BAMBERGER (1823–1899), Franz August Freiherr Schenk von STAUFFENBERG (1834–1901).

Presse:
„Parlamentarische Korrespondenz" (ab 1884), „Freisinnige Zeitung" (ab 1885), „Der Reichsfreund", „Deutsches Reichsblatt" (ab 1884).

Freisinnige Volkspartei (1893–1910)

Führende Persönlichkeiten: Eugen RICHTER (1838–1906), Otto FISCHBECK

Freisinnige Vereinigung (1893–1910)

Führende Persönlichkeiten:
Heinrich RICKERT (1863–1902), Ludwig BAMBERGER (1823–1899), Albert HÄNEL (1833–1918).

Fortschrittliche Volkspartei: 1910–1918

Führende Persönlichkeiten: Karl FUNCK, Friedrich von PAYER, Karl SCHRADER (1834–1913), Otto FISCHBECK, Otto WIEMER.

Presse:
„Freisinnige Zeitung" (Berlin 1885–1918)

Schaubild 25: Die Liberalen

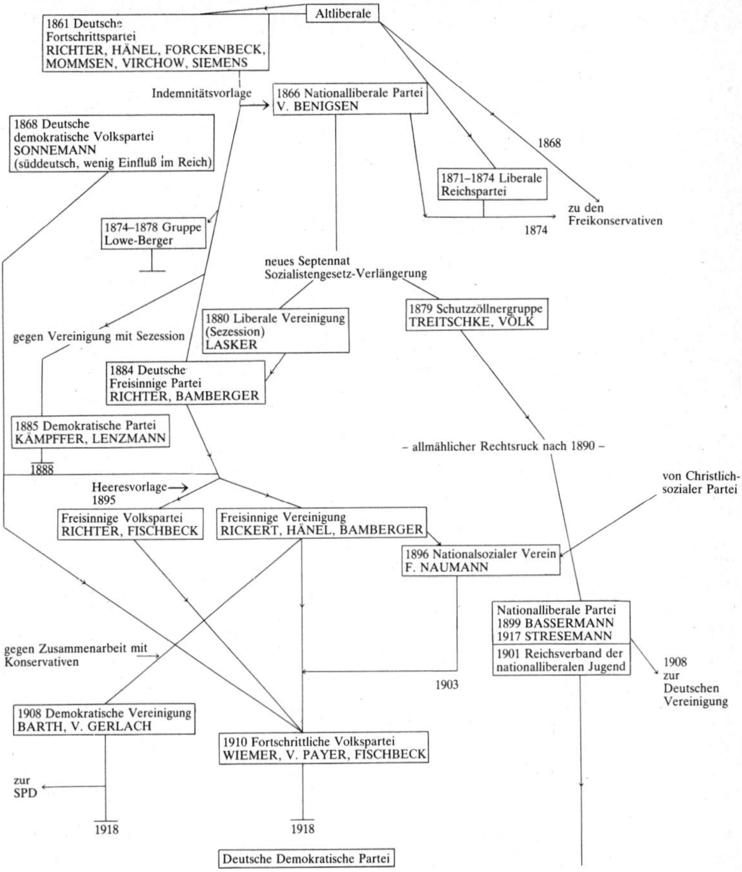

Schaubild 26: Stimmenanteile und Mandate der Linksliberalen 1871–1912

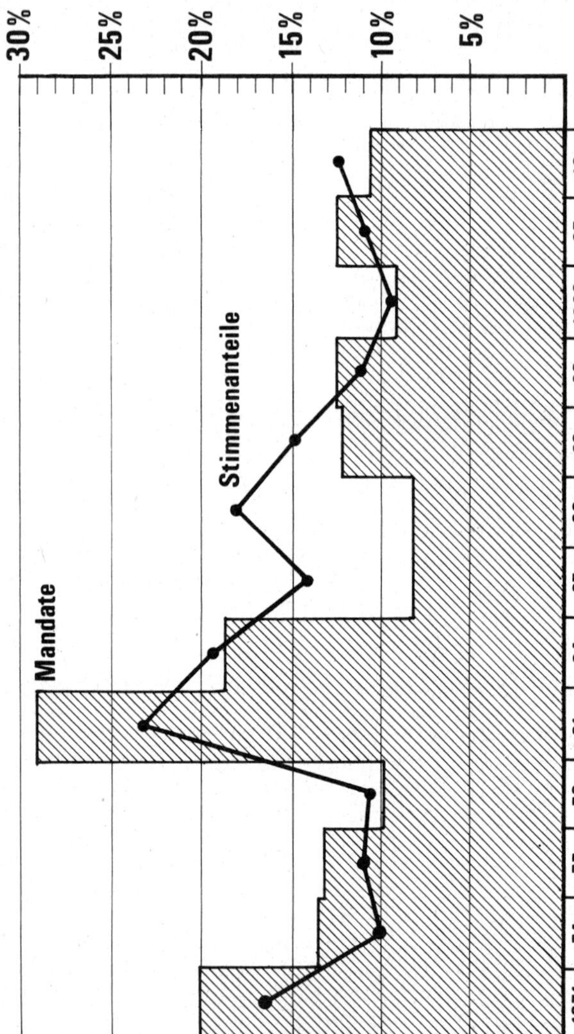

	1871	74	77	78	81	84	87	90	93	98	1903	07	12
Stimmen %	16,5	10,0	11,0	10,5	23,1	19,3	14,1	18,0	14,8	11,1	9,3	10,9	12,3
Mandate %	20,02	13,4	13,1	9,9	29,0	18,7	8,1	8,1	12,1	12,4	9,1	12,4	10,6

Die Nationalliberalen

Als eine Abspaltung von der ersten liberalen Partei, der Deutschen Fortschrittspartei, formierten sich im November 1866 zusammen mit Abgeordneten des linken Zentrums die **Nationalliberalen,** die 1867 im Reichstag des Norddeutschen Bundes als Nationalliberale Partei auftraten. Die Aufspaltung in Fraktionen bedeutete noch keine Parteispaltung, sie entsprach mehr aktuellen Kontroversen und persönlichen Auseinandersetzungen der Abgeordneten. So bestanden noch lange mit der Fortschrittspartei organisatorische Verbindungen in den Wahlkreisen durch gemeinsame Wahlvereine. Großen Einfluß hatten die Nationalliberalen bei der Beratung der Verfassung des Norddeutschen Bundes und damit auch auf die Ausgestaltung der Reichsverfassung, die wesentliche Bestimmungen übernahm (Budgetrecht des Parlaments, geheime Wahl und die Pflicht des Reichskanzlers zur Stellungnahme vor dem Reichstag waren nationalliberale Forderungen). So war die Hegemonie Preußens für sie selbstverständlich. Die Blütezeit der Nationalliberalen lag somit auch bei der Reichsgründung, auch wenn sie sich noch bis 1878 als stärkste Fraktion halten konnten. Regierungsmehrheiten ohne sie waren anfangs nicht möglich.

Da die Nationalliberalen anfangs dieselben Ziele verfolgten wie die Regierung, ergab sich zunächst wenig Konfliktstoff, die Fraktion wurde die stärkste Stütze der BISMARCKschen Politik, vor allem in der Frage des Kulturkampfes und beim Ausbau des einheitlichen deutschen Staates. Erste Kontroversen entstanden 1874 im Streit um das Militärbudget, der aber noch durch den Kompromiß des ersten Septennats beigelegt wurde.

Die Fraktion war inhomogen, Fraktionsdisziplin war undurchführbar, in vielen Abstimmungen zeigte sich bald eine de-facto-Zersplitterung, die zahllosen örtlichen Wahlvereine konnten einen geschlossenen Parteiapparat nicht ersetzen; Bedingungen, die es BISMARCK leicht machten, die Nationalliberalen zu zerschlagen, da er zwar auf die Stimmen der Fraktion angewiesen war, aber gleichzeitig eine starke parlamentarische Kraft ablehnte. 1877 wurde dem Vertreter mittleren Kurses, von BENNIGSEN, der Eintritt in das preußische Staatsministerium angeboten. Da dieser Schritt nicht gegen den linken Flügel zu unternehmen war, wollte BENNIGSEN zwei Parteifreunde mit in das Ministerium einbinden, was BISMARCK ablehnen mußte. Die Flügelbildung der Nationalliberalen war unübersehbar. Inzwischen hatte der Kulturkampf an Bedeutung verloren, die Fraktion war nicht mehr als Stütze der Regierung nötig, zumal auch eine Mehrheit zwischen Konservativen und Zentrum möglich geworden war. Neben dem Auslaufen des Kulturkampfes erwies sich bald der neue innenpolitische Kurs BISMARCKS (Schutzzollgesetze, Sozialistengesetz, staatliche Sozialgesetzgebung) als innerparteilicher Sprengstoff. Als die Regierung die Sozialistengesetze plante, rief dies die Ablehnung des linken Flügels hervor, dem sich die Gesamtfraktion anschloß. Nach der Reichstagsauflösung setzte BIS-

MARCK die Fraktion mit der Ablehnung unter Druck, bis die Fraktion dann doch zustimmte und damit ihre liberalen Grundsätze preisgab. Die nächsten Jahre wurden durch heftige innerparteiliche Kämpfe beherrscht, während die Regierung inzwischen die Schutzzollgesetze mit konservativen und Zentrum durchsetzen konnte. Über die Fragen der FRANCKENSTEINschen Klausel, dem andauernden Septenatsstreit, der Verlängerung des Sozialistengesetzes und der Aufhebung der Kulturkampfgesetze in Preußen zerfiel die Fraktion endgültig, 1880 fanden sich die meisten Abgeordneten des linken Flügels als **Liberale Vereinigung („Sezession")** zusammen und bildeten eine eigene Fraktion.
Die verbleibenden Nationalliberalen waren jetzt eine eindeutig konservative Fraktion, die sich aber gegen die eigentlichen Konservativen nicht durchsetzen konnte. 1881 erlitt die Fraktion hohe Wahlverluste: nur noch 45 Abgeordnete konnte sie in den Reichstag entsenden. Die gouvernementale Rolle konnten die Nationalliberalen nur um den Preis der liberalen Grundsätze wiedererlangen, was 1883 zum Rücktritt BENNIGSENS führte. Zwar brachte die Heidelberger Erklärung vom 23. März 1884 eine scheinbare Festigung der Partei, doch außer der Verteidigung der Rechte des Reichstages war vom frühen Liberalismus nichts mehr zu finden. Von einer demokratischen Weiterentwicklung war nicht die Rede, die zum Parteiprogramm erhobene Erklärung hatte jetzt klar konservativen Charakter (Anerkennung des Schutzzolles, Unterstützung der Landwirtschaft, Ausbau des Heeres, Überprüfung der staatlichen Sozialleistungen). Äußerlich fand diese Wendung in den Kartellwahlen 1887 („Bündnis zwischen Schwerindustrie und Großgrundbesitz") mit den Konservativen ihren Ausdruck. Das Bündnis brachte zwar den Nationalliberalen einen vorübergehenden Erfolg (99 Mandate), über die erneute Verlängerung des Sozialistengesetzes und verschärfende Regierungsvorlagen, die die Nationalliberalen ablehnten, zerfiel das Kartell 1889 wieder, die Wahlen von 1890 (nur noch 42 Mandate) zeigten den endgültigen Niedergang der Nationalliberalen an, dem Sturz BISMARCKS konnte sich die Fraktion nicht mehr widersetzen.
CAPRIVIS „Neuer Kurs" in der Wirtschaftspolitik wurde von den Nationalliberalen mitgetragen, wie sie überhaupt jetzt jede Regierungspolitik unterstützten. Programmatisch verblaßte die Fraktion, sie folgte aktuellen innenpolitischen Trends (für äußere Machterweiterung des Reiches, für die Interessen der Industrie, später für die agrarischen Interessen), bis sie mit dem Imperialismus neues Profil gewinnen konnte. Die Nationalliberalen wurden die Partei einer entschlossenen Kolonialpolitik, des Ausbaus des Heeres sowie der Flottengesetze. Auch in ihren antipolnischen Akzenten ergaben sich somit Berührungspunkte mit den Alldeutschen („Ziele und Bestrebungen der Nationalliberalen Partei" 1907). Zahlreiche Interessengruppen konnten auf Gehör in der Fraktion rechnen (CdI, BdL, Hansabund), über persönliche Verbindungen wie auch an finanzielle Zuwendungen gekoppelte Auflagen wurden ihre Einzelinteressen zum Profil der Partei. Als innerparteiliche Organisation gewann die **Jungliberale Bewegung** an Einfluß. Aus dem

Reichsverband der Nationalliberalen Jugend entstanden, wollte die Bewegung am Programm nur wenige Abstriche machen. Die staatliche Sozialpolitik sollte ausgeweitet werden, damit sich die Partei neuen sozialen Wählerschichten öffnen könne. Über Angestellte, Beamte und junge Unternehmer hinaus gelang dies jedoch nicht. Einflußreicher waren die Jungliberalen mit ihren Forderungen nach einer Demokratisierung der Parteistrukturen. Die Willensbildung sollte aus den Wahlkreisen heraus erfolgen, und zwar durch Wahl der Parteitagsdeligierten und der Vorstände im Gegensatz zur bisher üblichen Akklamation zu Vorschlägen aus dem Kreise der Honoratioren.

Die Nationalliberale Partei

Führende Persönlichkeiten:
Rudolf von BENNIGSEN (1824–1902), (Fraktionsvorsitzender bis 1883 und ab 1887), Johannes von MIQUEL (1828–1901), Eduard LASKER (1829–1899), Ludwig BAMBERGER, Heinrich RICKERT (1863–1902), Franz August Schenk von STAUFFENBERG (1834–1901).
Ernst BASSERMANN (1854–1917), (Parteiführung ab 1899), Gustav STRESEMANN (1878–1929).

Schaubild 27: Stimmenanteile und Mandate der Nationalliberalen 1871–1912

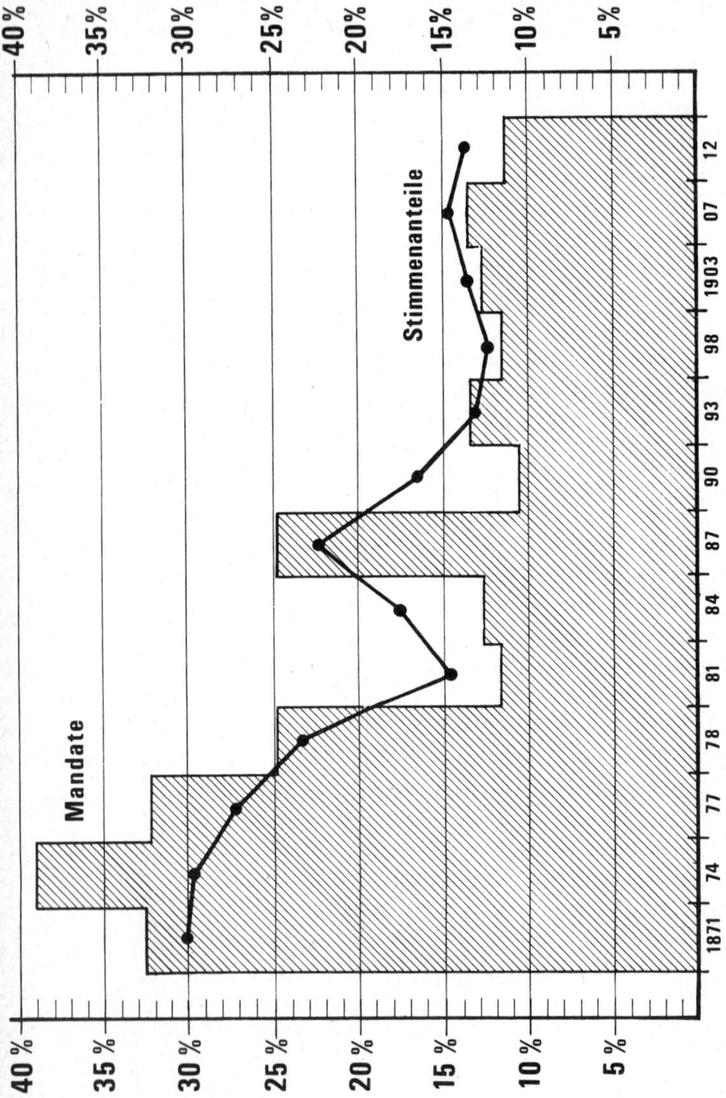

	1871	74	77	78	81	84	87	90	93	98	1903	07	12
Stimmen %	30,1	29,7	27,2	23,1	14,7	17,6	22,2	16,3	13,0	12,5	13,8	14,5	13,6
Mandate %	32,7	39,0	32,2	24,9	11,8	12,8	24,9	10,6	13,4	11,6	12,8	13,6	11,3

Tabelle 28: Ergebnisse der Reichstagswahlen von 1871 bis 1912

Parteien	1. Reichstag 1871 Wahlbeteiligung 50,7%			2. Reichstag 1874 Wahlbeteiligung 60,8%			3. Reichstag 1877 Wahlbeteiligung 60,3%			4. Reichstag 1878 Wahlbeteiligung 63,1%		
	Stimmenanteil in %	Mandatszahl	Mandatsanteil in %	Stimmenanteil in %	Mandatszahl	Mandatsanteil in %	Stimmenanteil in %	Mandatszahl	Mandatsanteil in %	Stimmenanteil in %	Mandatszahl	Mandatsanteil in %
Konservative	14,1	57	14,9	6,9	22	5,5	9,7	40	10,1	13,0	59	14,9
Reichspartei (Freikonserv.)	8,9	37	9,7	7,2	33	8,3	7,9	38	9,6	13,6	57	14,4
Nationalliberale	30,1	125	32,7	29,7	155	39,0	27,2	128	32,2	23,1	99	23,0
Liberale	7,2	30	7,9	1,0	3	0,8	2,5	13	3,3	2,7	10	2,5
Liberale Vereinigung[1]	–	–	–	–	–	–	–	–	–	–	–	–
Deutsche Fortschrittspartei[2]	8,8	46	12,0	8,6	49	12,3	7,7	35	8,8	6,7	26	6,6
Deutsche Volkspartei	0,5	1	0,3	0,4	1	0,3	0,8	4	1,0	1,1	3	0,8
Zentrum	18,6	63	16,5	27,9	91	22,9	24,8	93	23,4	23,1	94	23,7
Welfen	1,6	7	1,8	1,8	4	1,0	1,6	4	1,0	1,7	10	2,7
Sozialdemokraten	3,2	2	0,5	6,8	9	2,3	9,1	12	3,0	7,6	9	2,3
Polen	4,5	13	3,4	3,8	14	3,5	4,0	14	3,5	3,6	14	3,5
Dänen	0,5	1	0,3	0,4	1	0,3	0,3	1	0,3	0,3	1	0,3
Elsaß-Lothringer	–	–	–	4,5	15	3,8	3,7	15	3,8	3,1	15	3,8
Antisemiten, Wirtschaftliche Vereinigung[3]	–	–	–	–	–	–	–	–	–	–	–	–
Sonstige	2,0	–	–	0,9	–	–	0,5	–	–	0,3	–	–
Insgesamt	–	382		–	397		–	397		–	397	

(Forts. S. 616)

(Forts. von Tabelle 28)

Parteien	5. Reichstag 1881 Wahlbeteiligung 56,1%			6. Reichstag 1884 Wahlbeteiligung 60,3%			7. Reichstag 1887 Wahlbeteiligung 77,2%			8. Reichstag 1890 Wahlbeteiligung 71,2%		
	Stimmenanteil in %	Mandatszahl	Mandatsanteil in %	Stimmenanteil in %	Mandatszahl	Mandatsanteil in %	Stimmenanteil in %	Mandatszahl	Mandatsanteil in %	Stimmenanteil in %	Mandatszahl	Mandatsanteil in %
Konservative	16,3	50	12,6	15,2	78	19,7	15,2	80	20,2	12,4	73	18,4
Reichspartei (Freikonserv.)	7,4	28	7,1	6,9	28	7,1	9,8	41	10,3	6,7	20	5,0
Nationalliberale	14,7	47	11,9	17,6	51	12,9	22,3	99	25,0	16,3	42	10,6
Liberale	–	–	–	–	–	–	–	–	–	–	–	–
Liberale Vereinigung[1]	8,4	46	11,6	17,6	67	16,9	12,9	32	8,1	16,0	66	16,6
Deutsche Fortschrittspartei[2]	12,7	60	16,4									
Deutsche Volkspartei	2,0	9	2,3	1,7	7	1,8	1,2	–	–	2,0	10	2,5
Zentrum	23,2	100	25,2	22,6	99	25,0	20,1	98	24,7	18,6	106	26,7
Welfen	1,7	10	2,5	1,7	11	2,8	1,5	4	1,0	1,6	11	2,8
Sozialdemokraten	6,1	12	3,0	9,7	24	6,1	10,1	11	2,8	19,8	35	8,8
Polen	3,8	18	4,5	3,6	16	4,0	2,8	13	3,3	3,4	16	4,0
Dänen	0,3	2	0,5	0,3	1	0,3	0,2	1	0,3	0,2	1	0,3
Elsaß-Lothringer	3,0	15	3,8	2,9	15	3,8	3,1	15	3,8	1,4	10	2,5
Antisemiten, Wirtschaftliche Vereinigung[3]	–	–	–	–	–	–	0,2	1	0,3	0,7		1,3
Sonstige	0,3	–	–	0,2	–	–	0,6	2	0,5	1,0	2	0,5
Insgesamt	–	397		–	397		–	397		–	397	

(Forts. von Tabelle 28)

Parteien	9. Reichstag 1893, Wahlbeteiligung 72,2%			10. Reichstag 1898, Wahlbeteiligung 67,7%			11. Reichstag 1903, Wahlbeteiligung 75,3%			12. Reichstag 1907, Wahlbeteiligung 84,3%			13. Reichstag 1912, Wahlbeteiligung 84,5%		
Konservative	13,5	72	18,1	11,1	56	14,1	10,0	54	13,6	9,4	60	15,1	9,2	43	10,9
Reichspartei (Freikonserv.)	5,7	28	7,1	4,4	23	5,8	3,5	21	5,3	4,2	24	6,1	3,0	14	3,5
Nationalliberale	13,0	53	13,4	12,5	46	11,6	13,9	51	12,9	14,5	54	13,6	13,6	45	11,3
Liberale	–	–	–	–	–	–	–	–	–	–	–	–	–	–	–
Liberale Vereinigung[1]	3,9	13	3,3	2,5	12	3,0	2,6	9	2,3	3,2	14	**3,5**			
Deutsche Fortschrittspartei[2]	8,7	24	6,1	7,2	29	7,3	5,7	21	5,3	6,5	28	**7,1**	12,3	42	10,6
Deutsche Volkspartei	2,2	11	2,8	1,4	8	2,0	1,0	6	1,5	1,2	7	**1,8**			
Zentrum	19,1	96	24,2	18,8	102	25,7	19,8	100	25,2	19,4	105	26,5	16,4	91	22,9
Welfen	1,3	7	1,8	1,4	9	2,3	1,0	6	1,5	0,7	1	0,3	0,7	5	1,3
Sozialdemokraten	23,3	44	11,1	27,2	56	14,1	31,7	81	20,4	28,9	43	10,9	34,8	110	27,7
Polen	3,0	19	4,8	3,1	14	3,5	3,7	16	4,0	4,0	20	5,0	3,6	18	4,5
Dänen	0,2	1	0,3	0,2	1	0,3	0,2	1	0,3	0,1	1	0,3	0,1	1	0,3
Elsaß-Lothringer	1,5	8	2,0	1,4	10	2,5	1,1	9	2,3	1,0	7	1,8	1,3	9	2,3
Antisemiten, Wirtschaftliche Vereinigung[3]	3,5	16	4,0	3,3	13	3,3	2,6	11	2,8	3,9	16	4,0	2,9	13	3,3
Sonstige	1,7	5	1,3	4,5	18	4,5	3,5	11	2,8	3,0	17	4,3	2,0	6	1,5
Insgesamt	–	397		–	397		–	397		–	397		–	397	

Quelle: HOHORST, Gerd und andere: Sozialgeschichtliches Arbeitsbuch. . ., S. 173–178

1 Ab 1893 Freisinnige Vereinigung.
2 Ab 1884 nach der Fusion mit der Liberalen Vereinigung Deutsch-Freisinnige Partei, ab 1893, nach der Abspaltung der Freisinnigen Vereinigung, Freisinnige Volkspartei, ab 1910 nach dem Zusammenschluß der linksliberalen Gruppen Fortschrittliche Volkspartei.
3 Antisemiten traten bei den Reichstagswahlen von 1887–1903 als Splittergruppen unter den Parteinamen Christlich-Soziale Partei, Deutsche Reformpartei, Deutsch-Soziale Reformpartei und Deutsch-Soziale Partei auf. Ab 1907 erscheint in dieser Rubrik auch die Wirtschaftliche Vereinigung, in der die Antisemiten als dominierende Gruppe aufgegangen sind.

Tabelle 29: Stimmenanteile der Parteien nach Bundesstaaten und preußischen Provinzen 1912

Staaten und Landesteile	Von den gültigen Stimmen fielen auf Kandidaten folgender Parteien (in %)								
	1	2	3	4	5	6	7	8	9
Provinz Ostpreußen	36,2	2,3	16,3	–	0,0	17,4	8,1	3,0	14,8
Provinz Westpreußen	10,0	18,8	15,1	0,4	–	4,5	7,0	34,2	9,7
Stadt Berlin	3,2	–	–	–	1,1	17,2	2,1	0,7	75,3
Provinz Brandenburg	16,3	7,0	6,4	1,0	0,1	17,7	0,9	0,3	49,1
Provinz Pommern	45,4	–	8,8	–	–	20,3	0,0	0,4	24,0
Provinz Posen	19,8	8,5	4,9	0,2	–	5,7	0,9	55,8	3,8
Provinz Schlesien	15,2	6,1	8,6	–	0,0	11,7	18,2	11,1	27,8
Provinz Sachsen	15,5	6,7	12,4	–	2,0	12,6	2,0	0,1	42,7
Provinz Schlesw.-Holst.	5,4	3,0	14,0	–	1,9	29,2	0,4	0,0	40,4
Provinz Hannover	6,1	4,3	25,0	–	3,3	7,7	6,4	0,1	31,8
Provinz Westfalen	2,9	0,9	14,3	–	5,5	7,0	34,0	3,4	28,8
Prov. Hessen-Nassau	3,9	0,9	16,3	1,1	11,4	14,5	11,7	–	34,6
Provinz Rheinland	1,6	1,3	16,3	–	2,7	3,4	49,1	0,9	24,3
Hohenzollern	–	–	–	–	–	23,5	72,5	–	3,7
Königreich Preußen	11,5	4,1	12,5	0,2	2,3	11,5	16,7	5,9	32,1
Königreich Bayern	4,5	0,0	9,6	–	2,3	9,4	38,8	–	27,3
Königreich Sachsen	8,0	1,7	21,9	4,0	0,4	8,7	0,3	0,0	55,0
Württemberg	11,8	–	15,4	–	5,8	17,4	17,0	–	32,5
Baden	4,1	2,9	26,0	–	–	7,5	31,2	0,0	28,3
Hessen	–	–	25,5	–	8,9	15,9	10,1	–	39,3
Mecklenbg.-Schwerin	30,1	–	6,7	–	–	25,8	–	–	37,4
Hamburg	–	–	11,8	–	0,7	25,3	0,8	0,1	61,2
Elsaß-Lothringen	–	2,1	–	–	–	14,0	5,4	–	31,8
Deutsches Reich	9,2	3,0	13,6	0,4	2,5	12,3	16,4	3,6	34,8

Parteien: 1 Deutsch-konservative Partei, 2 Reichspartei, 3 Nationalliberale Partei, 4 Deutsche Reformpartei, 5 Wirtschaftliche Vereinigung, 6 Fortschrittliche Volkspartei, 7 Zentrum, 8 Polenpartei, 9 Sozialdemokraten
Quelle: HOHORST, Gerd und andere: Sozialgeschichtliches Arbeitsbuch . . ., S. 177 f.

Tabelle 30: Stimmenzahl der großen Parteien bei der Reichstagswahl von 1912 nach Ortsgrößenklassen

	insgesamt %	a (weniger als 2000) Stimmen	%	b (2000–10 000) Stimmen	%	c (über 10 000) Stimmen	%	d Großstädte über 100 000) Stimmen	%
Deutsch-Konservative	9,2	845 760	17,5	127 617	5,7	152 893	3,0	61 150	2,2
Reichspartei	3,0	223 600	4,6	58 507	2,6	85 049	1,7	38 977	1,4
Nationalliberale	13,6	622 008	12,8	335 425	15,0	705 237	13,8	330 380	11,9
Fortschrittliche Volkspartei	12,3	427 739	8,8	269 968	12,1	799 334	15,6	438 356	15,9
Zentrum	16,4	994 778	20,5	442 794	19,8	559 276	10,9	248 020	9,0
Sozialdemokratie	34,8	920 505	19,0	802 172	35,8	2 527 722	49,3	1 515 354	54,8
Polen	3,6	280 075	5,8	70 895	3,2	90 774	1,8	27 284	1,0
Insgesamt abgegebene gültige Stimmen		4 845 438		2 237 361		5 124 833		2 766 151	

Quelle: HOHORST, Gerd und andere: Sozialgeschichtliches Arbeitsbuch . . ., S. 177–179

Themen und Fragen zur eigenen Weiterarbeit:

1. Der Revisionismus – seine Vertreter, seine Ziele, und die Auseinandersetzung in der SPD sowie die Reaktion der nichtsozialistischen Öffentlichkeit.
2. Versuchen Sie, ausgehend von seinem „Reichskomplex“, die politische Linie des Zentrums von 1890 bis 1914 zu charakterisieren.
3. Programme und tatsächliche politische Stellungnahmen der verschiedenen liberalen Parteien, ihre führenden Leute, die hinter ihnen stehenden Gruppen und ihre Wählerschaft.
4. Zeigen Sie die entscheidenden Unterschiede zwischen Honoratioren- und Massenpartei an mindestens zwei symptomatischen Vertretern aus der wilhelminischen Zeit.
5. Die Jungliberale Bewegung.
6. Beschreiben Sie den Einfluß der Konservativen auf die Politik des Reiches und zeigen Sie die Basis für diese starke Position auf.
7. Die Verbindungen zwischen Konservativen und Antisemiten.

Literatur:

ABENDROTH, Wolfgang: Sozialgeschichte der europäischen Arbeiterbewegung. Frankfurt/Main 1965

BERGSTRAESSER, Ludwig: Geschichte der politischen Parteien in Deutschland. München 1965

BOTZENHART, Manfred: Deutscher Parlamentarismus in der Revolutionszeit 1848–1850. Düsseldorf 1977

BÜSCH, Otto / WÖLK, Monika / WÖLK, Wolfgang: Wählerbewegung in der deutschen Geschichte. Analysen und Berichte zu den Reichstagswahlen 1871–1933. Berlin 1978

DIE BÜRGERLICHEN PARTEIEN in Deutschland. Handbuch der Geschichte der bürgerlichen Parteien und anderer bürgerlicher Interessenorganisationen vom Vormärz bis zum Jahr 1945. Hg. von einem Redaktionskollektiv unter Leitung von Dieter Fricke. 2 Bände, Leipzig 1968 bzw. 1970

DÖHN, Lothar: Politik und Interesse. Die Interessenstruktur der Deutschen Volkspartei. Meisenheim 1970

FENSKE, Hans: Wahlrecht und Parteiensystem. Ein Beitrag zur deutschen Parteiengeschichte. Frankfurt/Main 1972

GREBING, Helga: Geschichte der deutschen Arbeiterbewegung. Ein Überblick. München 1966

GRÜNTHAL, Günther: Das preußische Dreiklassenwahlrecht. Ein Beitrag zur Genesis und Funktion der Wahlrechtsoktrois vom Mai. in: HZ 226/1978

HUBER, Ernst Rudolf: Deutsche Verfassungsgeschichte seit 1789. 1957 ff. 4 Bände (hier besonders Bde. 3 und 4)

KAACK, Heino: Geschichte und Struktur des deutschen Parteiensystems. Opladen 1971

MOMMSEN, Wilhelm: Deutsche Parteiprogramme. München 1960

NIPPERDEY, Thomas: Die Organisation der deutschen Parteien vor 1918. Düsseldorf 1961

PULZER, Peter G.: Die Entstehung des politischen Antisemitismus in Deutschland und Österreich. Gütersloh 1966

RITTER, Gerhard A.: Wahlgeschichtliches Arbeitsbuch. Materialien zur Statistik des Kaiserreiches 1871–1918. München 1980

ders.: Deutsche Parteien vor 1918. Köln 1973

STEGMANN, Dirk: Die Erben Bismarcks. Parteien und Verbände in der Spätphase des wilhelminischen Deutschlands. Sammlungspolitik 1897–1918, Köln 1970
TORMIN, Walter: Geschichte der deutschen Parteien seit 1848. Stuttgart 1966
TREUE, Wolfgang: Deutsche Parteiprogramme seit 1861. Göttingen 1954

Vgl. auch die Ausgewählte Bibliographie zur Geschichte der Neuzeit von 1871 bis 1914, S. 635 ff.

12 AUSGEWÄHLTE BIBLIOGRAPHIE ZUR GESCHICHTE DER NEUZEIT VON 1871 bis 1914

Für die Auswahl ein- und weiterführender Literatur waren folgende Gesichtspunkte bestimmend:

1. Auf Quellen wurde verzichtet. Eine erste Auswahl findet sich in den einschlägigen Handbüchern, Genaueres bei:

BAUMGART, Winfried: Das Zeitalter des Imperialismus und des ersten Weltkrieges (1871–1918). Teil 1: Akten und Urkunden, Teil 2: Persönliche Quellen. Darmstadt 1977
ders.: Bücherverzeichnis zur deutschen Geschichte. Frankfurt 1971 (= Ullstein Deutsche Geschichte 14)
BUSSMANN, Walter: Das Zeitalter Bismarcks 1852–1890. 4., erg. Aufl., Frankfurt/M. 1968. (Sonderdruck aus Otto Brandt/Arnold Oskar Meyer/Leo Just: Handbuch der Deutschen Geschichte. Bd. 3, II. Tl.)
CARLSON, A. R.: German Foreign Policy, 1890–1914 and Colonial Policy to 1914. A Handbook and annotated Bibliography. Metuchen 1970
HALSTEAD, J. F. and PORCARI, S.: Modern European Imperialism. 2. Bde. Boston 1974 (etwa 33 000 Titel!)
SCHRÖDER, Hans-Christoph: Sozialismus und Imperialismus. Hannover 1968
WEHLER, Hans-Ulrich: Bismarck und der Imperialismus. Köln/Berlin 1969
ders.: Bibliographie zum Imperialismus. Göttingen 1977

2. Die Situation innerhalb der wissenschaftlichen Literatur verdeutlicht die Bismarck-Bibliographie von Willy HERTEL und Karl Erich BORN, Köln 1966, die allein 6000 Titel anführt und damit allerdings mehr die Problematik sinnvollen Bibliographierens aufwirft als sie nützen kann. Immerhin kann sie aber zeigen, daß eine einigermaßen repräsentative Auswahl unmöglich ist, will man sich nicht seitenlang in bibliographischen Angaben ergehen. Dies fiel jedoch um so leichter, als ausgezeichnete Literaturzusammenstellungen nunmehr leicht zugänglich gemacht worden sind. Es handelt sich dabei um die oben bereits Genannten; weiterhin empfiehlt sich:

HALLGARTEN, George Wolfgang Felix: Imperialismus vor 1914. Bd. II, 2. Aufl., München 1963
JERUSSALIMSKI, [Erusalimsky] Arkady Samsonovič: Die Außenpolitik und die Diplomatie des Deutschen Imperialismus Ende des 19. Jh. Berlin 1954
KÖHLER, Jochen: Deutsche Dissertationen über Afrika. Bonn 1962
MORRELL, William Parker: British Overseas Expansion. A Select Bibliography. London 1961
WEHLER, Hans-Ulrich (Hg.): Imperialismus. Köln/Berlin 1970 (= Neue Wissenschaftliche Bibliothek Bd. 37)

Umfangreiche Literaturberichte der marxistischen Literatur zur Geschichte des deutschen Imperialismus, der deutschen Arbeiterbewegung, der Parteien usw. finden sich in den beiden DDR-Berichtsbänden zum XI. und XIII. Internationalen Historikerkongreß in Stockholm (1960) und Moskau (1970):

HISTORISCHE Forschungen in der DDR, Analysen und Berichte. Zum XI Internationalen Historikerkongreß in Stockholm August 1960, Berlin 1960 (= Zeitschrift für Geschichtswissenschaft, Sonderheft, VIII. Jg.):

BARTEL, Horst: Forschungen zur Geschichte Deutschlands und der deutschen Arbeiterbewegung von 1871 bis 1900, ebd. S. 286–299

BERNHARD, Hans-Joachim, FRICKE, Dieter: Forschungen zur Geschichte Deutschlands und der deutschen Arbeiterbewegung von 1900 bis 1917/18, ebd. S. 300–324

HISTORISCHE Forschungen in der DDR 1960–1970, Analysen und Berichte, Zum XIII. Internationalen Historikerkongreß in Moskau 1970, Berlin 1970 (= Zeitschrift für Geschichtswissenschaft, Sonderband, XVIII. Jg.):

GUTSCHE, Willibald, LASCHITZA, Annelies: Forschungen zur deutschen Geschichte von der Jahrhundertwende bis 1917, ebd. S. 476–507.

SEEBER, Gustav: Forschungen zur deutschen Gechichte von 1871 bis zur Jahrhundertwende, ebd. S. 455–475

Dazu noch umfangreiche Literaturberichte zur Marx-Engels-Forschung und -Edition (57–94), Wirtschaftsgeschichte (95–120), Militärgeschichte (147–169), proletarischen Jugendbewegung (170–186), Universitätsgeschichte (187–209), Regionalgeschichte (234–247), Betriebsgeschichte (248–256), Geschichte der bürgerlichen Parteien (257–268) usw., die alle auch die Zeit 1871–1918 behandeln.

3. In die folgende Bibliographie wurden nur solche Arbeiten aufgenommen, die einen größeren Zusammenhang behandeln und durch ihre Fragestellung und Literaturverweise den Zugang zu den spezielleren Problemen erleichtern helfen:

ABENDROTH, Wolfgang: Sozialgeschichte der europäischen Arbeiterbewegung. Frankfurt 1965.

Einführende, knappe aber übersichtliche Darstellung der Entwicklung, Organisationsformen, Taktiken und Auseinandersetzungen der europäischen Arbeiterbewegung. Hier auch weiterführende Literatur.

BARAN, Paul A.: Politische Ökonomie des wirtschaftlichen Wachstums. Neuwied 1966

Gründliche Untersuchung des amerikanischen Marxisten über die Zusammenhänge von Politik und Wirtschaft, Expansion und Kapitalismus

BASTIN, Paul: La rivalité commerciale anglo-allemande et les origines de la Première Guerre Mondiale 1871–1914. Brüssel 1959

BAUMGART, Winfried: Deutschland im Zeitalter des Imperialismus (1890–1914). Frankfurt 1972 (= Ullsteins Deutsche Geschichte 4)

BECKER, Seymour: Russia's Protectorates in Central Asia. Cambridge/Mass. 1968

BERGHAHN, Volker: [Deutsche Rüstungspolitik 1898–1908. Phil. Habil. Mannheim 1970] gedruckt: Der Tirpitz-Plan. Genesis und Verfall einer innenpolitischen Kriesenstrategie unter Wilhelm II. Düsseldorf 1971

BERGSTRÄSSER, Ludwig: Geschichte der Politischen Parteien in Deutschland. 11. Aufl., Hrsg. v. Wilhelm Mommsen. Mit einer Bibliographie zur Geschichte der politischen Parteien in Deutschland von Hans Gerd Schumann. München 1965 (= Deutsches Handbuch der Politik. Bd. 2)

Standardwerk für deutsche Parteiengeschichte

BÖHME, Helmut: Deutschlands Weg zur Großmacht 1848–1881. Köln 1966

Sehr wichtige Darstellung des Verhältnisses Staat – Wirtschaft vor und nach der Reichsgründungszeit

ders.: Probleme der Reichsgründungszeit 1848–1879. Köln 1968 (= Neue Wissenschaftliche Bibliothek. Bd. 26)

Enthält einige wichtige Aufsätze über die Probleme Elsaß-Lothringen, Deutscher Nationalstaat, neue Wirtschaftspolitik

BUSSMANN, Walter: Das Zeitalter Bismarcks 1852–1890. 4.erg. Aufl. Frankfurt/M. 1968
(Sonderdruck aus: Handbuch der Deutschen Geschichte. Begr. v. Otto BRANDT, fortgef. v. Arnold Oskar MEYER, neu hrsg. von Leo JUST. Bd. 3, II. Tl.)
Nach didaktischen Gesichtspunkten aufbereitete Arbeit, für Fragen der Außenpolitik und Diplomatiegeschichte

CLAPHAM, John Harold: Economic Development of France and Germany 1815–1914. 4. Aufl. Cambridge 1961
Standardwerk der Wirtschaftsgeschichte

CLARK, George Sidney Roberts [auch unter dem Namen: Clark George KITSON]: An Expanding Society. Britain 1830–1900. Cambridge 1967

CONZE, Werner: Die Zeit Wilhelms II. In: Deutsche Geschichte im Überblick. Hrsg. v. Peter RASSOW. 2. Aufl. Stuttgart 1962, S. 572–615

DEHIO, Ludwig: Deutschland und die Weltpolitik im 20. Jh. Frankfurt 1961 (= Fischer-Bücherei 352)
Traditionelle Darstellung mit ideengeschichtlicher Orientierung

DIENER, Gertraud: Die preußische und die deutsche Politik im Verhältnis zu England und Rußland in der zweiten Hälfte des 19. Jh. Phil. Diss. (MS) München 1951

ENGELBERG, Ernst: Deutschland von 1871–1897. In: Deutsche Geschichte. Hrsg. v. Hans-Joachim BARTMUSS (u. a.). 2. Aufl. Berlin 1967. S. 479–675
Zuverlässige marxistische Gesamtdarstellung, allerdings mit allzu starrer Ausrichtung an den Leninschen Schemata, denen auch die politische Ökonomie der DDR bis heute noch in unveränderter Weise anhängt.

ESCHENBURG, Theodor: Das Kaiserreich am Scheideweg. Bassermann, Bülow und der Block. Berlin 1929

EYCK, Erich: Bismarck. 2. Aufl. Zürich 1963
Diese von einem linksliberalen Standort aus geschriebene, erstmals während des Zweiten Weltkrieges in der Schweiz erschienene kritische Biographie löste in den 50er Jahren eine teilweise heftige Diskussion aus und bereitete damit die Revision des Bismarck-Bildes vor.

ders.: Das persönliche Regiment Wilhelms II. Politische Geschichte des deutschen Kaiserreiches von 1890–1914. Zürich 1948
Der Untertitel gibt bereits den Hinweis auf den Hauptmangel dieser Studie: Die offizielle Politik ist eine zu vordergründige Ebene. Notwendig bleibt es bei Beschreibung anstatt Erklärung

LA FEBER, Walter: The New Empire 1865–1898. Ithaca 1963
Sehr gute Einführung in den in dem vorliegenden Heft ausgeklammerten USA-Imperialismus

FEIS, Herbert: Europe, the World's Banker 1870–1914. 2. Aufl. New York 1965

FISCHER, Fritz: Griff nach der Weltmacht. Neu bearb. Sonderausg. Düsseldorf 1967

ders.: Krieg der Illusionen. Die deutsche Politik 1911–1914. Düsseldorf 1969
Hatte der „Griff nach der Weltmacht" eine erbitterte Diskussion ausgelöst, so erscheint Fischers Position mit seinem neuen Buch gefestigt. Eine zuweilen etwas langatmige, aber unumgängliche Lektüre.

FRICKE, Dieter: Die deutsche Arbeiterbewegung 1869–1890. Ihre Organisation und Tätigkeit. Leipzig 1964 (= Taschenbuch 31/32)

ders.: Zur Organisation und Tätigkeit der deutschen Arbeiterbewegung 1890–1914. Dokumente und Materialien. Leipzig 1962 (= Taschenbuch 23/24)

FRICKE, Dieter: Die bürgerlichen Parteien 1840–1945. Leipzig 1968

GALLAGHER, John/ROBINSON, Ronald Edward: Africa and the Victorians. The Official Mind of Imperialism. London 1961
Materialreich, methodisch zumindest anfechtbar

GEISS, Imanuel (Hrsg.), Herman KANTOROWICZ: Gutachten zur Kriegsschuldfrage 1914 (Aus dem Nachlaß hrsg. und eingel. von I. GEISS). Frankfurt/Main 1967

ders.: in: Kriegsausbruch 1914 (= Deutsche Buchausgabe des 3. Heftes des Journal of Contemporary History 1966). München 1967 zu Geiss vgl. auch S. 578.

GIFFORD, Prosser (Hrsg.): Britain and Germany in Africa. New Haven 1967
Wichtige Aufsatzsammlung englischer Historiker über die imperialistische Aufteilung Afrikas

GOLLWITZER, Heinz: Europe in the Age of Imperialism. 1880–1918. London 1969

GOTTSCHALCH, Wilfried/KARRENBERG, Friedrich/STEGMAN, Franz Josef: Geschichte der sozialen Ideen in Deutschland. München 1969 (= Deutsches Handbuch der Politik. Bd. 3)
Darin u. a.: Sozialistische Beiträge zur Theorie des Imperialismus

GOOCH, George Peabody: Before the War. Studies in Diplomacy. 2 Bde. London 1936 und 1938
Zuverlässige Darstellung der außenpolitischen Probleme, allerdings von einem rein diplomatie-geschichtlichen Standort aus

GRIEPENBURG, R.: Die Imperialismustheorien. In: ABENDROTH, Wolfgang/LENK, Kurt: Einführung in die politische Wissenschaft Bern, München 1968, S. 164–171 (= Sammlung Dalp. Bd. 102)

HAERTLE, Heinrich: Deutsche und Juden. Studien zu einem Weltproblem. Leoni am Starnberger See ^{2}1977

HALLGARTEN, George Wolfgang Felix: Imperialismus vor 1914. Die soziologischen Grundlagen der Außenpolitik europäischer Großmächte vor dem Ersten Weltkrieg. 2 Bde. München 1951
HALLGARTEN zeigt die Abhängigkeit der Außenpolitik – speziell des Deutschen Reiches – von ökonomischen Interessen, ermöglicht neuen Zugang zu den Problemen des Imperialismus, die Quellen sind zuweilen nicht sehr zuverlässig ausgewertet.

HEIMANN, Edmund: Wirtschaftssysteme und Gesellschaftssysteme Tübingen 1954 (= Veröffentlichungen der Akademie für Gemeinwirtschaft, Hamburg)
Enthält unter anderem einen Beitrag zur Ökonomie und Soziologie des Imperialismus

HILLGRUBER, Andreas: Riezlers Theorie des kalkulierten Risikos und Bethmann Hollwegs politische Konzeption in der Julikrise 1914. In: HZ Bd. 202 (1969)

ders.: Deutschlands Rolle in der Vorgeschichte der beiden Weltkriege. Göttingen 1967

ders.: Kontinuität und Diskontinuität in der deutschen Außenpolitik von BISMARCK bis HITLER. Düsseldorf 1969

HOBSBAWM, Eric John: Industrie und Empire. Britische Wirtschaftsgeschichte seit 1750. Frankfurt 1969 (= Edition Suhrkamp, Bd. 315 u. 316)
Hervorragende Darstellung vornehmlich der britischen Wirtschaftsgeschichte, die aber auch Vergleiche zu der jeweils gleichzeitigen Entwicklung der anderen Wirtschaftsgroßmächte zieht

HOETZSCH, Otto: Rußland in Asien. Geschichte einer Expansion. Stuttgart 1966 (= Schriftenreihe Osteuropa. Nr. 5)

HOFFMANN, Walther G.: Das Wachstum der deutschen Wirtschaft seit der Mitte des 19. Jh. Heidelberg 1965 (= Enzyklopädie der Rechts- und Staatswissenschaftl. Abt. Staatswissenschaft)
Zusammenstellung aller wichtigen wirtschaftlichen Daten, unerläßlich für Arbeiten, die sich mit der wirtschaftlichen Problematik des Imperialismus auseinanderzusetzen haben.

IMLAH, [James] Albert Henry: Economic Elements in the Pax Britannica. Cambridge 1958

JELAVICH, Charles: Tsarist Russia and Balkan Nationalism. 1869–1886. Berkeley 1958 (= Russian and East European Studies)

JERUSSALIMSKI [Erusalimskij], Arkadij Samsonovic: Die Außenpolitik und die Diplomatie des deutschen Imperialismus am Ende des 19. Jh. (Aus d. Russ. übers.) Berlin 1954
Jerussalimski sieht die Verknüpfung von Außenpolitik und innerer Entwicklung, läßt sich aber zu stark auf das Schema Lenins festlegen. Sein neues Buch „Der deutsche Imperialismus". „Geschichte und Gegenwart". Berlin 1968 zeigt neben diesem Mangel einen ausgesprochen national-russischen Standpunkt, der der Erhellung eines internationalen Problems wie des Imperialismus nicht zuträglich ist.

KEHR, Eckart: Der Primat der Innenpolitik. Gesammelte Aufsätze zur preußisch-deutschen Sozialgeschichte im 19. Jh. Hrsg. Hans-Ulrich WEHLER. Berlin 1965, 2. Aufl. 1970 (= Berliner Historische Kommission. Veröffentlichungen. Bd. 19)
Wie schon in seiner großen Studie „Schlachtflottenbau und Partei-Politik 1894–1901. Berlin 1930" gibt KEHR einen allzu lang verschütteten methodischen Ansatz für die Aufklärung der innenpolitischen, sozialen und ideologischen Voraussetzungen des deutschen Imperialismus.

KOLONIALISMUS und Neokolonialismus in Nordafrika und Nahost (Studien zur Kolonialgeschichte und Geschichte der nationalen und kolonialen Befreiungsbewegung). Berlin 1964

KUCZYNSKI, Jürgen: Die Geschichte der Lage der Arbeiter unter dem Kapitalismus. Berlin 1961/62

LANDES, David S.: Technological Change and Development in Western Europe 1750–1914. In: Cambridge Economic History of Europe VI/I (1965), S. 274–601

ders.: The Rise of Capitalism. New York 1966 (= Mainthemes in European History)
Auch von einem nicht-marxistischen Standpunkt aus kommt LANDES in seinen Arbeiten zu einer Einschätzung der ökonomischen Grundverhältnisse und Notwendigkeiten als dem primären Konstitutivum des Imperialismus.

LANGER, William Leonard: European Alliances and Alignments 1871–1890. 2. Aufl. New York 1962

LANGER, William Leonard: The Diplomacy of Imperialism 1890–1902. 2. Aufl. New York 1960
Umfassende Darstellung, die alle großen Aktenpublikationen auswertet und ihre Verdienste in der Erhellung der außenpolitischen Probleme hat. Wirtschafts- und innenpolitische Fragen werden zwar nicht ganz vernachlässigt, sind jedoch deutlich dem Gang der äußeren Geschichte der Staaten untergeordnet

LEMBERG, Eugen: Nationalismus. Bd. I: Psychologie und Geschichte. Hamburg 1964 (= Rowohlts deutsche Enzyklopädie. Sachgebiet: Soziologie. Nr. 197/198)

MANSERGH, N.: The Coming of the First World War 1878–1914. London 1949

MEYER, Arnold Oscar: Bismarck, der Mensch und Staatsmann. 2. Aufl. Stuttgart 1949
In der in 1. Aufl. 1944 erschienenen Bismarck-Biographie kann man letzten Ausläufer unkritischer Bismarck-Verherrlichung sehen, durch Eycks Biographie und die anschließende Revision des Bismarck-Bildes überholt.

MOHRMANN, Walter: Antisemitismus. Ideologie und Geschichte im Kaiserreich und in der Weimarer Republik. Berlin 1972

MOMMSEN, Wolfgang Justus: Das Zeitalter des Imperialismus. Frankfurt 1969 (= Fischer Weltgeschichte Bd. 28)
Besonders durch ihre vergleichende Methode anregende Arbeit, die sich leider hinsichtlich sozial- und wirtschaftsgeschichtlicher Probleme einiger apologetischer Urteile schuldig macht.

MOTTEK, Hans: Wirtschaftsgeschichte Deutschlands. Bd. II. Berlin 1964
Ausgewogene marxistische Darstellung, jedoch im Hinblick auf die neuesten Forschungsergebnisse ergänzungsbedürftig.

NADEL, George Hans/CURTIS, Perry (Hrsg.): Imperialism and Colonialism. New York 1964 (= Main themes in European History)

NIPPERDEY, Thomas: Die Organisation der deutschen Parteien vor 1890. Düsseldorf 1961 (= Habilitationsschrift Göttingen) (= Beiträge zur Geschichte des Parlamentarismus und der polit. Parteien. 18)

ONCKEN, Hans: Das Deutsche Reich und die Vorgeschichte des Weltkrieges 2 Bde. Leipzig 1933 (= Der große Krieg 1914/18. Bd. 6. 7)
Erste Darstellung, die die Aktenpublikation auswerten kann und sich vom reinen Verteidigungsstandpunkt der deutschen Geschichtsschreibung der Nachkriegszeit freimacht, jedoch größtenteils überholt.

PERHAM, Margery: Bilanz des Kolonialismus. Stuttgart 1963 (= Urban Bücher. 72)

PLATT, Desmond Christopher St. Martin: Finance, Trade, and Politics in British Foreign Policy 1815–1914. Oxford 1968
Platt zeigt anschaulich die Selbstverständlichkeit, mit der das British Foreign Office das ökonomische Interesse seines Landes, d. h. vor allem der über den nationalen Markt hinausstrebenden Wirtschaft wahrnahm.

RENOUVIN, Pierre: La crise européenne et la première guèrre mondiale. 1904–1918. 3. Aufl. Paris 1948 (= Peuples et civilisations. 19)
Darstellung der diplomatischen Geschichte.

RICH, Norman: Friedrich von Holstein. 2 Bde. Cambridge 1965

RITTER, Gerhard: Staatskunst und Kriegshandwerk. Bd. I, II u. VI. München 1954 ff.
Hauptwerk des konservativen Historikers, der am entschiedensten, wenn auch ohne durchschlagende Argumente, die Gegenposition zu Fischer einnahm.

ROSENBERG, Hans: Große Depression und Bismarck-Zeit. Wirtschaftsablauf, Gesellschaft und Politik in Mitteleuropa. Berlin 1967 (= Veröffentlichungen der Histor. Kommission beim Friedrich-Meinecke Institut der FU Berlin. Bd. 24. Publikationen zur Geschichte der Industrialisierung. Bd. 2)
Hervorragende Darstellung, die vor allem die Verknüpfung von innerer und äußerer Politik deutlich machen kann.

ROTHFELS, Hans: Bismarck, der Osten und das Reich. Darmstadt 1960
Wichtige Darstellung der Bismarckschen Politik, die sich in der Auseinandersetzung um ein neues Bismarck-Bild um eine gerechte Mitte bemüht.

SCHIEDER, Theodor: Europa im Zeitalter der Nationalstaaten und europäische Politik bis zum Ersten Weltkrieg. In: Handbuch der Europäischen Geschichte. Hrsg. v. Th. SCHIEDER. Band IV. Stuttgart 1968, S. 1–196

SCHIEDER, Theodor: Das Reich unter der Führung Bismarcks. In: Deutsche Geschichte im Überblick. Hrsg. v. Peter RASSOW. 2. Aufl. Stuttgart 1962, S. 523–572

ders.: Staat und Gesellschaft, München 1958

Schieders Arbeiten bemühen sich, die Ergebnisse der traditionellen, am Gang der Diplomatie orientierten Geschichtswissenschaft zu integrieren, ohne dabei jedoch gesellschafts- und wirtschaftspolitische Phänomene in ihrem Instruktionswert zu vernachlässigen.

SCHIEDER, Wolfgang (Hrsg.): Erster Weltkrieg, Ursachen, Entstehung, Kriegsziele. Köln, Berlin 1969

SCHRÖDER, Hans-Christoph: Sozialismus und Imperialismus. T.1 (= Diss. Köln). Hannover 1968 (= Schriftenreihe des Forschungsinstituts der Friedrich Ebert-Stiftung. Reihe B)

Ausgezeichnete Darstellung, vor allem der theoretischen Grundlagen sozialistischer Imperialismuskritik.

SCHULZ, Gerhard: Das Zeitalter der Gesellschaft. München 1969

Enthält u. a. ein Kapitel über den Imperialismus des 19. Jh.

SEMMEL, Bernard: Imperialism and social Reform 1885–1914. Cambridge 1960 (= Studies in Society. 5)

STÜRMER, Michael (Hrsg.): Das kaiserliche Deutschland. Politik und Gesellschaft 1871–1918. Düsseldorf ²1977

SULZBACH, Walter: Imperialismus und Nationalbewußtsein. Frankfurt 1959

Pseudo-soziologischer Standort, der eine Erscheinungsform des öffentlichen Lebens apriorisch zur Grundlage seiner Imperialismuserklärung macht, ohne über diese Grundlage selbst reflektiert zu haben.

SWEEZY, Paul Marlor: Die Theorie der kapitalistischen Entwicklung. Köln 1959 (= Veröffentlichungen d. Akademie für Gemeinwirtschaft Hamburg)

SWEEZY versucht die Marx'schen Kategorien an eine neue sozio-ökonomische Wirklichkeit anzupassen.

TAYLOR, Alan John Percivale: BISMARCK. München 1962 (= Piper-Paperback. 7)

ders.: The Struggle for Mastery in Europe 1848–1918. Oxford 1954

TREUE, Wilhelm: Konzentration und Expansion als Kennzeichen der politischen und wirtschaftlichen Geschichte Deutschlands im 19. und 20. Jh. Dortmund 1966 (= Vortragsreihe der Gesellschaft für westfälische Wirtschaftsgeschichte. H. 13)

WEHLER, Hans-Ulrich: Das Deutsche Kaiserreich 1871–1918. Göttingen 1973 (= Vandenhoecks Deutsche Geschichte Bd. 9 – No. 1380)

ders.: BISMARCK und der Imperialismus. Köln 1969

Beste Darstellung der inneren Verhältnisse der Bismarck-Zeit, die gleichzeitig mit dem Gang der Außenpolitik verknüpft wurde. Konsequente Offenlegung von Methode und Theorie dieses Buches, ausgezeichnete Bibliographie. Schwierige, aber unbedingt empfehlenswerte Lektüre.

ders.: Moderne deutsche Sozialgeschichte. Frankfurt 1969 (= Neue Wissenschaftliche Bibliothek. Bd. 10)

Wichtige Aufsatzsammlung.

ders. (Hrsg.): Imperialismus. Köln 1970 (= Neue Wissenschaftliche Bibliothek. Bd. 37)

Aufsatzsammlung, die sich vielleicht zu stark an dem Gesichtspunkt einer möglichst vielseitigen theoretischen Erfassung des Problems des Imperialismus orientiert und deshalb – vielleicht gewollt – kein einheitliches Bild vermittelt. Vorzügliche Einleitung, gute Bibliographie.

VERZEICHNIS DER KARTEN, TABELLEN, SCHAUBILDER UND ERLÄUTERUNGEN

Karten

Tabellen

Schaubilder

Erläuterungen

Sach- und Personenregister

Das Register ist, vor allem im Sachbereich, selbstverständlich nur ein Auswahlregister; d.h. auch, daß zu den ausgewählten Stichworten in der Regel nur jene Stellen angegeben wurden, an denen auf das Wort genauer Bezug genommen wird. Allerdings sind im Register auch zusätzliche Informationen zu Personen und Ereignissen untergebracht. Familiennamen sind zur besseren Unterscheidung in Versalien gesetzt. (Vgl. auch Verzeichnis der Karten, Tabellen, Schaubilder und Erläuterungen auf S. 643)

C

D

H

K

M

Q

R

V

W

Y

Z